全国高等医学院校配套教材

基础医学复习纲要与强化训练

供临床、预防、基础、口腔、麻醉、影像、药学、检验、护理、中西医结合等专业用

药　理　学

主　编　李琳琳

主　审　王晓雯　胡　坚

副主编　新华·那比　王　烨　阿斯亚·拜山伯

编　者　康金森　邬利娅·伊明　白　杰

艾尼瓦尔·吾买尔　白　丽　依巴代提·吐乎提

骆　新　苏巴提·吐尔地　玛依努尔·吐尔逊

阿不拉海提·阿不都拉　阎　冬

科学出版社

北　京

内 容 简 介

本书为《药理学》配套复习纲要与强化训练，是根据21世纪医学生的培养目标，结合国家执业医师、药师的考试特点撰写而成。在题型的设计方面，更接近执业医师、药师资格考试的模式，同时针对考试中存在的应试者对简答题和问答题难以把握的现况，增加了简答题和问答题并附有参考答案，有助于使用者遵循药理学的思维模式，更为深入、细致地思考药理学的基本理论，并训练运用理论知识的能力。期望本书能够对使用者在加深药理学的基本理论、基本方法的理解，提高药理学知识的熟练程度，构建药理学知识体系，增强药理学综合思维能力等方面更有裨益。

图书在版编目(CIP)数据

药理学/李琳琳主编.—北京：科学出版社，2006.8

(全国高等医学院校配套教材·基础医学复习纲要与强化训练)

ISBN 978-7-03-017926-5

Ⅰ.药… Ⅱ.李… Ⅲ.药理学-医学院校-教学参考资料 Ⅳ.R96

中国版本图书馆CIP数据核字(2006)第100869号

责任编辑：李 婷 李国红／责任校对：钟 洋

责任印制：徐晓晨／封面设计：黄 超

科 学 出 版 社 出版

北京东黄城根北街16号

邮政编码：100717

http://www.sciencep.com

北京京华虎彩印刷有限公司 印刷

科学出版社发行 各地新华书店经销

*

2006年8月第 一 版 开本：787×1092 1/16

2017年9月第七次印刷 印张：17 3/4

字数：423 000

定价：24.80元

(如有印装质量问题，我社负责调换)

目　　录

第一章 绪 言

学习目标

1. 掌握药理学研究方向的基本内容。
2. 熟悉药理学的学科任务。
3. 了解药理学的发展史及新药的临床研究。

学习重点指导

1. 药物 是指可以改变或查明机体的生理功能及病理状态,可以预防、诊断和治疗疾病的化学物质。

2. 药理学 是研究药物与机体(含病原体)之间相互作用和规律及原理的一门学科。

3. 药物效应动力学(药效学) 研究药物对机体的作用及作用规律。

4. 药物代谢动力学(药动学) 研究药物在机体的影响下所发生的变化及其规律。

5. 药理学学科的任务

(1) 阐明药物的作用及作用机制,为临床合理用药,发挥药物的最佳疗效,防治不良反应提供理论依据。

(2) 研究开发新药,发现药物的新用途。

(3) 为其他生命科学的研究探索提供科学依据和研究方法。

6. 药理学的实验方法

(1) 实验药理学方法:以健康动物(包括清醒动物和麻醉动物)和正常器官、组织、细胞、亚细胞和受体分子为实验对象,进行药物效应动力学和药物代谢动力学的研究。实验药理学方法对于分析药物作用、作用原理及药物代谢动力学的过程具有重要意义。

(2) 实验治疗学方法:以病理模型动物或组织器官为实验对象,观察药物治疗作用的一种方法。实验治疗学方法既可在整体进行,也可用培养细菌、寄生虫及肿瘤细胞等方法在体外进行。

(3) 临床药理学(clinical pharmacology)方法:以健康志愿者或病人为对象,研究药物的药效学、药动学和药物的不良反应,并对药物的疗效和安全性进行评价,促进新药开发,推动药物治疗学发展,确保合理用药。

7. 新药开发与研究

(1) 新药指化学结构、药品组分或药理作用不同于现有药品的药物或未在我国上市销售过的药品。

(2) 新药研究过程大致可分为临床前研究、临床研究和上市后药物监测三个阶段。

(3) 新药的临床研究一般分为四期。

Ⅰ期临床试验:是在正常成年志愿者身上进行初步的临床药理学及人体安全性评价试验,是新药人体试验的起始阶段,为后续研究提供科学依据。

Ⅱ期临床试验:为随机双盲对照临床试验,对新药的有效性及安全性的初步评价,推荐临床给药剂量。

Ⅲ期临床试验:是新药批准上市前,试生产期间,扩大的多中心临床试验,目的在于对新药的有效性、安全性进行社会性考察。新药通过该期临床试验后,方能被批准生产、上市。

Ⅳ期临床试验:是上市后在社会人群大范围内继续进行的受试新药安全性和有效性评价,在广泛长期使用的条件下考察疗效和不良反应,该期对最终确立新药的临床价值有重要意义。

强化训练及参考答案

一、英语单词

1. drug
2. pharmacology
3. pharmacodynamics
4. pharmacokinetics

二、名词解释

1. 药物　是指可以改变或查明机体的生理功能及病理状态,可以预防、诊断和治疗疾病的化学物质。
2. 药理学　是研究药物与机体(含病原体)之间相互作用和规律及原理的一门学科。
3. 药物效应动力学(药效学)　研究药物对机体的作用及作用规律。
4. 药物代谢动力学(药动学)　研究药物在机体的影响下所发生的变化及其规律。

三、问答题

1. 药理学学科的任务有哪些?

答:(1) 阐明药物的作用及作用机制,为临床合理用药,发挥药物的最佳疗效,防治不良反应提供理论依据。

(2) 研究开发新药,发现药物的新用途。

(3) 为其他生命科学的研究探索提供科学依据和研究方法。

2. 药理学的实验方法有哪些?

答:①实验药理学方法;②实验治疗学方法;③临床药理学方法。

四、选择题

A 型题

药理学是一门重要的医学基础课程,是因为它(　　)

A. 阐明药物作用机制
B. 具有桥梁科学的性质
C. 可为开发新药提供实验资料与理论依据
D. 为指导临床合理用药提供理论基础
E. 以上都是

五、参考答案

E

（王晓雯 胡 坚）

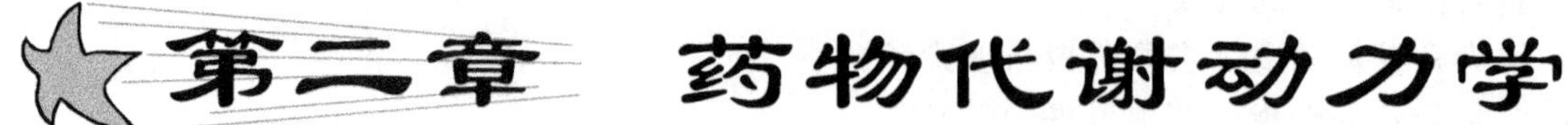

第二章　药物代谢动力学

学 习 目 标

1. 掌握药物的体内过程(吸收、分布、代谢、排泄)的概念及影响因素。特别注意膜两侧 pH 对药物跨膜转运的影响及结果。

2. 掌握应用时量曲线对机体处置药物过程中致体内药物量的消长规律进行定量描述。

3. 掌握药动学基本参数的定义和意义。

学习重点指导

第一节　药物分子的跨膜转运

体内过程是指药物进入机体内被机体处置和离开机体的过程,包括吸收、分布、代谢、排泄过程。其中吸收、分布、排泄过程与药物分子的跨膜转运有关。

一、药物的跨膜转运

1. 滤过(水溶性扩散)　体内大多数细胞膜的水性通道很小,只允许小分子、水溶性药物通过。

2. 简单扩散　体内大多数药物跨膜转运的方式,多数药物是弱酸或弱碱,在体内以解离型和非解离型两种形式存在。解离型极性大,脂溶性小,不易通过生物膜(离子障);非解离型极性小,脂溶性大,而容易通过生物膜。

3. 载体转运　包括主动转运和易化扩散。

二、影响简单扩散的因素

1. 膜两侧的药物浓度。

2. 药物的脂溶性。

3. 药物解离度。

4. 药物所在环境的 pH　p*K*a 是弱酸性或弱碱性药物在 50% 解离时溶液的 pH。当 pH 与 p*K*a 值的差异以数学值增减时,解离型药物与非解离型药物的浓度差异比值相应地以指数值变化。说明药物所处体液的 pH 的微小变化可显著改变药物的解离度,从而影响药物在体内的转运。

(1) 弱酸性药物在酸性环境中不易解离,在碱性环境中易解离。弱碱性药物则相反,在酸性环境中大部分解离,在碱性环境中不易解离。

(2) 如当扩散达动态平衡后,弱酸性药物在碱侧浓度大于酸侧。

(3) 当膜两侧 pH 不等时,弱酸性药物易由酸侧向碱侧转运。

第二节 药物的体内过程及影响因素

一、药物的吸收和影响因素

(一) 吸收(absorption)

吸收是指药物从给药部位进入血液循环的过程。应注意药物吸收的速度和程度。药物的吸收速度能影响药物产生作用的快慢,而药物的吸收程度可影响其作用的强弱。根据给药方法与吸收部位不同,可将其分为经消化道内吸收与消化道外吸收。

1. 消化道内吸收

(1) 从口腔吸收:片剂舌下(sublingual)给药,药物溶解后通过简单扩散可从口腔黏膜吸收。由于经口腔黏膜吸收的药物不经过门静脉,故可避免首关效应。

(2) 从胃肠道吸收:口服(per os)是最常用最安全的给药方式。口服后药物自胃肠道吸收的主要方式是简单扩散。

1) 从胃吸收:弱酸性药物在酸性胃内容中多不解离,因而可在胃内吸收。

2) 从小肠吸收:小肠是口服药物吸收的主要部位,其吸收面积大,pH 为 4.8~8.2,弱酸、弱碱类药物均易吸收。

3) 从直肠吸收:栓剂或溶液剂直肠给药(per recutum)时,药物可从直肠吸收。由于直肠给药时 2/3 的给药量不经过肝门静脉而直达体循环,故药物的首关效应较少。

2. 影响药物从消化道内吸收的主要因素

(1) 物理化学因素:固态药物只有在释放、溶解后才能被胃肠上皮细胞吸收。药物的溶解度与溶解速度还受所在环境 pH 的影响。

(2) 生物学因素

1) 胃肠 pH:胃内容物的 pH 为 1.0~3.0,肠内容物的 pH 为 4.8~8.2,肠段愈下,pH 愈高。

胃肠 pH 能影响胃肠道中非解离型的药量,因而弱酸性药物易在胃吸收,弱碱性药物易从小肠吸收。

改变胃肠道 pH 可以改变药物从胃肠道吸收。

2) 胃排空速度和肠蠕动。

3) 胃肠食物及其他内容物:胃肠中食物可使药物吸收减少或减慢,也可使药物吸收增加或加快,也有些药物在胃肠道的吸收并不受食物的影响。

(3) 首关效应:首关效应又称首关消除(first-pass elimination)或首关代谢(first-pass metabolism),它是指某些药物首次通过肠壁或经门静脉进入肝脏时被其中的酶所代谢致使进入体循环药量减少的一种现象。

3. 消化道外吸收

(1) 从注射部位吸收

注:静脉注射(intravenous injection)和静脉滴注(intravenous infusion)可使药物迅速完全入血,无吸收过程,血药浓度可立即达到较高水平。

(2) 呼吸道吸收。

(3) 透皮吸收。

二、药物的分布和影响因素

(一) 分布

药物吸收后,通过各种生理屏障经血液转运到组织器官的过程称分布(distribution)。大部分药物的分布过程属于被动转运,少数为主动转运。

(二) 影响分布的因素

大多数药物在体内的分布是不均匀的,这主要取决于:药物的理化性质和体液的 pH;药物与血浆蛋白的结合率;各器官的血流量;药物与组织的亲和力;特殊屏障(血-脑屏障、胎盘屏障)等。

1. 与血浆蛋白结合　在上述各影响因素中,药物对血浆蛋白的结合对药物的分布是影响最大的。很多药物在血浆中可以和血浆蛋白非特异性结合,结合的多少,可以用结合率表示;药物与血浆蛋白结合后分子变大,脂溶性变低,不能跨膜转运;结合型的药物主要停留在血液循环里。药物与血浆蛋白的结合是可逆的,因此药物在血浆中以两种形式存在:结合型(药物在血中的储存形式,不能通过细胞膜,暂时失去药理活性,在血浆蛋白结合部位上,药物与药物之间能互相竞争);游离型(跨膜转运进入各种组织器官,引起效应:被代谢和排泄)。蛋白结合率高的药物在体内消除较慢,作用维持时间较长。血浆蛋白与药物的结合率具有饱和性。当血药浓度过高时,血浆蛋白结合率达饱和时,血浆内游离药物突然增多,可引起药效加强,甚至出现毒性反应。

2. 局部器官血流量　人体各组织器官的血流量差别很大;肝的血流量最大,肾、脑、心次之。药物吸收后迅速在这些血流丰富的组织器官达到较高的药物浓度;肌肉、皮肤等低血流灌注器官,药物分布较慢,尤其是在分布的早期阶段。脂肪组织的血流量虽少,但脂肪组织面积很大,是脂溶性药物的储存库。高脂溶性药物首先进入血流量大的脑组织,而后又向血流量少的脂肪组织转移,这种分布称为药物在体内的再分布(redistribution)。

3. 药物与组织的亲和力　药物与组织细胞结合往往是由于药物对某些细胞成分具有特殊亲和力的结果,它常使某些组织中的药物浓度高于血浆游离药物浓度,使药物分布具有一定的选择性。

4. 体液 pH 和药物的理化性质　在生理情况下细胞内液 pH 为 7.0,细胞外液及血浆为 7.4。由于弱酸性药物在细胞外液解离型药物多,不易进入细胞内,因此,它们在细胞外液的浓度高于细胞内液。提升血液 pH 可使弱酸性药物向细胞外转运,降低血液 pH 则使其向细胞内浓集。

弱碱性药物与弱酸性药物相反,它易进入细胞,且在细胞内解离型药物多,不易透出,故细胞内浓度略高于细胞外液。改变血液的 pH,也可相应改变其原有的分布特点。

5. 体内屏障

(1) 血-脑屏障:药物只有通过血-脑屏障才能在脑内分布。血-脑屏障(blood-brain barrier, BBB)是指由脑毛细血管形成的血浆与脑细胞外液间的屏障以及由脉络膜形成的血浆与脑脊液间的屏障。BBB 有利于维持中枢神经系统内环境的相对稳定。此屏障能阻止许多大分子的水溶性或解离型药物通过,但脂溶性较高的药物仍能以简单扩散的方式穿过血-脑屏障。

(2) 胎盘屏障:胎盘屏障(placental barrier)是指将母体与胎儿血液分开的胎盘。药物通过胎盘的方式与一般生物膜没有明显差别。脂溶性药物能以简单扩散的方式经胎盘而进入胎儿体内,水溶性或高度解离的药物则不易通透。由于有些药物对胎儿毒性较大,并可导致畸胎,而且孕妇用药或多或少地接触胎儿,因此孕妇用药应特别审慎。

三、药物的代谢

药物代谢是指药物在体内发生的化学结构改变。

阐明生物转化规律对于掌握药物或毒物的作用至关重要,其意义在于:

(1) 原形药经生物转化生成的代谢物通常极性较母药增大,水溶性增强,易从肾及胆汁排出。

(2) 多数药物经生物转化后活性降低,即从活性药物变成无活性的代谢物,可称灭活(inactivation)。

(3) 某些无活性药物或前体药物(prodrugs)经生物转化后形成活性代谢物,可称活化(activation),与母药相比,它们的作用或体内过程可能发生不同程度地改变。

(4) 有些药物如外源性化合物(xenobiotics)经生物转化后可形成具有高度化学反应性的毒性代谢物(toxic chemically reactive metabolites),通过与核酸、蛋白质等生物大分子共价结合或脂质过氧化而对机体产生毒性,如细胞坏死、致癌、致畸等。

(一) 生物转化的类型

生物转化常分两相反应:

1. Ⅰ相反应(phase Ⅰ reactions) 包括氧化、还原、水解,它是机体向母药引入极性基团如—OH、—COOH、—NH_2或—SH 等过程。

Ⅰ相反应的产物多数丢失活性,但它也是产生活性或毒性代谢物的主要途径。

2. Ⅱ相反应(phase Ⅱ reactions) 是结合反应。该反应是母药或其代谢物的极性基团与体内水溶性较大的内源性物质结合,如与葡萄糖醛酸、硫酸、醋酸、甲基以及某些氨基酸结合等。

各种药物生物转化的方式不同,有的只需经受Ⅰ相或Ⅱ相反应,但多数药物要经受两相反应。

(二) 生物转化的部位及其催化酶

生物转化的主要部位是肝脏。

最重要的是肝微粒体细胞色素 P450 酶系,简称"肝药酶"。

肝药酶的选择性低,个体变异性大,酶的活性易发生改变。

药物对肝微粒体酶系的影响:

(1) 酶的诱导:能提高药酶活性或加速药酶合成的药物称为药酶诱导剂,如苯巴比妥、水合氯醛等。

(2) 酶的抑制:能使药酶活性降低或药酶合成减少的药物称为药酶抑制剂,如氯霉素、异烟肼等。

四、药物的排泄

排泄(excretion)是指体内药物或其代谢物排出体外的过程,它与生物转化统称为药物消除(elimination)。

肾脏是大多数药物排泄的重要器官,经胆汁排泄也较重要,某些药物也可从肺、乳腺、唾液腺或汗腺排出。

(一) 肾脏排泄

肾脏排泄药物经过肾小球滤过、肾小管分泌与肾小管再吸收。

1. 肾小球滤过　除与血浆蛋白结合的药物外,游离型药物或代谢物都能从肾小球滤过。

影响药物滤过的主要因素:肾小球滤过率降低(如肾病、新生儿、老年人)或药物的血浆蛋白结合程度高均可使滤过药量减少。

2. 肾小管分泌　肾小管分泌主要在近端肾小管进行,是主动转运过程,需载体参与,有饱和现象,一般不受蛋白结合影响。

肾小管细胞的转运载体有有机酸转运载体和有机碱转运载体。两类转运系统分别分泌有机酸类药物和有机碱类药物。

分泌机制相同的两药合用,可发生竞争性抑制。例如丙磺舒与青霉素的分泌机制相同,合用丙磺舒可因竞争性抑制,减少青霉素从有机酸转运系统分泌,提高其血药浓度,使药效增强并延长。

3. 肾小管再吸收　肾小管腔内药物通过简单扩散的方式而被肾小管再吸收。再吸收的程度决定于药物本身的理化性质如极性、解离度、分子量等,也决定于机体生理学的改变如尿量及尿 pH 等。

水溶性药物再吸收少,易从尿中排出。增加尿量可降低肾小管细胞两侧的药物浓度梯度,减少其再吸收,因而增加某些药物的排泄。例如,渗透性利尿药甘露醇能增加苯巴比妥以及水杨酸盐从肾脏的排出。

尿液 pH 决定药物的解离度,影响药物在远端肾小管的再吸收,从而影响其排泄。酸化尿液,碱性药物在肾小管中大部分解离,再吸收少,排泄增加,但弱酸性药物排泄减少;碱化尿液,则弱酸性药物在肾小管中大部分解离,再吸收少,排泄增加。临床上可用调节尿液 pH 的方法作为解救药物中毒的措施之一。例如,巴比妥类或水杨酸类等酸性药物中毒,给予碳酸氢钠可加速排泄。

(二) 胆汁排泄

许多药物或其代谢物能从胆汁排泄。由胆汁排入十二指肠的药物有的直接从粪排出,但较多的药物可由小肠上皮吸收,并经肝脏重新进入全身循环,这种小肠、肝脏、胆汁间的循环称为肠肝循环(enterohepatic circulation)。肠肝循环的临床意义视药物的胆汁排出量而定。药物从胆汁排出量多,肠肝循环能延长药物的作用时间。

(三) 乳腺排泄

某些药物可经乳汁排出。血浆的 pH 为 7.4,而乳汁的 pH 为 7.0,故弱碱性药物在乳汁的浓度可能高于血浆,弱酸性药物可能与此相反。药物经乳汁排泄量对其总消除量而言虽然意义不大,但对乳儿可能产生不良影响,值得注意。

第三节　房室模型

本节内容略。

第四节　药物消除动力学

一、一级消除动力学

一级消除动力学(first-order elimination kinetics)是指血中药物消除速率(dC/dt)与血中药物浓度的一次方成正比。即血药浓度高,单位时间内消除的药量多,血药浓度降低,药物消除速率也按比例下降,也称为定比消除。描述一级消除动力学的方程式是:$dC/dt=-kC^1=-kC$,式中 C 为药物浓度,k 为消除速率常数(elimination rate constant),将上式积分,得:

$C_t=C_0e^{-kt}$,取自然对数,则:

$\ln C_t=\ln C_0^{-kt}$,换算为常用对数:

$\log C_t=\log C_0-k/2.303\times t$

式中 C_t表示在时间 t 时的血药浓度,C_0为初始的血药浓度。

消除速率常数(k):单位时间内药物消除量与现存量之间的比值,是反映药物从体内消除快慢的一种常数。

从上式可见,将 t 时血药浓度的对数对时间作图(即 C-t 数据在半对数纸上绘图)可得一条直线,其斜率为$-k/2.303$。

多数药物自血中的消除属一级动力学消除。

除定比消除外,一级消除动力学还有下述特点:

(1) 半衰期恒定,与血药浓度高低无关。

(2) 停药后约经 5 个 $t_{1/2}$药物从体内基本消除,按相同剂量相同间隔时间给药,约经 5 个 $t_{1/2}$达到稳态浓度。

(3) 药-时曲线下面积与所给予的单一剂量成正比。

二、零级消除动力学

零级消除动力学(zero-order elimination kinetics)是指血中药物消除速率与血中药物浓度的零级方成正比。即血药浓度按恒定消除速度(单位时间消除的药量)进行消除,与血药浓度无关,也称定量消除。

描述零级消除动力学的方程式是:$dC/dt=-k_0C=-k_0$

式中 k_0为零级消除速率常数。将上式积分:$C_t=C_0-k_0t$

式中 C_0为初始血药浓度,C_t为 t 时的血药浓度。

零级动力学过程通常由药物在体内的消除能力达到饱和所致。

除定量消除外,零级消除动力学还有下述特点:

(1) $t_{1/2}$不恒定,它与初始血药浓度(给药量)有关,剂量越大,$t_{1/2}$越长。这是因为将 $C_t/C_0=1/2$ 代入上式,$t_{1/2}C_0=C_0-k_0t_{1/2}$,则 $t_{1/2}=0.5C_0/k_0$。

(2) 时量曲线下面积与给药剂量不成正比,剂量增加,其面积可以超比例增加。

(3) 呈非线形动力学过程。

第五节 体内药物的药量-时间关系

一、血药浓度-时间曲线的意义

在药动学研究中,药物的体内过程可以用体内药量或血药浓度随时间的变化表示这一动态过程。

在给药后不同的时间采血,测定血中药物浓度,以血浆药物浓度为纵坐标,以时间为横坐标作图,可绘出药物浓度-时间曲线(drug concentration-time curve)简称药-时曲线。通过药-时曲线可以定量的分析药物在体内的动态变化。

二、一次给药的药-时曲线

同一种药物不同途径给药,药-时曲线不同(图 2-1)。

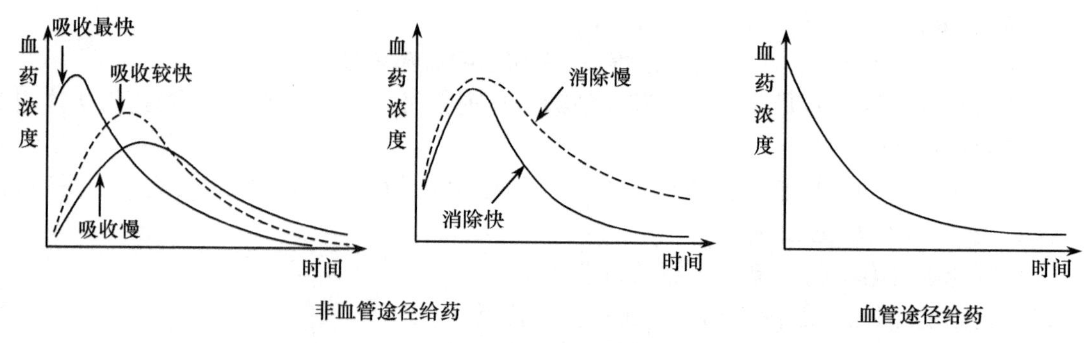

图 2-1 一次给药的药-时曲线

口服给药的药-时曲线的最高点称为峰浓度(peak concentration,C_{max}),达到峰浓度的时间称达峰时间(peak time,T_{max}),药-时曲线下所覆盖的面积称曲线下面积(area under curve,AUC),其大小反映药物进入血循环的总量。

三、多次用药的稳态血药浓度

多次给药的药-时曲线,从图 2-2 可以看出:

随着给药次数的增加,药-时曲线逐渐趋向平缓,大约经过 5 个半衰期以后,血药浓度就达到了稳定的状态,称稳态血药浓度(steady state plasmaconcentration,C_{ss})。

稳态血药浓度的高低与每日总剂量成正比。如单位时间内给药总剂量不变,缩短给药间隔时间,可减少血药浓度的波动;如首剂加倍(负荷剂量),可使血药浓度迅速达到稳态,尽快发挥疗效。

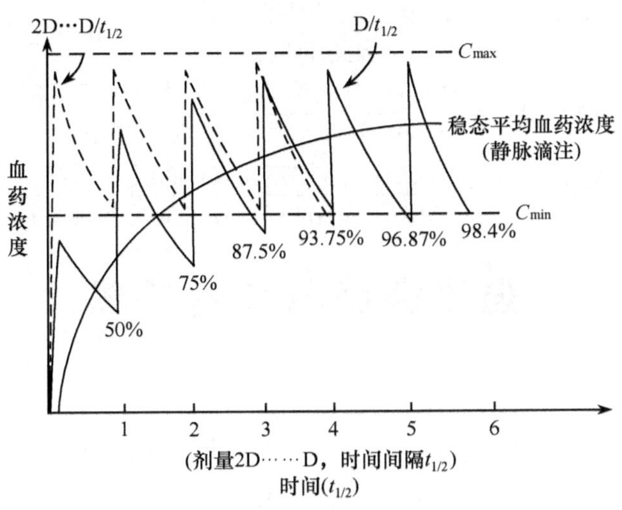

图 2-2 多次给药的药-时曲线

第六节 药物代谢动力学重要参数

一、消除半衰期

药物消除半衰期(half-life, $t_{1/2}$):通常是指血浆消除半衰期,它是指药物在体内分布达到平衡状态后血浆药物浓度降低一半所需的时间,是表述药物在体内消除快慢的重要参数。$t_{1/2}$因药而异,变化范围很大。$t_{1/2}=\lg 2\times 2.303/k=0.301\times 2.303/k=0.693/k$。

了解 $t_{1/2}$有助于:设计最佳给药间隔;预计停药后药物从体内消除的时间;预计连续给药后达到稳态血药浓度的时间。

二、表观分布容积

表观分布容积(apparent volume of distribution, V_d)是指体内药物总量待平衡后,按测得的血浆药物浓度计算时所需的体液总容积。若体内总药量为 A,并设血浆与组织间达到平衡时的血浆药物浓度为 C,则: $V_d=A/C$。

式中 A 单位为 mg,C 单位为 mg/L,V_d 可用 L 表示;若 A 单位为 mg/kg,则 V_d 可用 L/kg 表示。

从公式可看出,在体内药物总量相同情况下,血药浓度高、V_d 值低,血药浓度低、V_d 值高。V_d 是一个假想的容积,它不代表体内具体的生理性容积。但从 V_d 可以反映药物分布的广泛程度或与组织中大分子的结合程度。

三、生物利用度

生物利用度(fraction of bioavailability)是指药物制剂被机体吸收的速率和吸收的程度。

生物利用度是以非血管途径给药的吸收率(%)表示,即:

$$生物利用度=\frac{A(进入血循环药量)}{D(服药剂量)}\times 100\%$$，其测定为：

$$绝对生物利用度=\frac{AUCpo(口服给药后药\text{-}时曲线下面积)}{AUCiv(静注给药后药\text{-}时曲线下面积)}\times 100\%$$

$$相对生物利用度=\frac{AUCt(待测制剂药\text{-}时曲线下面积)}{AUCr(参比制剂药\text{-}时曲线下面积)}\times 100\%$$

强化训练及参考答案

一、英语单词

1. absorption
2. elimination
3. distribution
4. redistribution
5. blood-brain barrier, BBB
6. placental barrier
7. excretion
8. elimination rate constant
9. enterohepatic circulation
10. first-order elimination kinetics
11. drug concentration-time curve
12. zero-order elimination kinetics
13. area under curve, AUC
14. peak time, T_{max}
15. peak concentration, C_{max}
16. steady state plasma concentration, C_{ss}
17. half-life, $t_{1/2}$
18. apparent volume of distribution, V_d
19. fraction of bioavailability

二、名词解释

1. 首关效应　药物通过肠黏膜及肝脏时，经过灭活代谢而使进入体循环的药量减少。
2. 肠肝循环　自胆汁排泄进入十二指肠的结合型药物在肠中经水解后再吸收，形成循环。
3. 生物利用度　非静脉注射给药后，药物能被吸收进入体循环的药物相对分量及速度。
4. 时量曲线　血浆药物浓度随时间发生变化所绘制的浓度-时间曲线。
5. 消除速率常数(k)　药物自机体(或血液)消除的速率，是重要的药代动力学参数之一，对每一个确定的药物，是一常数。
6. 半衰期　血浆药物浓度下降一半所需要的时间。
7. 稳态血药浓度　一级动力学过程药物，在恒速恒量给药后，经过4~6个$t_{1/2}$后给药速度和药物消除速度达平衡时，血药浓度稳定在一定水平的状态。
8. 一级消除动力学　血浆中药物按恒定的比例消除，其消除速度与血中药物浓度成正比。
9. 零级消除动力学　血浆中药物单位时间内按恒定的量进行消除，即每隔一定时间消除一定的量。

三、问答题

1. 试论述溶液pH对酸性药物被动转运的影响。

答：弱酸性药物在酸性环境中解离度低，易跨膜转运；反之，解离度高，不易跨膜转运。弱碱性药物在碱性环境中解离度低,易跨膜转运;反之,解离度高,不易跨膜转运。

2. 试论述肝药酶对药物的转化以及与药物相互作用的关系。

答:被肝药酶灭活的药物与酶促进剂或酶抑制剂相互作用,可减弱或增强其作用。酶促进剂或酶抑制剂相互作用,可改变自身代谢使药物作用减弱或增强。

3. 试简述 k、$t_{1/2}$、V_d 及 C_{ss} 的意义。

答:k 为消除速率常数,代表药物在体内转运或消除的速率,可以计算用药后体内的血药浓度或存留量。$t_{1/2}$ 为血浆药物浓度下降到一半所需要的时间。它与 k 的意义相同而表达方式不同。V_d 是指给药达到平衡后,按测得的血药浓度计算应占有的体液容积。可用以估计体内的药物分布情况。在一级动力学代谢之中,等剂量、等间隔恒速给药后,经过 4~5 个半衰期,血药浓度保持在一定的水平,即稳态浓度(C_{ss}),对制定给药方案具有重要意义。

4. 何为肝药酶? 有何特点?

答:肝脏微粒体细胞色素 P450 酶系统,是促进药物生物转化的主要酶系统。其特点为:特异性低;活性有限;个体差异大;可受年龄、营养状况、疾病等状态的不同影响其活性;易受某些药物的诱导或抑制。

5. 请解释 C_{max}、T_{peak}、AUC、F。

答:C_{max}:一次血管外给药的时量曲线上的峰值浓度。

T_{peak}:达到 C_{max} 的时间。

AUC:血药浓度随时间变化的积分值,即药-时曲线下面积。

F:口服给药,进入体循环的药量占给药总量的相对量和速度。

6. 何为 C_{ss}? 如何用 k,V_d 或 CL 计算给药速度以达到所需的有效药物浓度?

答:C_{ss} 为稳态血药浓度,此时给药速度(RA)与消除速度(RE)相等。

因为 $C_{ss}=RE/CL=RA/CL=Dm/\tau/kV_d$,所以 $Dm/\tau=C_{ss}\cdot k\cdot V_d$。

7. 何为负荷剂量(DL)? 如何确定静脉滴注量和多次恒速给药时的 DL?

答:DL 是负荷剂量,是可使血药浓度迅速达到有效水平所需使用的剂量。

静滴时:$DL=1.44t_{1/2}\times RA$

多次恒速给药时:$DL=2Dm$

式中,RA:给药速度;Dm:维持剂量。

8. 药物转化过程中的药理学特点为何?

答:(1) 代谢物的药理活性的变化可能有保持母体药物活性或产生新的作用。大多数灭活。

(2) 转化后一般水溶性增加,易于排泄。

(3) 均是酶促过程,有特异性酶和非特异性酶(肝药酶)。

(4) 肝药酶是重要的药物代谢酶,是一个以细胞色素 P450 为主的酶系,酶促过程分为两步,第一步 :氧化、还原、水解,第二步:结合和甲基化。药物中存在酶促剂和酶抑剂。

(5) 药物转化过程存在明显的个体差异性。

四、选择题

(一) A 型题

1. 下列关于药物被动转运的叙述哪一条是错误的(　　)

A. 药物从浓度高侧向低侧扩散
B. 不消耗能量而需载体
C. 不受饱和限速与竞争性抑制的影响
D. 受药物分子量大小、脂溶性、极性影响
E. 当细胞膜两侧药物浓度平衡时转运停止

2. 药物的 p*K*a 是指其(　　)
A. 90%解离时的 pH　B. 99%解离时的 pH　C. 50%解离时的 pH
D. 不解离时的 pH　E. 全部解离时的 pH

3. 某弱酸药物 p*K*a=3.4,其在血浆中的解离百分率约(　　)
A. 10%　B. 90%　C. 99%
D. 99.9%　E. 99.99%

4. 下列关于药物吸收的叙述中错误的是(　　)
A. 吸收是指药物从给药部位进入血液循环的过程
B. 皮下或肌注给药通过毛细血管壁吸收
C. 口服给药因首过消除而吸收减少
D. 舌下或肛肠给药可因通过肝破坏而效应下降
E. 皮肤给药除脂溶性大的以外都不易吸收

5. 大多数药物在胃肠道的吸收是按(　　)
A. 有载体参与的主动转运　B. 简单扩散转运　C. 滤过扩散转运
D. 易化扩散转运　E. 胞饮的方式转运

6. 药物肠肝循环影响了药物在体内的(　　)
A. 起效快慢　B. 代谢快慢　C. 分布
D. 作用持续时间　E. 与血浆蛋白结合

7. 药物与血浆蛋白结合(　　)
A. 是永久性的　B. 加速药物在体内的分布　C. 是可逆的
D. 对药物主动转运有影响　E. 促进药物排泄

8. 药物与血浆蛋白结合率高,则药物的作用(　　)
A. 起效快　B. 作用增强　C. 起效慢,维持时间长
D. 维持时间短　E. 以上均不是

9. 某药按一级动力学消除,这意味着(　　)
A. 药物消除量恒定
B. 其血浆半衰期恒定
C. 机体排泄及(或)代谢药物的能力已饱和
D. 增加剂量可使有效血药浓度维持时间按比例延长
E. 消除速率常数随血药浓度高低而变

10. 药物消除的零级动力学是指(　　)
A. 吸收与代谢平衡
B. 血浆浓度达到稳定水平

C. 单位时间消除恒定量的药物
D. 单位时间消除恒定比值的药物
E. 药物完全消除到零

11. 在等剂量时 V_d小的药物比 V_d大的药物(　　)
A. 血浆浓度较小　B. 血浆蛋白结合较少　C. 组织内药物浓度较小
D. 生物可用度较小　E. 能达到的稳态血药浓度较低

12. 药物的血浆半衰期是(　　)
A. 50%药物从体内排出所需要的时间
B. 50%药物生物转化所需要的时间
C. 药物从血浆中消失所需时间的一半
D. 血药浓度下降一半所需要的时间
E. 药物作用强度减弱一半所需的时间

13. 需要维持药物有效血浓度时,正确的恒量给药的间隔时间是(　　)
A. 每 4 小时给药一次　B. 每 6 小时给药一次　C. 每 8 小时给药一次
D. 每 12 小时给药一次　E. 根据药物的半衰期确定

14. 药物按一级动力学消除不具有以下特点(　　)
A. 血浆半衰期恒定不变　B. 药物消除量恒定不变　C. 消除速率常数恒定不变
D. 受肝功能改变的影响　E. 药物消除百分比恒定不变

15. 某催眠药的消除速率常数为 0.7/h,设静脉注射后病人入睡时血药浓度为 4mg/L,当病人醒转时血药浓度是 0.25mg/L,问病人大约睡了多长时间(　　)
A. 3 小时　B. 4 小时　C. 8 小时
D. 9 小时　E. 10 小时

16. 某药的半衰期是 6 小时,如果按 0.5g/次,1 天 3 次给药,达到稳态血药浓度所需的时间是(　　)
A. 5~10 小时　B. 10~16 小时　C. 17~23 小时
D. 24~30 小时　E. 31~36 小时

17. 以近似血浆半衰期的时间间隔给药,为了迅速达到稳态血药浓度,可将首次剂量(　　)
A. 增加 0.5 倍　B. 增加 1 倍　C. 增加 2 倍
D. 增加 3 倍　E. 增加 4 倍

18. 硝酸甘油口服,经门静脉进入肝,再进入体循环的药量约 10%左右,这说明该药(　　)
A. 活性低　B. 效能低　C. 首关消除显著
D. 排泄快　E. 以上均不是

19. 药物在肝内代谢转化后都会(　　)
A. 毒性减少或消失　B. 经胆汁排泄　C. 极性增高
D. 脂/水分布系数增大　E. 分子量减少

20. 普萘洛尔口服吸收良好,但经过肝以后,只有 30%的药物达到体循环,以致血药浓度较低,宜用下列哪个说法说明该药特点(　　)
A. 药物活性低　B. 药物效价强度低　C. 生物利用度低

D. 化疗指数低　　　　E. 药物排泄快

21. 下列有关药物血浆半衰期的描述中不正确的是(　　)
A. 血浆半衰期是血浆药物浓度下降一半的时间
B. 血浆半衰期能反映体内药量的消除速度
C. 可依据血浆半衰期调节给药时间的间隔时间
D. 血浆半衰期长短与原血浆药物浓度有关
E. 一次给药后,经过 4~5 个半衰期已基本消除

22. 下列关于清除率(CL)的描述中,错误的是(　　)
A. 单位时间内将多少升血中的药物清除干净
B. 药物的 CL 值与血药浓度有关
C. 药物的 CL 值与消除速率有关
D. 药物的 CL 值与药物剂量大小无关
E. 单位时间内药物被消除的百分率

23. 下列关于一级药动学的描述,不对的是(　　)
A. 血浆药物消除速率与血浆药物浓度成正比
B. 机体内药物按恒比消除
C. 时量曲线的量为对数时,其斜率的值为 $-k$
D. 半衰期恒定
E. 恒量多次给药时 AUC 增加,C_{ss}和消除完毕时间不变

24. 下列关于表观分布容积的描述错误的是(　　)
A. C_{ss}时推算体内药物总量
B. V_d 大的药物,其血药浓度高
C. V_d 小的药物,其血药浓度高
D. 可用 V_d 和血药浓度推算出体内总药量
E. 也可用 V_d 计算出血浆达到某有效浓度时所需的剂量

25. 下列关于生物利用度的叙述中错误的是(　　)
A. 口服吸收的量与服药量之比
B. 它与药物作用强度无关
C. 它与药物作用速度有关
D. 首过消除过程对其有影响
E. 与药-时曲线下面积成正比

26. 影响药物体内分布的因素不包括(　　)
A. 药物的脂溶性和组织亲和力
B. 局部器官血流量
C. 给药途径
D. 血-脑屏障作用
E. 胎盘屏障作用

(二) B 型题

A. 1 个　　　　B. 3 个　　　　C. 5 个

D. 7个　　E. 9个

1. 恒量恒速给药后，约经过几个血浆 $t_{1/2}$ 可达到稳态血浓度(　　)

2. 一次静注给药后，约经过几个血浆 $t_{1/2}$ 可自机体排出95%(　　)

A. 吸收速度　　B. 消除速度　　C. 血浆蛋白结合

D. 剂量　　E. 零级或一级动力学

3. 药物作用开始的快慢取决于(　　)

4. 药物的 $t_{1/2}$ 长短取决于(　　)

A. 吸收速度

B. 消除速度

C. 药物剂量大小

D. 吸收与消除达到平衡的时间

E. 吸收药量多少

5. 时-量曲线的升段坡度反映出(　　)

6. 时-量曲线的降段坡度反映出(　　)

7. 时-量曲线的峰值对应的时间反映出(　　)

8. 时-量曲线下面积反映出(　　)

A. 阿司匹林 p*K*a 3.5　　B. 麻黄碱 p*K*a 9.4　　C. 苯巴比妥 p*K*a 7.9

D. 磺胺嘧啶 p*K*a 6.5　　E. 水杨酸 p*K*a 3.0

9. 根据解离常数(p*K*a)判断，在小肠中吸收最好的是(　　)

10. 根据解离常数(p*K*a)判断，在胃中吸收最好的是(　　)

A. 药物的吸收过程　　B. 药物的消除过程　　C. 药物的转运方式

D. 药物的光学异构体　　E. 药物的表观分布容积

11. 药物作用开始快慢取决于(　　)

12. 药物作用持续久暂取决于(　　)

13. 药物的生物利用度取决于(　　)

A. 在胃中解离增多，自胃吸收增多

B. 在胃中解离减少，自胃吸收增多

C. 在胃中解离减少，自胃吸收减少

D. 在胃中解离增多，自胃吸收减少

E. 没有变化

14. 弱酸性药物与抗酸药同服时，比单独服用该药(　　)

15. 弱碱性药物与抗酸药同服时，比单独服用该药(　　)

五、填空题

药物的体内过程有________、________、________和________。

六、判断题

1. 药物在体内经生物转化,其药理活性即丧失。(　　)
2. 某药物达稳定血药浓度后,中途停药,再达稳态所需的时间是 2 个半衰期。(　　)
3. 半衰期是指血浆药物浓度下降一半的量,反映药物在体内消除速度的快慢。(　　)
4. 按零级动力学规律消除药物,有固定的半衰期,因此可作为指定给药方案的依据。(　　)
5. 当恒速恒量给药经一定时间后,其血药浓度可达治疗浓度。(　　)

七、参考答案

A 型题

1. B　2. C　3. E　4. D　5. B　6. D　7. C　8. C　9. B　10. C
11. C　12. D　13. E　14. B　15. B　16. D　17. B　18. C　19. C　20. C
21. D　22. B　23. A　24. B　25. B　26. C

B 型题

1. C　2. C　3. A　4. B　5. A　6. B　7. D　8. E　9. B　10. E
11. A　12. B　13. A　14. D　15. B

填空题

吸收　分布　代谢　排泄

判断题

1. ×　2. ×　3. ×　4. ×　5. ×

（王晓雯　胡　坚）

第三章　药物效应动力学

学习目标

1. 熟悉药物作用与药理效应。
2. 掌握药物作用的选择性、治疗效果和不良反应，量效关系及主要术语。
3. 掌握受体的概念和特征；受体激动药、拮抗药、竞争性拮抗药和非竞争性拮抗药的概念。
4. 熟悉受体的类型及药物与受体相互作用的信号转导；了解药物作用分子机制。

学习重点指导

第一节　药物的基本作用

一、药物作用和药理效应

（一）药物作用的性质

药物作用（action）　指药物与机体组织、细胞间的初始作用。

药理效应（effect）　指在药物作用的基础上，机体、组织、器官原有功能发生的增强或减弱。有时把药物的作用与药物的效应通用，都指药物的效应。可以归纳为两种类型：兴奋（excitation）和抑制（inhibition）。兴奋是指机体的生理功能和生化反应的加强；抑制是指机体的生理功能和生化反应的减弱。

（二）药物作用特异性

多数药物通过与体内生物大分子发生化学反应而产生效应，这种化学反应的专一性决定药物作用的特异性。

二、药物作用的选择性和两重性

（一）药物作用的选择性（selectivity）

选择性作用是指药物进入机体后，并不是对所有的组织、器官都同等地起作用，只是对少数组织或器官发生明显的作用，而对其他组织或器官的作用不明显，或完全没有作用。

大多数药物都具有各自的选择性作用，作用于一定的组织器官，引起特定的功能改变，所以它们有各自的适应证和不良反应。药物作用的选择性实际上也就构成了药物按药理作用分类的依据和选择用药的基础。

药物作用的选择性产生的原因有以下几种：

选择性作用产生的原因{① 药物的化学结构、理化性质；② 药物的体内分布；③ 组织器官对药物的敏感性}

选择性强的药物作用范围窄，只影响机体的一种或少数几种功能，临床应用时针对性强。

选择性差的药物作用范围广，可影响机体多种功能，临床应用时针对性不强，副作用多。

（二）药物作用的两重性

药物作用的两重性{防治作用（有利的一面）{治疗作用：药物所产生的，符合临床用药目的的作用；预防作用}；不良反应：药物所引起的不符合药物治疗目的，并给病人带来痛楚或危害的反应（不利的一面）}

1. 治疗作用（therapeutic effects） 是指药物引起的符合用药目的的作用，有利于改变病人的生理、生化功能或病理过程，使患病的机体恢复正常。药物的防治作用又可以分为对因治疗和对症治疗。

（1）对因治疗（etiological treatment）：用药目的在于消除致病因，彻底治愈疾病，或称治本。

（2）对症治疗（symptomatic treatment）：用药目的在于减轻或消除疾病的症状，或称治标。在临床实际用药过程中，大多数情况是采用对症治疗。

2. 不良反应（adverse drug reaction，ADR） 凡不符合用药目的并为病人带来病痛或危害的反应。

药物的治疗作用和不良反应是其本身固有的两重性作用。

根据治疗目的、用药剂量的大小或所发生不良反应的严重程度，不良反应可以分为以下几类：

（1）副作用（side effect）：又称为副反应（side reaction），指药物在治疗剂量时引起的，与治疗目的无关的作用，给病人带来轻微的不舒适或痛苦，多半是可以恢复的功能性变化。副作用是药物本身所固有的作用。产生副作用的原因是药物选择性作用差，作用所涉及的范围广泛。当其某一效应被用作治疗目的时，其他效应就成了副作用。副作用一般是可预料并可以避免或减轻的。

（2）毒性反应（toxic reaction）：一般是用量过大或用药时间过长，药物在体内蓄积过多引起某些组织器官的损伤。有时用药量不大，但机体对药物过于敏感也能出现毒性反应。短期内过量用药引起的毒性称急性毒性（acute toxicity），多损害循环、呼吸及神经系统功能。长期用药时由于药物在体内蓄积而逐渐发生的毒性称为慢性毒性（chronic toxicity），常损害肝、肾、造血及内分泌等器官的功能。

（3）变态反应（allergic reaction）：指少数病人由于体质特异，对某些药物所产生的病理性免疫反应。轻者可表现为药热、皮疹、血管神经性水肿等，重者可表现为过敏性休克，甚至造成死亡。变态反应的产生与药物剂量无关。对于易引起变态反应的药物，使用前应询问病人药物过敏史，进行过敏性试验，并做好解救准备。

（4）继发性反应（secondary reaction）：指在药物治疗作用的基础上继发的不良反应，如长期应用广谱抗生素所引起的继发性感染（二重感染）及出血等。

（5）后遗效应（residual effect）：指停药后血浆药物浓度已降到最低有效浓度以下仍残存的生物效应。少数药物可引起持久的器质性损害。

(6) 特异质反应：是一类先天遗传异常所致的反应，但不是免疫反应。此类病人对某些药物反应特别敏感，反应性质可与常人不同，反应严重程度与剂量成比例。

第二节 药物的剂量与效应关系

药理效应的强弱与其剂量大小在一定范围内成比例，即剂量-效应关系(dose-effect relationship)，简称量-效关系。

以药理效应的强度为纵坐标，药物剂量或浓度为横坐标作图表示量效关系的曲线即为量-效曲线(dose-effect curve)。

药理效应按性质可分为：

(一) 量反应

效应的强弱呈连续性量的变化，可用具体数量或最大反应的百分率表示者称为量反应(graded response)，以单一生物单位为研究对象。

1. 量反应的量-效曲线常见的绘制方法有：

(1) 以剂量(在整体动物)或浓度(在离体标本)为横坐标，以效应强度为纵坐标作图可获得直方双曲线(rectangular hyperbola)。

(2) 将横坐标的剂量或浓度改为以对数剂量或对数浓度表示，以效应强度为纵坐标作图则曲线呈对称的S形，见图3-1。

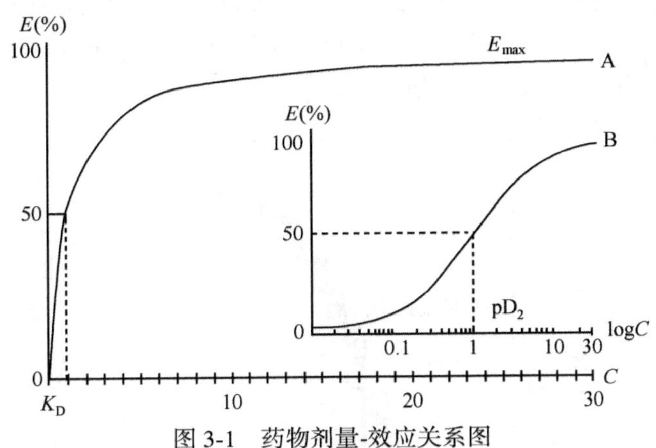

图3-1 药物剂量-效应关系图

A. 药量用真数剂量表示；B. 药量用对数剂量表示；C. 药物浓度；E. 效应强度

2. 量反应的量效曲线特定位点

(1) 最小有效量(minimal effective dose)或最小有效浓度(minimal effective concentration)：系指能引起效应的最小药量或最小药物浓度，亦称阈剂量或阈浓度(threshold dose or concentration)。

(2) 最大效应(maximal effect, E_{max})：在反应系统中，随着剂量或浓度的增加，效应强度也随之增加，当效应增强到最大程度后虽再增加剂量或浓度，效应不再继续增强，这一药理效应的极限称为最大效应或效能(efficacy)。

(3) 半最大效应浓度(EC_{50})：指能引起50%最大效应的浓度。

(4) 效价强度(potency):用于作用性质相同的药物之间的等效剂量的比较,达到等效时所需药量较小者效价强度大,所用药量大者效价强度小。

效能和效价强度反映药物的不同性质,二者具有不同的临床意义,在临床用药时可作选择药物和确定剂量的依据(图 3-2)。

(5) 曲线中段斜率:较陡者表示药效较剧烈,反之提示药效较温和。

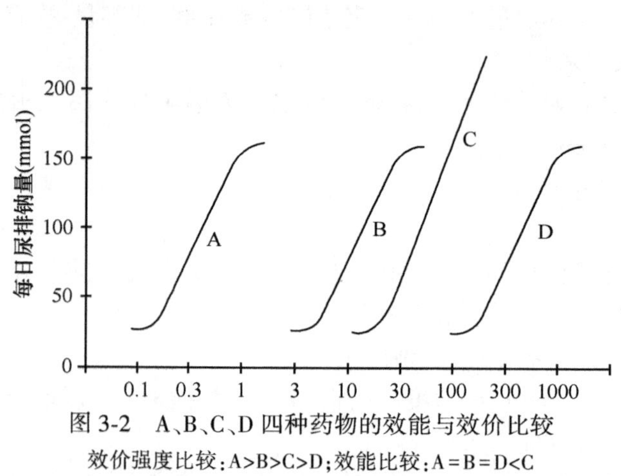

图 3-2 A、B、C、D 四种药物的效能与效价比较

效价强度比较:A>B>C>D;效能比较:A=B=D<C

(二) 质反应

药理效应不随药物剂量或浓度的增减呈连续性量的变化,而表现为反应性质的变化,则称为质反应(quantalresponse)。质反应以阳性或阴性、全或无(all-or-none)的方式表现,如存活或死亡、清醒或睡眠等。以群体为研究单位。

1. 质反应的量效曲线常见的绘制方法(图 3-3)

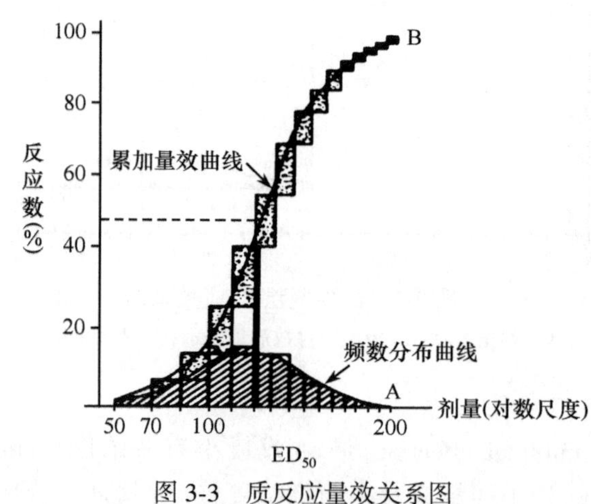

图 3-3 质反应量效关系图

A. 区段反应率;B. 累积反应率

(1) 将横坐标的剂量或浓度改为以对数剂量或对数浓度表示,以药物浓度或剂量区段出现阳性反应频率为纵坐标作图,可得到呈正态分布的曲线。

(2) 横坐标用对数表示,以随剂量增加的累计阳性反应百分率为纵坐标作图,则可得到 S 形量效曲线。

2. 质反应的量效曲线特定位点

(1) 半数有效量(50% effective dose, ED_{50})指引起50%实验对象出现阳性反应时的药量。以此类推,如效应为惊厥或死亡,则称为半数惊厥量(50% convulsion)或半数致死量(50% lethal dose, LD_{50})。

(2) 一般常以药物的LD_{50}/ED_{50}的比值称为治疗指数(therapeutic index,TI),用以表示药物的安全性。

第三节 药物与受体

一、受体概念

1. 受体(recepter) 是对细胞周围生物活性物质具有识别能力并可与之选择性结合,同时介导细胞信号传导的功能蛋白质。通过中介信息放大系统,触发后续生理反应或药理效应。

2. 配体(ligand) 与受体特异性结合的生物活性物质称为配体,也称第一信使。

3. 受点(recepter-site) 配体与受体大分子中的一小部分结合,该结合部位叫做结合位点或受点。

二、受体的特性

1. 特异性(specificity) 引起某一类型受体兴奋反应的配体的化学结构非常相似,不同光学异构体的反应可以完全不同。同一类型的激动药与同一类型的受体结合时产生的效应类似。

2. 灵敏性(sensitivity) 受体只需与很低浓度的配体结合就能产生显著的效应。

3. 饱和性(saturability) 受体数目是一定的,因此配体与受体结合的剂量反应曲线具有可饱和性,作用于同一受体的配体之间存在竞争现象。

4. 可逆性(reversibility) 配体与受体的结合是可逆的,配体与受体复合物可以解离,解离后可得到原来的配体而非代谢产物。

5. 多样性(multiple-variation) ①受体受生理、病理及药理因素调节,其结构与功能经常处于动态变化之中;②同一种受体可广泛分布到不同的细胞而产生不同效应,受体多样性是受体亚型分类的基础。

三、受体与药物的相互作用

占领学说(occupation theory)

Clark 于1926年,Gaddum 于1937年分别提出占领学说,该学说占领的受体数量成正比,全部受体被占领时出现最大效应。

1954年,Ariens 修正了占领学说,药物与受体结合时产生效应需要内在活性(intrinsic activity, 亦可用 α 表示,$0 \leqslant \alpha \leqslant 1$)亲和力(affinity)。将药物-受体复合物的解离常数 K_D 的负对数($-\lg K_D$)称为亲和力指数(pD_2)。见图3-4。

根据质量作用定律,药物与受体的相互作用,可用以下公式表达:

$$D+R \underset{k_2}{\overset{k_1}{\rightleftharpoons}} DR \longrightarrow E$$

式中,D:药物,R:受体,DR:药物-受体复合物,E:效应。

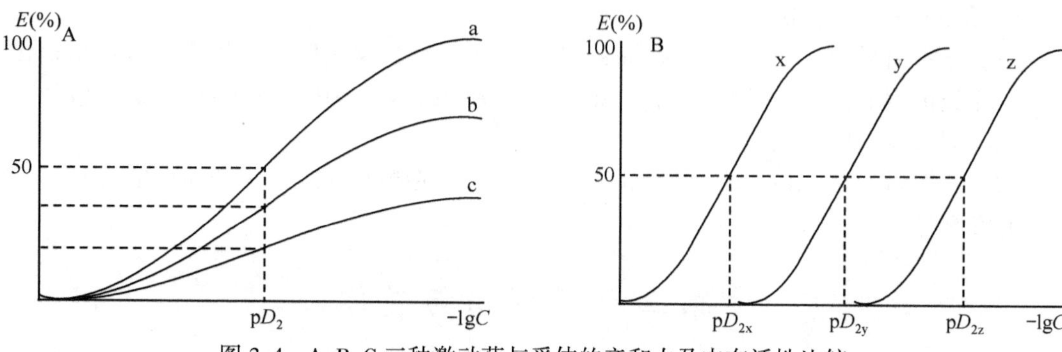

图 3-4 A、B、C 三种激动药与受体的亲和力及内在活性比较

A 图．亲和力比较：a=b=c，内在活性：a>b>c； B 图．亲和力比较：x>y>z，内在活性：x=y=z

四、作用于受体的药物分类

（一）激动药(agonist)

激动药为既有亲和力又有内在活性的药物，它们能与受体结合并激动受体而产生效应。

1. 完全激动药　有较强的亲和力和较强的内在活性($\alpha=1$)。

2. 部分激动药　有较强的亲和力，但内在活性不强($\alpha<1$)。

（二）拮抗药(antagonist)

拮抗药有较强的亲和力，而无内在活性($\alpha=0$)的药物。拮抗药与受体结合但不激活受体。根据拮抗药与受体结合是否有可逆性而将其分为：

1. 竞争性拮抗药(competitive antagonists)　能与激动药竞争相同受体，其结合是可逆的。通过增加激动药的剂量与拮抗药竞争结合部位，最终能使量效曲线的最大效应达到原来的高度。当存在不同浓度的竞争性拮抗药时，激动药量效曲线逐渐平行右移。竞争性拮抗药的拮抗强度通常用 pA_2 表示，在实验系统中加入拮抗药后，若两倍浓度的激动药所产生的效应恰好等于未加入拮抗药时激动药引起的效应，则所加入拮抗药的摩尔浓度的负对数称为 pA_2 值。

2. 非竞争性拮抗药(noncompetitive antagonists)　多指拮抗药与受体结合是相对不可逆的，它能引起受体构型的改变，从而干扰激动药与受体的正常结合，而激动药不能竞争性对抗这种干扰。因此，增大激动药的剂量也不能使量效曲线的最大作用强度达到原来的水平。随着此类拮抗药剂量的增加，激动药量效曲线逐渐下移。

图 3-5 为不同药量的竞争性拮抗药、非竞争性拮抗药量效关系图。

五、受体的调节

1. 受体脱敏　指长期使用一种激动药后，组织或细胞的敏感性和反应性下降的现象；可有激动药特异性脱敏和激动药非特异性脱敏。

2. 受体增敏　是与受体脱敏相反的现象，可因受体激动药水平降低或长期应用拮抗药而造成。

3. 受体与配体作用过程中，受体增敏或有脱敏只涉及受体密度的变化称受体调节(recepter regulation)，可发生向下调节或向上调节。

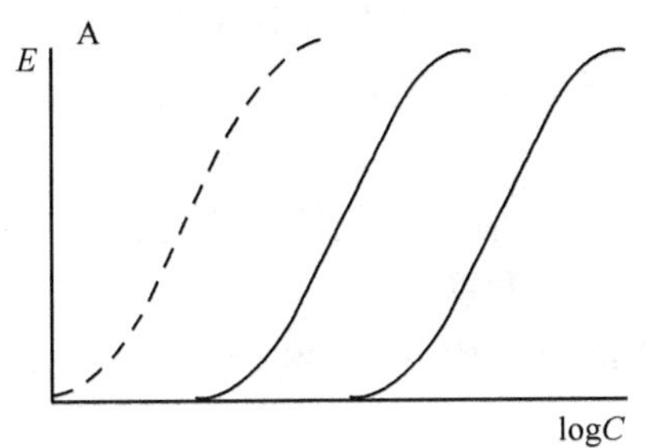

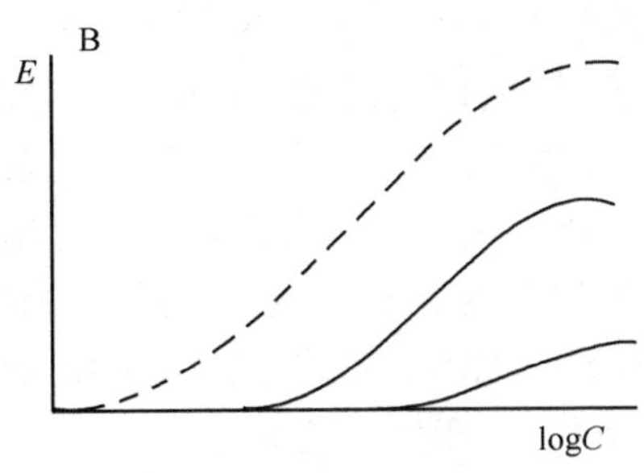

图 3-5 不同药量的竞争性拮抗药、非竞争性拮抗药量效关系图
A. 竞争性拮抗药对激动药量效曲线的影响(虚线为激动药量效曲线);
B. 非竞争性拮抗药对激动药量效曲线的影响(虚线为激动药量效曲线)

六、药物作用机制

药物作用机制(mechanisms of action)或称药物作用原理(principle of action)是研究药理效应是如何产生的。

(一) 非特异性药物作用机制(nonspecific drug)

主要与药物的理化性质如解离度、溶解度、表面张力等有关;可借助于渗透压、脂溶性或络和作用等改变细胞周围的理化条件而发挥药效。

(二) 特异性药物作用机制(specific drug)

特异性药物的生物活性与其化学结构密切有关。药物的作用来自于药物与机体生物大分子之间相互作用所引起的机体生理生化功能的改变。

特异性药物作用的靶蛋白大致可分为:①受体;②离子通道;③酶;④载体分子。可以通过改变机体内环境,或影响内源性递质或代谢产物在体内的转运过程,或补充机体所缺乏的物质而发挥作用。

(三) 药物作用和信号传导

细胞外界的信息分子特异地与细胞膜表面的受体结合,刺激细胞产生胞内调节信号,并传递到细胞特定的反应系统而产生应答,这一过程称为细胞跨膜信息传导(transmembrane signaling)。

第一信使:多肽类激素、神经递质及细胞因子(包括白细胞介素和生长因子两大类)等细胞外信使物质。

第二信使:第一信使作用于靶细胞后刺激胞浆内产生的信息分子,是胞外信息与细胞内效应之间必不可少的中介物。目前已发现的第二信使有环核苷酸类(cAMP、cGMP)、细胞膜肌醇磷脂代谢产物(IP_3、DG)以及 Ca^{2+}。

细胞跨膜信息传递的方式有以下几种:

1. 配体跨膜调节胞浆基因表达 许多脂溶性大的配体可透过细胞膜扩散到胞浆或细胞核内,作用于相应的受体,调节基因的转录和相应功能性蛋白质的表达。这类配体包括肾上腺皮质激素、性激素、维生素 D 和甲状腺激素。

2. 配体激活跨膜的酪氨酸蛋白激酶 有些受体本身具有某种酶的活性。多肽类激素如胰岛素,生长因子与胰岛素受体或生长因子受体结合后,受体变构,酪氨酸磷酸化,激活酪氨酸蛋白激酶,引起一系列细胞内信息传递。

3. 配体门控离子通道受体　受体本身由识别部位与离子通道或离子通道的一部分构成，配体与受体结合后，通道蛋白构型发生改变，离子通道开放。

4. 膜受体活化经 G 蛋白传导信号到效应酶

（1）Gs 蛋白——激活腺苷酸环化酶：配体与受体结合→配体-受体复合物→催化 Gs 蛋白成激活的 GTP-Gs 而具有转导作用→激活腺苷酸环化酶。

细胞内的 cAMP 增多，能激活 cAMP 依赖性蛋白激酶 A（APK）使胞内许多蛋白酶磷酸化，从而调节代谢，产生生理效应。

（2）Gi 蛋白——抑制腺苷酸环化酶：配体与受体结合→配体-受体复合物→催化 Gi 蛋白成激活的 GTP-Gi 而具有转导作用→抑制腺苷酸环化酶。

（3）调节离子通道：细胞膜上的离子通透性或膜电位也受激素或递质调节。如：ACh 激活心肌 M 胆碱受体，需要 G 蛋白介导，引起 K^+通道开放，使细胞膜呈超极化状态，从而减慢心肌细胞的节律性。

（4）激活钙和肌醇磷脂代谢：肌醇磷脂（inositol phospholipids or phosphoinoinositides）是第二信使。配体作用于细胞膜受体，通过 G 蛋白转导，激活磷脂酶 C（phodpholipase C，PLC），使细胞膜内侧的 4，5-二磷酸磷脂酰肌醇（PIP_2）水解成两个第二信使：1，4，5-三磷酸肌醇（inositol-1，4，5，-triphosphate，IP_3）和二酰甘油（diacylglycerol，DAG）

（5）激活鸟苷酸环化酶：配体与细胞膜表面的受体结合后，活化膜上的鸟苷酸环化酶（guanylyl cyclase，GC），GC 作用于 GTP，使 GTP→cGMP→激活 cGMP 依赖性的蛋白激酶（GPK）→效应。

从分子生物学角度看，细胞信息传递是以一系列蛋白质的构型和功能改变，引发瀑布式级联反应的过程。一个胞外信号逐级经过胞浆中雪崩式的酶促放大反应，迅速在细胞中扩布到特定的靶系统。

强化训练及参考答案

一、英语单词

1. action
2. effect
3. excitation
4. inhibition
5. selectivity
6. therapeutic effect
7. adversedrugreaction，ADR
8. side effect
9. toxic reaction
10. allergic reaction
11. secondary reaction
12. residual effect
13. dose-effect relationship
14. graded response
15. threshold dose
16. maximal effect，E_{max}
17. efficacy
18. potency
19. quantal response
20. 50% effective dose，ED_{50}
21. 50% lethal dose，LD_{50}
22. therapeutic index，TI
23. recepter
24. ligand

25. recepter-site
26. occupation theory
27. affinity
28. intrinsic activity
29. agonist
30. antagonist
31. noncompetitive antagonists
32. mechanisms of action

二、名词解释

1. 药物作用的选择性 药物作用具有一定的选择性,某些药物可影响多种组织器官功能活动,而另一些药物则只影响机体部分器官的功能或某种功能。
2. 量-效关系 药物效应的强弱与剂量大小所呈现的剂量-效应关系,在一定范围内与剂量成正比。
3. 效能 浓度或剂量增大到一定限度而效应不再继续上升,称为最大效应或效能。
4. 效价强度 量效关系研究中等效剂量的比值,可用于作用性质相同的药物比较,等效时药物用量较小者效价强度大,用药量大者效价强度小。
5. 半数有效量 引起50%阳性反应(质反应)或50%最大效应(量反应)的浓度或剂量,分别用半数有效浓度和半数有效量表示。
6. 治疗指数 LD_{50}和ED_{50}的比值,是药物安全性指标。
7. 药物作用机制 指药物作用的初始反应及其产生效应的中间环节。
8. 药物的受体 存在于靶细胞能识别配体,并与配体结合,从而将其信息传递给细胞的信息传递系统的特定结构分子。它是一类介导细胞信号传导的功能蛋白质,通过中介信息转导与放大系统,触发生理反应或药理效应。
9. 激动药(agonist) 既有亲和力又有内在活性的药物,能与受体结合并激动受体而产生效应。
10. 拮抗药 能与受体结合,具有较强亲和力而无内在活性的药物,可拮抗激动药的效应。
11. 药物的不良反应 凡是不符合用药目的,并给用药者带来不适或痛苦的反应统称为药物的不良反应。
12. 副作用 药物在治疗剂量出现的与治疗目的无关的作用,可能给患者带来不适或痛苦,一般较轻微,多半是可以恢复的功能性变化。

三、问答题

1. 试论述从药物的量效曲线上可以获得哪些与临床用药有关的资料。

答:从量效曲线可获得最小有效量、常用量、极量、效价、效能、治疗指数、安全范围等指标。

2. 试论述最主要的药物作用机制。

答:药物作用的可能机制有:改变细胞周围环境的理化性质;补充机体所缺乏的物质;参与或干扰细胞代谢;影响生理活性物质的转运、合成与代谢;非特异性作用;作用于一定的靶位。

3. 试论述药物与受体相互作用以至产生效应的诸环节。

答:药物与其受体相互作用,产生药理作用一般通过以下环节:①药物与受体的结合;②信号转导过程变化;③细胞效应;④机体器官功能改变。

4. 从药物与受体的相互作用论述激动药与拮抗药的特点。

答:激动剂既有亲和力又有内在活性,它们能与受体结合,激动受体而产生效应。拮抗剂只有亲和力而无内在活性,它们能与受体结合,结合后可阻断受体与激动剂结合。

5. 试论述药物与受体相互作用的占领学说。

答:占领学说认为:①药物与受体必须结合才产生效应;②药物的效应强度与被占领的受体数量成正比;③全部受体被占领后出现最大效应。

四、选择题

(一) A 型题

1. 以数量(或可测量值)分级表示的药理效应是(　　)
   A. 质反应　B. 量反应　C. 毒性反应
   D. 不良反应　E. 特异质反应
2. 下列可表示药物的安全性的参数是(　　)
   A. 最小有效量　B. 极量　C. 治疗指数
   D. 半数致死量　E. 半数有效量
3. 药物对机体的作用不包括(　　)
   A. 改变机体的生理机能　B. 改变机体的生化功能　C. 产生程度不等的不良反应
   D. 掩盖某些疾病现象　E. 产生新的机能活动
4. 药物的过敏反应与(　　)
   A. 剂量大小有关　B. 药物毒性大小有关　C. 遗传缺陷有关
   D. 年龄性别有关　E. 用药途径及次数有关
5. 药物作用的完整概念是(　　)
   A. 使机体兴奋性提高
   B. 使机体抑制加深
   C. 引起机体在形态或功能上的效应
   D. 补充机体某些物质
   E. 以上说法都不全面
6. 不同的药物具有不同的适应证,它可取决于(　　)
   A. 药物的不同作用　B. 药物作用的选择性　C. 药物的不同给药途径
   D. 药物的不良反应　E. 以上均可能
7. 合理用药需具备下述哪种有关药理学知识(　　)
   A. 药物作用与副作用　B. 药物的毒性与安全范围　C. 药物的效价与效能
   D. 药物的半衰期与消除途径　E. 以上都需要
8. 药物选择性取决于(　　)
   A. 药物剂量大小　B. 药物脂溶性大小　C. 组织器官对药物的敏感性
   D. 药物在体内吸收速度　E. 药物 pKa 大小
9. 质反应的量效曲线可以为用药提供何种参考(　　)
   A. 药物的毒性性质　B. 药物的疗效大小　C. 药物的安全范围
   D. 药物的给药方案　E. 药物的体内过程
10. 某药的量效曲线因受某种因素的影响平行右移时,提示(　　)
    A. 作用点改变　B. 作用机制改变　C. 作用性质改变
    D. 最大强度改变　E. 作用强度改变

11. 治疗指数是指( )
A. 治愈率与不良反应率之比 B. 治疗剂量与中毒剂量之比 C. LD_{50}/ED_{50}
D. ED_{50}/LD_{50} E. 药物适应证的数目
12. 慢性心功能不全时,用强心苷类治疗,它对心脏的作用属于( )
A. 局部作用 B. 普遍细胞作用 C. 继发作用
D. 选择性作用 E. 以上都不是
13. 肌注阿托品治疗肠绞痛,引起口干称为( )
A. 治疗作用 B. 后遗效应 C. 变态反应
D. 毒性反应 E. 副作用
14. 链霉素引起的永久性耳聋属于( )
A. 毒性反应 B. 高敏性 C. 副作用
D. 后遗效应 E. 治疗作用
15. 反复应用药物后,人体对药物的敏感性降低是因为( )
A. 习惯性 B. 成瘾性 C. 依赖性
D. 耐受性 E. 抗药性
16. 下列关于受体的叙述,正确的是( )
A. 受体是首先与药物结合并起反应的细胞成分
B. 受体都是细胞膜上的蛋白质
C. 受体是遗传基因生成的,其分布密度是固定不变的
D. 受体与配基或激动药结合后都引起兴奋性效应
E. 药物都是通过激动或抑制相应受体而发挥作用的
17. 当某药物与受体结合后,产生某种作用并引起一系列效应,该药是( )
A. 兴奋剂 B. 激动剂 C. 抑制剂
D. 拮抗剂 E. 以上都不是
18. 对受体亲和力高的药物,它在体内( )
A. 排泄慢 B. 排泄快 C. 吸收快
D. 产生作用所需的浓度较低 E. 产生作用所需的浓度较高
19. 药物与特异性受体结合后,可能激动受体,也可能阻断受体,这取决于( )
A. 药物的作用强度 B. 药物的剂量大小 C. 药物的脂/水分配系数
D. 药物是否具有亲和力 E. 药物是否具有效应力(内在活性)
20. 完全激动药的概念应是( )
A. 与受体有较强的亲和力和较强的内在活性
B. 与受体有较强的亲和力,无内在活性
C. 与受体有较弱的亲和力和较弱的内在活性
D. 与受体有较弱的亲和力,无内在活性
E. 以上都不对
21. 竞争性拮抗剂具有的特点是( )
A. 与受体结合后能产生效应

B. 能抑制激动药的最大效应
C. 增加激动药剂量时,不能产生效应
D. 同时具有激动药的性质
E. 使激动药量效曲线平行右移,最大反应不变

22. 下列哪一组药物可能发生竞争性对抗作用(　　)
A. 肾上腺素和乙酰胆碱　B. 组胺和苯海拉明　C. 毛果芸香碱和新斯的明
D. 间羟胺和异丙肾上腺素　E. 阿托品和尼可刹米

23. 非竞争性拮抗药具有的特点是(　　)
A. 使激动药的量效曲线平行右移
B. 不降低激动药的最大效应
C. 与激动药作用于同一受体
D. 与激动药作用于不同受体
E. 使激动药量效曲线右移,且能抑制最大效应

24. pD_2 值可以反映药物与受体亲和力,pD_2 值大说明(　　)
A. 药物与受体亲和力大,用药剂量小
B. 药物与受体亲和力大,用药剂量大
C. 药物与受体亲和力小,用药剂量小
D. 药物与受体亲和力小,用药剂量小
E. 以上均不对

25. 药物的内在活性(效应力)是指(　　)
A. 药物穿透生物膜的能力　B. 受体激动时的反应强度　C. 药物水溶性大小
D. 药物对受体亲和力的高低　E. 药物脂溶性强弱

26. 一个好的受体激动剂应该是(　　)
A. 高亲和力,低内在活性　B. 低亲和力,高内在活性　C. 低亲和力,低内在活性
D. 高亲和力,高内在活性　E. 高脂溶性,短半衰期

27. 受体拮抗药的特点是(　　)
A. 对受体有亲和力而无内在活性
B. 对受体无亲和力而有内在活性
C. 对受体有亲和力和内在活性
D. 对受体的亲和力大而内在活性小
E. 对受体的内在活性大而亲和力小

28. 拮抗指数(pD_2)的定义是(　　)
A. 使激动药效应加强一倍时的拮抗药浓度的负对数
B. 使激动药效应减弱一半时的拮抗药浓度的负对数
C. 使加倍浓度的激动药仍保持原有效应强度的拮抗药浓度的负对数
D. 使激动药效应减弱至零时的拮抗药浓度的负对数
E. 使加倍浓度的拮抗药仍保持原有效应强度的激动药浓度的负对数

29. 下列关于受体的论述中,错误的是(　　)

A. 受体是在生物进化过程中形成并遗传下来的
B. 受体在体内有特定的分布点
C. 受体数目无限,故无饱和性
D. 分布各器官的受体对配体敏感性有差异
E. 受体是复合蛋白质分子,可新陈代谢

30. 下列关于受体的叙述中,错误的是(　　)
A. 受体是非蛋白质的细胞成分
B. 受体位于细胞膜或细胞浆内
C. 受体与药物结合是可逆的
D. 药物与受体结合可引起兴奋效应
E. 药物与受体结合可引起抑制效应

31. 下列关于受体的描述中,不正确的是(　　)
A. 受体是首先与药物直接反应的化学基团
B. 药物必须全部与全部受体结合后才能发挥药物最大效应
C. 受体激动的后果可能是效应器官功能的兴奋,也可能是抑制效应
D. 受体与激动药及拮抗药都能结合
E. 各种受体都有其固定的分布与功能

32. 下列关于非竞争性拮抗药的描述中不对的是(　　)
A. 与激动药不争夺同一受体
B. 可使激动药量效曲线右移
C. 不能抑制激动剂量效曲线最大效应
D. 与受体结合后能改变效应器的反应性
E. 能与受体发生不可逆的结合的药物也能产生类似效应

33. 下列关于竞争性拮抗参数(pA_2)的描述中不对的是(　　)
A. pA_2 值是表示拮抗相应激动药的强度
B. pA_2 大表示拮抗药与相应受体亲和力大
C. pA_2 值越大对相应激动药拮抗力越强
D. 不同亚型受体 pA_2 值不尽相同
E. pA_2 是拮抗药摩尔浓度的对数值

34. 下列关于受体阻断剂的描述中,错误的是(　　)
A. 有亲和力,无内在活性
B. 无激动受体的作用
C. 效应器官必定呈现抑制效应
D. 能拮抗激动剂过量的毒性反应
E. 可与受体结合,而阻断激动剂与受体的结合

(二) B 型题

A. 阈剂量　　B. 效能　　C. 效价强度
D. 治疗量　　E. ED_{50}

1. 一群动物引起一半反应的量(　　)
2. 药物常用的剂量(　　)
3. 药物刚刚引起效应的量(　　)
4. 最大有效剂量产生的最大效应是(　　)
5. 达到一定效应时所需的剂量是(　　)

A. 激动药　　B. 拮抗药　　C. 部分激动药
D. 竞争性拮抗药　　E. 非竞争性拮抗药

6. 与激动药竞争同一受体使激动药量效曲线右移,且使最大效应也降低(　　)
7. 与受体亲和力及内在活性都强(　　)
8. 与激动药竞争同一受体使激动药量效曲线右移,但最大效应并不改变(　　)
9. 与受体有较强亲和力,但内在活性小(　　)
10. 与受体亲和力强而无内在活性(　　)

A. 副作用　　B. 毒性反应　　C. 特异质反应
D. 继发反应　　E. 以上都不对

11. 与药物剂量大小关系较大的不良反应是(　　)
12. 在治疗过程中难免发生的不良反应是(　　)
13. 药物剂量过大所致的不良反应(　　)
14. 抗感染治疗先呈现病情好转,随后发生腹泻的不良反应是(　　)
15. 与先天性酶缺陷有关的药物不良反应是(　　)

A. 治疗作用　　B. 不良反应　　C. 副作用
D. 毒性反应　　E. 耐受性

16. 与治疗无关的所有反应统称(　　)
17. 达到防治效果的作用是(　　)
18. 治疗剂量下出现与治疗目的无关的是(　　)
19. 药物过量出现的对机体损害的是(　　)
20. 机体对药物的敏感性低是(　　)

A. 兴奋作用与抑制作用　　B. 选择作用与普遍细胞作用　　C. 预防作用与治疗作用
D. 防治作用与不良反应　　E. 毒性反应与过敏反应

21. 按对人体的利弊作用可分为(　　)
22. 按对机体器官机能的影响作用可分为(　　)
23. 皆对人有利的作用是(　　)
24. 皆对人有害的作用是(　　)

A. 最小有效量　　B. 最小中毒量　　C. 常用量
D. 极量　　E. 治疗量

25. 五者中最大的剂量(对同一药物而言)是(　　)
26. 五者中最小的剂量(对同一药物而言)是(　　)
27. 临床应用的适中剂量是(　　)

五、填空题

1. 药物的不良反应有________、________、________、________、________等。
2. 受体激动药的最大效应取决于________的大小,当________相同时药物的效价强度取决于亲和力。
3. 药物的量效曲线可分为________和________两种。从________量效曲线中可以获得ED_{50}及LD_{50}的参数,从________量效曲线中可获得效能和效价强度的参数。
4. 效能反映了药物与受体结合后________的大小,效价反映了药物与受体结合后________的大小。

六、判断题

1. 给药剂量取决于药物的药效学特性和药动学特性。(　　)
2. 药物效应可是药物直接或间接作用的结果。(　　)
3. 部分激动药在不同条件下,既可是激动药也可是拮抗药。(　　)
4. 药物与毒物间无绝对界限,有些药物是由毒物发展而来的。(　　)
5. 质反应量效曲线形态主要决定于药物反应的个体差异。(　　)

七、参考答案

A 型题

1. B　2. C　3. E　4. C　5. C　6. E　7. E　8. C　9. C　10. E
11. C　12. D　13. E　14. A　15. D　16. A　17. B　18. D　19. E　20. A
21. E　22. B　23. E　24. A　25. B　26. D　27. A　28. C　29. C　30. A
31. B　32. C　33. E　34. C

B 型题

1. E　2. D　3. A　4. B　5. C　6. E　7. A　8. D　9. C　10. B
11. B　12. A　13. B　14. D　15. C　16. B　17. A　18. C　19. D　20. E
21. D　22. A　23. C　24. E　25. D　26. A　27. C

填空题

1. 副反应　毒性反应　后遗效应　停药反应　变态反应
2. 内在活性　内在活性
3. 质反应　量反应　质反应　量反应
4. 内在活性　亲和力

判断题

1. √　2. √　3. √　4. √　5. √

(王晓雯　胡　坚)

第四章 影响药物效应的因素

略。

第五章 传出神经系统药理概论

学 习 目 标

1. 熟悉乙酰胆碱和去甲肾上腺素的生物合成、转运、储存、释放和代谢。
2. 掌握各型受体激动时的生理效应,掌握传出神经系统药物的分类。

学习重点指导

第一节 概 述

传出神经系统的分类 传出神经系统包括自主神经系统和运动神经系统。自主神经系统(autonomic nervous system),主要支配心肌、平滑肌和腺体等效应器(effetor);运动神经系统则支配骨骼肌。传出神经系统模式图见图 5-1。

根据所释放递质的不同,将传出神经分为胆碱能神经和去甲肾上腺素能神经两大类。

1. 胆碱能神经(cholinergic nerve) 能合成乙酰胆碱(ACh),兴奋时从末梢释放 ACh。包括:

(1) 全部交感神经和副交感神经的节前纤维。

(2) 运动神经。

(3) 全部副交感神经的节后纤维。

(4) 极少数交感神经节后纤维,如支配汗腺的分泌神经和骨骼肌的血管舒张神经。

2. 去甲肾上腺素能神经(noradrenergic nerve) 能合成去甲肾上腺素(NA),兴奋时能释放 NA。绝大多数交感神经节后纤维都属此类。

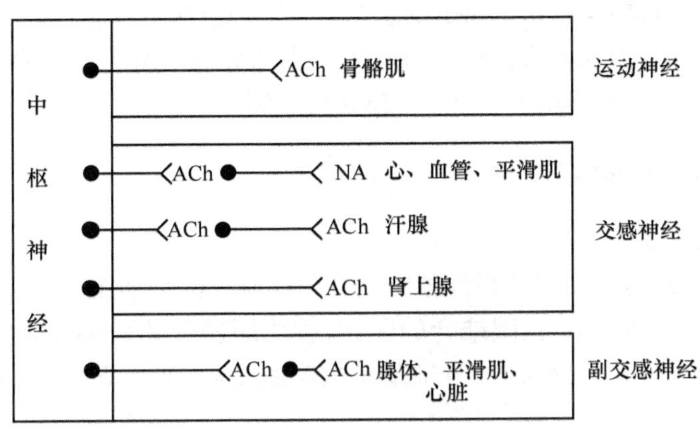

图 5-1　传出神经系统模式图

第二节　传出神经系统的递质和受体

一、传出神经的递质

传出神经递质的生物合成与储存

1. 乙酰胆碱的生物合成　乙酰胆碱主要在胆碱能神经末梢形成，与其合成有关的酶和辅酶有胆碱乙酰化酶(choline acetylase)和乙酰辅酶 A(acetyl coenzyme A)。胆碱乙酰化酶和乙酰辅酶 A 在胞质液内促进胆碱形成乙酰胆碱。乙酰胆碱形成后，即进入囊泡并与 ATP 和囊泡蛋白共同储存于囊泡中。

2. 去甲肾上腺素的生物合成　酪氨酸从血液进入去甲肾上腺素神经元后，在酪氨酸羟化酶催化下生成多巴(dopa)，再经多巴脱羧酶的催化，脱羧后生成多巴胺(dopamine)，后者进入囊泡中，经多巴胺 β-羟化酶的催化，转变为去甲肾上腺素。酪氨酸羟化酶的活性较低，是去甲肾上腺素生物合成过程的限速因素，是调节去甲肾上腺素生物合成的重要环节。去甲肾上腺素形成后，与 ATP 的嗜铬颗粒蛋白结合，储存于囊泡中，并可避免被胞质液中的单胺氧化酶(MAO)所破坏。

3. 递质的释放　现认为当神经冲动到达末梢时，产生除极化，引起 Ca^{2+} 内流促使靠近突触前膜的一些囊泡的囊泡膜与突触前膜融合，形成裂孔，通过裂孔将囊泡内的递质、ATP 和蛋白质等排出至突触间隙，这称为胞裂外排(exocytosis)。

4. 递质作用的消失　乙酰胆碱作用的消失主要是被神经突触部位的胆碱酯酶水解，一般在释放后一至数毫秒之内即被此酶水解而失效。

去甲肾上腺素主要靠突触前膜将其摄入神经末梢内而使作用消失，这种摄取称为摄取 1(uptake 1)。摄取 1 是一种主动的转运机制，也称胺泵(amine pump)，能逆浓度梯度而摄取内及外源性去甲肾上腺素。其摄入量为释放量的 75% ~ 95%，摄入神经末梢的去甲肾上腺素尚可进一步被摄入囊泡，储存起来以供下次的释放。部分未进入囊泡的去甲肾上腺素可被胞质液中线粒体膜上的单胺氧化酶(mono-amine oxidase，MAO)破坏。非神经组织如心肌、平滑肌等也能摄取去甲肾上腺素，称为摄取 2。此种摄取之后，即被细胞内的儿茶酚氧位甲基转移酶(catechol-O-methyltransferase,COMT)和 MAO 所破坏;因此摄取 1 可称为摄取-储存型,摄取 2 可称为摄取-代谢型。此外,尚有小部分去甲肾上腺素释放后从突触间隙扩散到血液中,最后被肝、肾等的 COMT 和 MAO 所破坏。

二、传出神经的受体

(一) 受体的分类

受体的命名常根据能与之选择性地相结合的递质或药物而定。

1. 胆碱受体　能与乙酰胆碱结合的受体,称为胆碱受体(cholinoceptor)。由于其对某些药物的反应性不同,又可分为两类:毒蕈碱型胆碱受体(M 胆碱受体)和烟碱型胆碱受体(N 胆碱受体)。

2. 肾上腺素受体　能与去甲肾上腺素或肾上腺素结合的受体称为肾上腺素受体(adrenoceptor)。肾上腺素受体又可分为 α 肾上腺素受体(α 受体)和 β 肾上腺素受体(β 受体)。β 受体又分为 β_1受体、β_2受体及 β_3受体亚型,例如心脏的 β 受体主要为 β_1受体,支气管和血管平滑肌的 β 受体主要为 β_2受体。

3. 多巴胺受体　多巴胺受体(dopamine receptor)能选择性地与 DA 结合的受体,曾分为两种亚型。位于肾、肠系膜、心、脑等血管平滑肌及心肌的多巴胺受体为 D_1受体;位于交感神经节及突触前膜的多巴胺受体为 D_2受体。目前多巴胺受体亚型已发展为 5 个亚型:D_1、D_2、D_3、D_4、D_5,D_1和 D_5受体被称为 D_1样受体,D_2、D_3、D_4受体被称为 D_2样受体。

(二) 受体功能及其分子机制

1. M 胆碱受体　鸟核苷酸结合调节蛋白(G 蛋白)偶联的超级家族受体。

2. N 胆碱受体　配体门控离子通道型受体。

3. 肾上腺素受体　G 蛋白偶联受体。

第三节　传出神经系统的生理功能

一、传出神经系统的作用部位

<table>
<tr><td rowspan="3">胆碱受体</td><td>M 胆碱受体</td><td colspan="2">主要分布于心血管、胃肠、支气管、眼及腺体等</td></tr>
<tr><td rowspan="2">N 胆碱受体</td><td>N_N 受体:</td><td>分布于神经节和肾上腺髓质</td></tr>
<tr><td>N_M受体:</td><td>分布于骨骼肌</td></tr>
<tr><td rowspan="4">去甲肾上腺素受体</td><td rowspan="2">α 受体:</td><td>α_1 受体:</td><td>主要分布于皮肤、黏膜、腹腔内脏血管、瞳孔扩大肌及腺体等</td></tr>
<tr><td>α_2 受体:</td><td>主要分布于突触前膜、皮肤和黏膜血管等</td></tr>
<tr><td rowspan="2">β 受体:</td><td>β_1 受体:</td><td>主要分布于心脏</td></tr>
<tr><td>β_2 受体:</td><td>主要分布于骨骼肌血管、冠状血管、腹腔内脏血管、支气管及胃肠平滑肌等</td></tr>
</table>

二、传出神经受体兴奋后效应

M 效应	心脏抑制、血管扩张、腺体分泌、胃肠和支气管平滑肌收缩、缩瞳等
N 效应	骨骼肌收缩、神经节兴奋、肾上腺髓质分泌增加
α 效应	皮肤、黏膜、腹腔内脏血管收缩、散瞳等
β 效应	心脏兴奋、骨骼肌血管和冠脉扩张，支气管及胃肠平滑肌松弛

强化训练及参考答案

一、英语单词

1. chloinergic nerve
2. noradrenergic nerve
3. acetylcholine(ACh)
4. noradrenaline(NA)
5. acetylcholine receptors
6. adrenocepter

二、名词解释

1. M 样作用(M-like effects)　兴奋 M 受体所产生的效应，表现为心脏抑制、血管扩张、腺体分泌、胃肠和支气管平滑肌收缩、瞳孔缩小。
2. N 样作用(N-like effects)　兴奋 N 受体所产生的效应，表现为骨骼肌收缩、神经节兴奋肾上腺髓质分泌增加。

三、问答题

1. 传出神经系统递质不同是如何分类的？

答：传出神经按释放的递质不同，分为两类，即胆碱能神经和肾上腺素能神经。胆碱能神经包括：①自主神经的全部节前纤维；②副交感神经的全部节后纤维；③支配汗腺和骨骼肌血管的交感神经节后纤维；④运动神经。肾上腺素能神经包括：绝大部分交感神经的节后纤维。

2. ACh 与 NA 在神经末梢的消除有何不同？

答：ACh 的消除主要依靠神经末梢部位的胆碱酯酶水解，最后分解为胆碱和乙酸，胆碱可以被突触前膜摄取重新利用。NA 主要是被突触前膜重新摄取利用，其次可以被单胺氧化酶(MAO)或儿茶酚氧位甲基转移酶(COMT)所破坏。

3. M 受体主要分布于那些器官组织？兴奋后主要产生哪些效应？

答：M 受体主要分布于副交感神经所支配的效应器上，如心脏、血管、腺体、眼、胃肠道、支气管等。兴奋后可引起心脏抑制、血管扩张、腺体分泌、胃肠道和支气管平滑肌收缩、瞳孔缩小、睫状肌收缩。

四、选择题

(一) A 型题

1. 对突触前膜受体的描述，正确的是(　　)

　A. 激动突触前膜 α_2受体，去甲肾上腺素释放增加

B. 激动突触前膜 α_2受体,去甲肾上腺素释放减少
C. 激动突触前膜 β 受体,去甲肾上腺素释放减少
D. 阻断突触前膜 α_2受体,去甲肾上腺素释放减少
E. 以上都不是

2. β_1受体主要分布于以下哪一器官(　　)
A. 骨骼肌运动终板　B. 支气管黏膜　C. 胃肠道平滑肌
D. 心脏　E. 腺体

3. M_2受体主要分布于(　　)
A. 支气管平滑肌　B. 心脏　C. 膀胱
D. 血管　E. 骨骼肌

4. N_2胆碱受体分布于(　　)
A. 神经节　B. 肾上腺髓质　C. 膀胱平滑肌
D. 骨骼肌　E. 汗腺

5. 在神经末梢去甲肾上腺素消除的主要方式是(　　)
A. 被单胺氧化酶(MAO)破坏
B. 被儿茶酚氧位甲基转移酶(COMT)破坏
C. 进入血管被带走
D. 被胆碱酯酶水解
E. 被突触前膜和囊泡膜重新摄取

6. 去甲肾上腺素生物合成的限速酶是(　　)
A. 酪氨酸羟化酶　B. 单胺氧化酶　C. 多巴脱羧酶
D. 多巴胺 β 羟化酶　E. 儿茶酚氧位甲基转移酶

7. 乙酰胆碱作用消失主要依赖于(　　)
A. 摄取 1　B. 摄取 2　C. 胆碱乙酰转移酶的作用
D. 胆碱酯酶水解　E. 单胺氧化酶水解

8. 下列哪种受体属于配体门控通道型受体(　　)
A. α_1肾上腺素受体　B. M 胆碱受体　C. α_2肾上腺素受体
D. β 肾上腺素受体　E. N 胆碱受体

9. 副交感神经节后纤维兴奋时不会产生(　　)
A. 心脏抑制　B. 血管扩张,血压下降　C. 骨骼肌松弛
D. 内脏平滑肌收缩　E. 瞳孔缩小

10. M 受体兴奋可引起(　　)
A. 胃肠道平滑肌收缩　B. 心脏兴奋　C. 骨骼肌收缩
D. 瞳孔扩大　E. 支气管扩张

11. β_2受体兴奋可引起(　　)
A. 支气管扩张　B. 胃肠道平滑肌收缩　C. 瞳孔缩小
D. 腺体分泌增加　E. 皮肤血管收缩

12. M 受体支配占优势的效应器是(　　)

A. 瞳孔开大肌　　B. 支气管平滑肌　　C. 胃肠及膀胱平滑肌
D. 血管平滑肌　　E. 子宫平滑肌

13. 关于 N_2 胆碱受体结构和偶联的叙述,下列哪项是正确的(　　)
A. 属 G-蛋白偶联受体
B. 属配体门控通道型受体
C. 为 7 次跨膜的肽链
D. 肽链的 N-端在细胞膜外,C-端在细胞内
E. 由 3 个亚单位组成

14. M 受体激动的效应不包括(　　)
A. 瞳孔缩小　　B. 膀胱收缩　　C. 唾液分泌增加
D. 血管舒张　　E. 心脏兴奋

五、填空题

1. 在神经末梢水解乙酰胆碱的酶为________,破坏去甲肾上腺素的酶主要是________和________酶。
2. 支气管上分布的胆碱受体为________受体,肾上腺素受体为________受体。
3. 胃肠道平滑肌上分布的胆碱受体为________受体,骨骼肌运动终板的胆碱受体为________受体。
4. M 受体兴奋时可引起瞳孔________,胃肠道平滑肌________,腺体分泌________,心脏________和血管________。

六、参考答案

A 型题

1. B　2. D　3. B　4. D　5. E　6. A　7. D　8. E　9. C　10. A
11. A　12. C　13. B　14. E

填空题

1. 胆碱酯酶　单胺氧化酶(MAO)　儿茶酚氧位甲基转移酶(COMT)
2. M　β_2
3. M　N
4. 缩小　收缩　增加　抑制　舒张

(依巴代提·吐乎提　邬利娅·伊明)

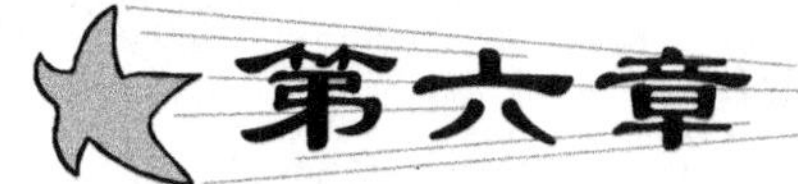

第六章 胆碱受体激动药

学习目标

1. 了解乙酰胆碱的 M、N 样作用。
2. 掌握匹鲁卡品(毛果芸香碱)及新斯的明的作用、临床应用与不良反应。

学习重点指导

第一节 M胆碱受体激动药

直接作用于 M 受体的拟胆碱药。

• 毛果芸香碱

1. 药理作用与机制:选择性激动 M 胆碱受体,尤其对眼和腺体作用明显。

(1) 眼(图 6-1)

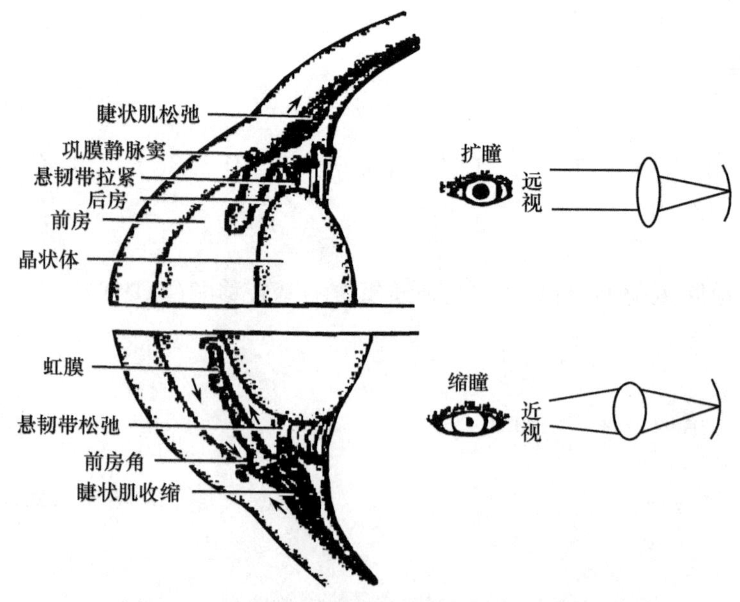

图 6-1 M 胆碱受体激动药和阻断药对眼的作用

1) 缩瞳:本药可激动瞳孔括约肌的 M 胆碱受体,使瞳孔括约肌收缩,瞳孔缩小。

2) 降低眼压:毛果芸香碱通过缩瞳作用可使虹膜向中心拉动,虹膜根部变薄,而使处于虹膜周围的前房角间隙扩大,房水易于经滤帘进入巩膜静脉窦,使眼压下降。

3）调节痉挛：毛果芸香碱激动睫状肌 M 受体使环状肌纤维向瞳孔中心方向收缩，造成悬韧带放松，晶状体由于本身弹性变凸，屈光度增加，此时只适合于看近物，而难以看清远物。这种作用称为调节痉挛。

（2）腺体：毛果芸香碱（10～15mg 皮下注射）可明显增加汗腺、唾液腺的分泌。此外，其他腺体如泪腺、胃腺、胰腺、小肠腺体和呼吸道腺体分泌亦增加。

2. 临床应用

（1）青光眼：闭角型青光眼效果好。

（2）虹膜炎：与扩瞳药交替使用，可防止粘连。

3. 不良反应　毛果芸香碱过量可出现 M 胆碱受体过度兴奋症状，可用足量阿托品对抗，并采用对症疗法和支持疗法。

第二节　N 胆碱受体激动药

略。

强化训练及参考答案

一、英语单词

1. cholinocepter agonists
2. pilocapine

二、名词解释

调节痉挛（regulative spasm）　毛果芸香碱激动睫状肌 M 受体使环状肌纤维向瞳孔中心方向收缩，造成悬韧带放松，晶状体由于本身弹性变凸，屈光度增加，此时只适合于视近物，而难以看清远物。这种作用称为调节痉挛。

三、问答题

1. 简述胆碱受体激动药的分类及其代表药。

答：胆碱受体激动药又称拟胆碱药，是一类作用与 ACh 相似的药物。按药物对胆碱受体亚型的选择性作用，可分为：①M、N 胆碱受体激动药：如卡巴胆碱（氨甲酰胆碱）；②M 胆碱受体激动药：如毛果芸香碱；③N 胆碱受体激动药：如烟碱。

2. 简述乙酰胆碱的 M 样作用、N 样作用。

答：ACh 可作用于 M、N 受体，产生 M 样作用及 N 样作用：①M 样作用：兴奋瞳孔括约肌，因此瞳孔缩小，视力模糊；腺体分泌增加，流涎、出汗、支气管分泌增加；胃肠道、泌尿道、支气管平滑肌收缩；心动过速、血压下降。②N 样作用：激动 N_1 及 N_2 受体，因 N_1 受体兴奋出现心血管系统兴奋，心率加快、血压升高；因 N_2 受体兴奋出现肌肉收缩。

3. 毛果芸香碱降低眼压的作用机制有哪些？

答：毛果芸香碱通过缩瞳作用使瞳孔括约肌收缩，虹膜向中心拉紧，虹膜根部变薄，前房角扩大，房水易于通过巩膜静脉窦进入血循环，使眼压降低。

四、选择题

A 型题

1. 下列各药中,只兴奋 M 胆碱受体的药物是(　　)
   A. 乙酰胆碱　B. 阿托品　C. 新斯的明
   D. 毛果芸香碱　E. 毒扁豆碱
2. 毛果芸香碱滴眼引起(　　)
   A. 缩瞳、眼压升高、调节痉挛　B. 缩瞳、眼压降低、调节痉挛　C. 缩瞳、眼压降低、调节麻痹
   D. 扩瞳、眼压升高、调节麻痹　E. 扩瞳、眼压升高、调节痉挛
3. 对卡巴胆碱(氨甲酰胆碱)描述错误的是(　　)
   A. 激动 M 和 N 受体
   B. 不易被胆碱酯酶水解
   C. 对此药引起的中毒阿托品的解毒效果好
   D. 全身用药时不良反应多
   E. 局部滴眼可治疗青光眼
4. 乙酰胆碱的舒张血管作用机制是(　　)
   A. 直接松弛血管平滑肌
   B. 激动血管内皮细胞 M 受体,促进 NO 的释放
   C. 激动血管平滑肌 β_2受体
   D. 促进 PGI_2释放
   E. 以上都不正确
5. 毛果芸香碱临床用于(　　)
   A. 腹气胀　B. 尿潴留　C. 重症肌无力
   D. 青光眼　E. 心动过速
6. 毛果芸香碱临床用于(　　)
   A. 白内障　B. 虹膜炎　C. 尿潴留
   D. 中药麻醉催醒　E. 腹气胀
7. 毛果芸香碱降低眼压是由于(　　)
   A. 睫状肌收缩　B. 瞳孔括约肌收缩　C. 房水产生减少
   D. 瞳孔开大肌收缩　E. 后房血管收缩
8. 关于乙酰胆碱的叙述,下列哪一项是错误的(　　)
   A. 激动 M、N 胆碱受体　B. 有临床实用价值　C. 在体内被胆碱酯酶破坏
   D. 化学性质不稳定,遇水易分解　E. 作用广泛
9. N_2受体兴奋主要引起(　　)
   A. 心脏抑制　B. 神经节兴奋　C. 骨骼肌收缩
   D. 支气管平滑肌收缩　E. 胃肠道平滑肌收缩
10. 乙酰胆碱的作用是(　　)
   A. 激动 M、N 胆碱受体　B. 阻断 M、N 胆碱受体　C. 选择性激动 M 胆碱受体

D. N 胆碱受体激动剂　E. 抑制胆碱酯酶

11. 烟碱的作用是(　　)
A. 激动 M、N 胆碱受体　B. 阻断 M、N 胆碱受体　C. 选择性激动 M 胆碱受体
D. N 胆碱受体激动剂　E. 抑制胆碱酯酶

12. 醋甲胆碱的作用是(　　)
A. 激动 M、N 胆碱受体　B. 阻断 M、N 胆碱受体　C. 对 M 胆碱受体具有相对选择性
D. N 胆碱受体激动剂　E. 抑制胆碱酯酶

13. 毛果芸香碱的作用是(　　)
A. 激动 M、N 胆碱受体　B. 阻断 M、N 胆碱受体　C. 选择性激动 M 胆碱受体
D. N 胆碱受体激动剂　E. 抑制胆碱酯酶

14. 卡巴胆碱的描述正确的是(　　)
A. 是胆碱能神经末梢释放的递质
B. 对 M、N 胆碱受体均有激动作用
C. 易被胆碱酯酶水解
D. 可静脉注射给药
E. 以上都不是

15. 直接激动 M、N 胆碱受体的药物是(　　)
A. 毛果芸香碱　B. 新斯的明　C. 卡巴胆碱
D. 毒扁豆碱　E. 以上都不是

16. 毛果芸香碱的缩瞳机制是(　　)
A. 阻断虹膜 α 受体,开大肌松弛
B. 阻断虹膜 M 胆碱受体,括约肌松弛
C. 激动虹膜 α 受体,开大肌收缩
D. 激动虹膜 M 胆碱受体,括约肌收缩
E. 抑制胆碱酯酶,使乙酰胆碱增多

五、填空题

毛果芸香碱使睫状肌________,悬韧带________,晶状体________。

六、参考答案

A 型题

1. D　2. B　3. C　4. B　5. D　6. B　7. B　8. B　9. C　10. A
11. D　12. C　13. C　14. B　15. C　16. D

填空题

收缩　放松　变凸

(依巴代提·吐乎提　邬利娅·伊明)

第七章 抗胆碱酯酶药及胆碱酯酶复活药

学习目标

1. 掌握新斯的明的作用、临床应用与不良反应。
2. 了解有机磷酸酯中毒原理及症状。熟悉解毒药的作用原理和效果。

学习重点指导

第一节 胆碱酯酶

本节内容略。

第二节 抗胆碱酯酶药

一、易逆性抗胆碱酯酶药

• 新斯的明

1. 药理作用与机制　新斯的明可抑制 AChE 活性而发挥完全拟胆碱作用,此外尚能直接激动骨骼肌运动终板上的 N 受体。其作用特点为对腺体、眼、心血管及支气管平滑肌作用弱,对骨骼肌及胃肠平滑肌兴奋作用较强。

2. 临床应用　重症肌无力、腹气胀及术后尿潴留、阵发性室上性心动过速、对抗竞争性神经肌肉阻断药过量等。

3. 不良反应　与胆碱能神经过度兴奋症状相似,包括进行性流涎、恶心、呕吐、腹痛、腹泻。过量时可导致胆碱能危象。

4. 禁忌证　禁用于支气管哮喘和机械性肠梗阻或泌尿道梗阻患者。

二、难逆性抗 AChE 药——有机磷酸酯类(organophosphate)

1. 中毒机制　与 AChE 牢固结合,形成难以水解的磷酰化 AChE,使 AChE 失去水解 ACh 的能力,造成体内 ACh 大量积聚而引起一系列中毒症状。若不及时抢救,AChE 可在几分钟或几小时内就“老化”。AChE 复活药不能恢复“老化”酶的活性。

2. 中毒防治

(1) 预防。

(2) 急性中毒的治疗。

1) 清除毒物。

2) 解毒药物。

阿托品:能迅速对抗体内 ACh 的毒蕈碱样作用。应尽量早期给药,并根据中毒情况采用较大剂量,直至 M 胆碱受体兴奋症状消失或出现阿托品轻度中毒症状(阿托品化)。因对 N 受体无明显作用,对中度或重度中毒病人,必须采用阿托品与 AChE 复活药合并应用的治疗措施。

AChE 复活药:AChE 复活药是一类能使被有机磷酸酯类抑制的 AChE 恢复活性的药物。常用药物有碘解磷定、氯解磷定。

强化训练及参考答案

一、英语单词

1. cholinesterase(ChE)
2. anticholinesterase agents
3. neostigmine
4. physostigmine(eserine)
5. pralidoxime iodide(PAM)

二、名词解释

胆碱能危象(cholinergic risk)　胆碱能神经过度兴奋所致,表现为:大量出汗、大小便失禁、瞳孔缩小、睫状肌痉挛;前额疼痛、心动过缓和其他类型心律失常;亦可见低血压、肌痉挛、肌无力、心悸、呼吸困难等;还可见中枢症状,如共济失调、惊厥、昏迷、语言不清、焦虑不安、恐惧等。

三、问答题

1. 去除神经支配的眼滴入毛果芸香碱和毒扁豆碱分别会出现什么结果?

答:滴入毛果芸香碱可引起瞳孔缩小,滴入毒扁豆碱后瞳孔无明显变化。因为毛果芸香碱是直接兴奋瞳孔括约肌上的 M 受体,引起瞳孔括约肌收缩致瞳孔缩小。毒扁豆碱是通过抑制胆碱酯酶,阻止了乙酰胆碱的破坏,使乙酰胆碱增多而产生效应,而去神经的眼,在眼的神经末梢已无或很少有乙酰胆碱的释放,应用毒扁豆碱后,也不会使 ACh 增多,因此无明显效应。

2. 新斯的明的作用机制及作用特点。

答:(1) 作用机制:能可逆性抑制胆碱酯酶,其结构中的季铵阳离子头以静电引力与胆碱酯酶的阴离子部位结合形成复合物,进而裂解,所生成的二甲胺基胆碱酯酶水解速度较慢,使酶受抑时间较长,产生乙酰胆碱的 M 和 N 样作用。以对骨骼肌的兴奋作用最强,是因为它除通过抑制胆碱酯酶而发挥作用外,还直接兴奋骨骼肌运动终板上的 N_2 受体以及促运动神经末梢释放乙酰胆碱。

(2) 作用特点:①对眼、对中枢神经的作用较弱;②对骨骼肌的兴奋作用突出;③对胃肠道、膀胱平滑肌的作用也较强;④可抑制心脏,使心率减慢。

3. 阿托品解救有机磷中毒时有何特点?

答:特点是:①能直接对抗大量乙酰胆碱引起的 M 样作用,作用迅速;②部分地缓解中枢的神经症状;③临床用药量可超过极量所限,视中毒深浅而定;④不能使被抑制的胆碱酯酶复活,对中、重度中毒须配合应用胆碱酯酶复活药。

4. 有机磷中毒的症状有哪些？机制如何？

答：(1) 症状：①M 样症状：瞳孔缩小，视物不清，流涎、口吐白沫、肺部湿性啰音，恶心、呕吐、腹痛、腹泻、大小便失禁、心动过速、血压下降；②N 样症状：肌肉震颤、无力、心动过速、BP 升高；③中枢神经症状：先兴奋，如不安、失眠、震颤、谵妄、后抑制，如昏迷、呼吸抑制、循环衰竭。

(2) 中毒机制：有机磷酸酯类进入体内后，其亲电子型的磷与胆碱酯酶的酯解部位中丝氨酸的羟基进行共价键结合，最后形成磷酰化胆碱酯酶不易水解，胆碱酯酶难以恢复活性，造成突触间隙乙酰胆碱大量堆积，引起中毒症状。

5. 有机磷中度中毒为什么以 M 受体阻断药与胆碱酯酶复活药反复交替使用？

答：①M 受体阻断药能直接阻断 M 受体，缓解大量乙酰胆碱引起的 M 样症状和部分中枢神经症状，作用迅速，但它不能使被抑制的胆碱酯酶复活；②胆碱酯酶复活药能使被抑制的胆碱酯酶复活，从根本上产生解毒作用，对 N 样症状缓解最快。两类药物联合应用，能相互弥补对方的不足，提高解毒效果，由于两类药物在体内代谢快、作用短，需反复用药，才能维持其作用。

6. 碘解磷定解救有机磷酸酯类中毒的机制。

答：碘解磷定与磷酰化胆碱酯酶形成共价键结合成为复合物，进一步裂解为磷酰化碘解磷定，同时使胆碱酯酶游离出来(复活)；此外碘解磷定也能与体内游离的有机磷酸酯类直接结合，成为无毒的磷酰化碘解磷定，由尿排出体外。

四、选择题

(一) A 型题

1. 与毒扁豆碱比较，毛果芸香碱不具有下列哪种特点(　　)
   A. 遇光不稳定　B. 维持时间短　C. 刺激性小
   D. 作用较弱　E. 水溶液稳定
2. 毒扁豆碱滴眼时可能引起头痛，这是由于(　　)
   A. 眼压降低　B. 缩瞳　C. 颅内压升高
   D. 睫状肌收缩过强　E. 脑血管扩张
3. 新斯的明作用最强的效应器是(　　)
   A. 心血管　B. 腺体　C. 眼
   D. 支气管平滑肌　E. 骨骼肌
4. 新斯的明的作用机制是(　　)
   A. 抑制 ACh 的生物合成　B. 抑制 ACh 的转化　C. 抑制 ACh 的转运
   D. 干扰 ACh 的储存　E. 直接激动 M、N 受体
5. 治疗重症肌无力可选的药物是(　　)
   A. 新斯的明　B. 解磷定　C. 毛果芸香碱
   D. 琥珀胆碱　E. 筒箭毒碱
6. 碘解磷定解救有机磷中毒症状作用最明显的是(　　)
   A. 瞳孔缩小　B. 肌束颤动　C. 流涎
   D. 腹痛　E. 呼吸困难
7. 有机磷酯类中毒的机制是(　　)
   A. 持久抑制磷酸二酯酶　B. 持久抑制胆碱酯酶　C. 持久抑制单胺氧化酶

D. 直接兴奋 M 受体　　E. 直接兴奋 N 受体

8. 与新斯的明比较,安贝氯铵的特点是(　　)

A. 仅作注射给药　　B. 作用较弱　　C. 作用维持时间较长

D. 副作用小　　E. 主要用于治疗青光眼

9. 下列哪种药物不是胆碱酯酶抑制药(　　)

A. 安贝氯铵　　B. 毒扁豆碱(依色林)　　C. 加兰他敏

D. 卡巴胆碱(氨甲酰胆碱)　　E. 吡斯的明

10. 新斯的明禁用于(　　)

A. 阵发性室上性心动过速　　B. 重症肌无力　　C. 泌尿道梗塞

D. 腹气胀　　E. 尿潴留

(二) B 型题

A. 有机磷酸酯中毒　　B. 筒箭毒碱过量中毒　　C. 青光眼

D. 高血压　　E. 脊髓前角灰白质炎

1. 毒扁豆碱(依色林)用于(　　)
2. 新斯的明用于(　　)
3. 氯磷定用于(　　)
4. 加兰他敏用于(　　)

A. 碘解磷定　　B. 毒扁豆碱　　C. 乐果

D. 琥珀胆碱　　E. 卡巴胆碱

5. 可逆性胆碱酯酶抑制药是(　　)
6. 难逆性胆碱酯酶抑制药是(　　)
7. 胆碱酯酶复活药是(　　)

五、填空题

1. 抗胆碱酯酶药一般分为________和________两类。
2. 有机磷酯类中毒时出现________、________、________三大症状。
3. 解救有机磷酯类中毒的两类特异性解毒药是________和________。

六、参考答案

A 型题

1. A　2. D　3. E　4. B　5. A　6. B　7. B　8. C　9. D　10. C

B 型题

1. C　2. B　3. A　4. E　5. B　6. D　7. A

填空题

1. 易逆性抗胆碱酯酶药　难逆性抗胆碱酯酶药
2. M 样症状　N 样症状　中枢神经症状
3. M 受体阻断药　胆碱酯酶复活药

(依巴代提·吐乎提　鄢利娅·伊明)

第八章　胆碱受体阻断药（Ⅰ）——M胆碱受体阻断药

学习目标

1. 掌握阿托品的作用、应用与不良反应。
2. 掌握山莨菪碱、东莨菪碱的作用特点。
3. 了解阿托品合成代用品的作用及应用。

学习重点指导

阿托品与阿托品类生物碱

• 阿托品

阿托品与M受体结合后，能阻断ACh或胆碱受体激动药与M受体结合，从而竞争性地拮抗ACh或胆碱受体激动药对M受体的兴奋作用。阿托品对M受体有较高的选择性，但大剂量时对神经节的N受体也有阻断作用。阿托品对各种M受体亚型的选择性较低，对M_1、M_2、M_3受体都有阻断作用。本类药能与胆碱受体结合，抑制乙酰胆碱或拟胆碱药与受体结合，产生抗胆碱作用。

1. 药理作用　①抑制腺体分泌，以唾液腺、汗腺最敏感，其次泪腺、呼吸道腺体，对胃腺作用弱。②松弛平滑肌，尤其处于痉挛状态的胃肠平滑肌较突出。其次膀胱逼尿肌，对胆管、输尿管、支气管作用弱。③对心血管作用，较大剂量可解除迷走神经对心脏的抑制，心率及传导加快。④对眼作用，散瞳、升高眼压及调节麻痹，与毛果云香碱作用相反。⑤兴奋中枢，呼吸加快，烦躁不安等。

2. 临床应用　①麻醉前给药，可减少呼吸道分泌，防止呼吸道阻塞。②缓解内脏绞痛，以胃肠绞痛效优，对胆、肾绞痛常与镇痛药哌替啶合用。③治疗过缓型心律失常。④抗休克，大剂量扩张血管改善微循环，在补足血容量的基础上，用于治疗感染中毒性休克。⑤用于虹膜睫状体炎及验光配镜眼底检查（现多由后马托品取代）。⑥解救有机磷中毒。

3. 不良反应　常见口干、视力模糊、心悸、皮肤干燥潮红、排尿困难、便秘等。中毒时还出现谵妄、惊厥，由兴奋转入抑制，导致呼吸系统衰竭而死亡。青光眼、幽门梗阻及前列腺肥大者禁用。

• 东莨菪碱

治疗剂量时即可引起中枢神经系统抑制。东莨菪碱主要用于麻醉前给药，尚可用于晕动病、帕金森病的治疗。我国用于中药麻醉的主药洋金花,其主要成分即为东莨菪碱,因此可用东莨菪碱来代替洋金花进行中药麻醉。东莨菪碱外周作用与阿托品相似,仅在作用强度上略有差异。禁忌证同阿托品。

• 山莨菪碱

具有与阿托品类似的药理作用,但其对血管平滑肌和内脏平滑肌的解痉作用选择性较高。主要用于感染性休克,也可用于内脏绞痛,如胃肠平滑肌痉挛、胆道疼痛等。不良反应和禁忌证与阿托品相似,但毒性较低。

强化训练及参考答案

一、英语单词

1. atropine
2. scopolamine
3. anisodamine
4. pirenzipine

二、名词解释

调节麻痹(regulative paralysis)　阿托品能使睫状肌松弛而退向外缘,悬韧带拉紧,晶状体变为扁平,其折光度降低,故不能将近距离物体清晰地成像于视网膜上,造成视近物模糊不清,只适于看远物,这一作用称为调节麻痹。

三、问答题

1. 山莨菪碱的作用特点及主要用途是什么?

答:①抑制腺体分泌,散瞳及中枢作用较弱;②松弛平滑肌、扩张小血管,改善微循环作用明显,临床主要用于感染性休克和缓解胃肠绞痛。

2. 简述后马托品的作用特点及临床应用。

答:后马托品滴眼后扩瞳作用与调节痉挛作用的持续时间比阿托品明显缩短。其扩瞳作用高峰时间出现在用药后 40~60 分钟,调节麻痹的高峰在 30~60 分钟,本品的调节麻痹作用不及阿托品完全。用于眼科作为扩瞳药。

3. 东莨菪碱用于麻醉前给药为何优于阿托品?

答:①其抑制腺体分泌作用强于阿托品;②有明显的中枢镇静作用,可增强麻醉药的效果;③具有兴奋呼吸中枢的作用,可缓解麻醉药引起的呼吸抑制,减少毒性反应。

4. 丙胺太林的作用和应用与阿托品相比有何特点?

答:①口服不易吸收,全身作用弱,毒副作用小;②松弛胃肠道平滑肌的作用选择性高;③过量中毒阻断神经肌肉接头的作用;④缓解消化性溃疡、胃炎、胃肠痉挛引起的临床症状。

5. 阿托品中毒有哪些临床表现? 如何救治?

答:中毒表现:口干、心悸、皮肤潮红、体温升高、排尿困难并出现语言不清、烦躁不安、呼吸加快、谵妄、幻觉、惊厥等,最终由兴奋转入抑制,出现昏迷,呼吸麻痹而死亡。

解救措施:①口服中毒,首先要洗胃,排除尚未吸收的药物;②外周的症状可迅速给予拟胆碱药如毛果芸香碱;③中枢兴奋者可适量给予地西泮等镇静催眠药,呼吸抑制者可给予人工呼吸机吸氧等。

6. 东莨菪碱的临床用途有哪些？作用特点及作用机制如何？

答：东莨菪碱可通过阻断 M 受体而发挥作用，对中枢神经系统有明显的抑制作用，小剂量主要表现为镇静，较大剂量则产生催眠作用，此外，其抑制腺体分泌的作用强于阿托品，而对心血管的作用较弱。临床主要用于麻醉前给药，还可用于抗晕动病和抗帕金森病，其防晕作用可能与抑制前庭神经内耳功能或大脑皮层以及抑制胃肠道蠕动有关。

7. 阿托品有哪些主要用途？分别阐述其药理作用依据。

答：①麻醉前给药：主要利用其抑制呼吸道腺体分泌作用，减少分泌物，防止呼吸道阻塞。②缓解内脏绞痛：利用其松弛内脏平滑肌的作用。③治疗窦性心动过速和房室传导阻滞：利用其解除迷走神经对心脏的抑制作用。④感染性休克：利用其扩张小血管，改善微循环的作用。⑤用于眼科：治疗虹膜睫状体炎和检查眼底，利用其扩瞳作用。验光配镜是利用药物的松弛睫状肌作用。⑥解救有机磷酸酯类中毒：利用其以上综合作用缓解中毒的 M 样症状和中枢神经症状。

四、选择题

（一）A 型题

1. M 受体阻断产生的效应是（　　）
   A. 骨骼肌松弛　B. 血管舒张　C. 内脏平滑肌松弛
   D. 支气管平滑肌松弛　E. 心收缩力减弱
2. 阿托品对哪种腺体分泌作用抑制最弱（　　）
   A. 胃酸　B. 唾液腺　C. 汗腺
   D. 泪腺　E. 呼吸道腺体
3. 中枢抑制作用最强的 M 受体阻断药是（　　）
   A. 阿托品　B. 山莨菪碱　C. 东莨菪碱
   D. 普鲁本辛（溴丙胺太林）　E. 后马托品
4. 中枢兴奋作用很弱的 M 胆碱受体阻断药是（　　）
   A. 贝那替秦（胃复康）　B. 东莨菪碱　C. 阿托品
   D. 安坦　E. 山莨菪碱
5. 关于阿托品的叙述，下列哪项是正确的（　　）
   A. 中枢作用比山莨菪碱强　B. 中枢作用比东莨菪碱强　C. 抑制腺体分泌比山莨菪碱弱
   D. 扩瞳作用比山莨菪碱弱　E. 对心血管作用比东莨菪碱弱
6. 关于丙胺太林的叙述，下列哪项是正确的（　　）
   A. 为叔胺类化合物　B. 中枢作用强　C. 易于透过血脑屏障
   D. 口服吸收好　E. 胃肠道解痉作用较强
7. 关于胃复康的叙述，下列哪项是正确的（　　）
   A. 为季铵类化合物　B. 解痉作用比较明显　C. 口服难吸收
   D. 无中枢作用　E. 不适宜于兼有焦虑症的溃疡病病人
8. 可用于晕动病呕吐的 M 受体阻断药是（　　）

A. 山莨菪碱　　B. 阿托品　　C. 丙胺太林
D. 托吡卡胺　　E. 东莨菪碱

9. 对肾绞痛可选用(　　)
A. 阿托品和新斯的明合用　　B. 东莨菪碱和毒扁豆碱合用　　C. 哌替啶和吗啡合用
D. 阿托品和哌替啶合用　　E. 东莨菪碱和哌替啶合用

10. 下列哪些药物可用作麻醉前给药(　　)
A. 阿托品、东莨菪碱　　B. 山莨菪碱、东莨菪碱　　C. 阿托品、山莨菪碱
D. 东莨菪碱、后马托品　　E. 后马托品、山莨菪碱

11. 当解救有机磷酸酯类中毒而用阿托品过量时不能用(　　)
A. 毛果芸香碱、毒扁豆碱　　B. 毛果芸香碱、新斯的明　　C. 地西泮、毒扁豆碱
D. 新斯的明、地西泮　　E. 新斯的明、毒扁豆碱

12. 对东莨菪碱描述错误的是(　　)
A. 中枢抑制作用较强
B. 扩瞳作用较阿托品稍弱
C. 抑制腺体分泌作用较阿托品弱
D. 禁用于青光眼
E. 抑制前庭内耳功能

13. 关于阿托品的叙述,下列哪项是错误的(　　)
A. 为生物碱　　B. 口服易吸收　　C. 半衰期为4小时
D. 原形肾脏排泄约1/3　　E. 不能透过胎盘屏障

14. 关于山莨菪碱的叙述,下列哪项是错误的(　　)
A. 可用于晕动症　　B. 用于感染性休克　　C. 副作用与阿托品相似
D. 适于内脏平滑肌绞痛　　E. 其人工合成品为654-2

15. 阿托品抗休克的机制是(　　)
A. 兴奋中枢神经
B. 解除迷走神经对心脏的抑制
C. 解除胃肠绞痛
D. 扩张小血管,改善微循环
E. 升高血压

16. 阿托品最适用于以下哪种休克的治疗(　　)
A. 感染性休克　　B. 过敏性休克　　C. 心源性休克
D. 失血性休克　　E. 疼痛性休克

17. 具有明显镇静作用的M受体阻断药(　　)
A. 阿托品　　B. 东莨菪碱　　C. 山莨菪碱
D. 溴丙胺太林　　E. 贝那替秦

18. 阿托品对胆碱受体的作用是(　　)
A. 阻断M、N胆碱受体　　B. 阻断N_1、N_2胆碱受体　　C. 阻断M、N_2胆碱受体
D. 对M受体有较高的选择性　　E. 以上都不对

19. 阿托品可用于治疗(　　)
A. 缓慢型心律失常　B. 心动过速　C. 晕动病
D. 重症肌无力　E. 青光眼

20. 阿托品对有机磷酸酯类中毒的哪一症状无效(　　)
A. 腹痛腹泻　B. 流涎出汗　C. 骨骼肌震颤
D. 瞳孔缩小　E. 小便失禁

21. 对东莨菪碱作用的描述,正确的是(　　)
A. 中枢抑制作用较强　B. 扩瞳作用强　C. 对血管的解痉作用较强
D. 主要用于内脏平滑肌绞痛　E. 以上都不是

22. 可用于抗晕动病和抗震颤麻痹的药物是(　　)
A. 山莨菪碱　B. 东莨菪碱　C. 哌仑西平
D. 溴丙胺太林　E. 阿托品

23. 哪一项是阿托品的禁忌证(　　)
A. 支气管哮喘　B. 心动过缓　C. 青光眼
D. 中毒性休克　E. 虹膜睫状体炎

24. 哪一效应与阿托品阻断 M 胆碱受体无关(　　)
A. 松弛内脏平滑肌　B. 抑制腺体分泌　C. 解除小血管痉挛
D. 心率加快　E. 瞳孔扩大

25. 阿托品用作全身麻醉前给药的目的是(　　)
A. 增强麻醉效果　B. 镇静　C. 预防心动过缓
D. 减少呼吸道腺体分泌　E. 辅助骨骼肌松弛

26. 阿托品解除平滑肌痉挛效果最好的是(　　)
A. 支气管平滑肌　B. 胆道平滑肌　C. 胃肠道平滑肌
D. 胃幽门括约肌　E. 子宫平滑肌

27. 东莨菪碱可用于治疗(　　)
A. 缓慢型心律失常　B. 心动过速　C. 晕动病
D. 重症肌无力　E. 青光眼

(二) B 型题

A. 东莨菪碱　B. 胃复康　C. 阿托品
D. 后马托品　E. 毛果芸香碱

1. 儿童验光配镜宜用(　　)
2. 适用于兼有焦虑症的溃疡病(　　)
3. 可用于帕金森病(　　)
4. 用于心动过速(　　)
5. 治疗青光眼(　　)

五、填空题

1. 阿托品对平滑肌的作用是________,对腺体的作用是________,可使眼压________。

2. 阿托品用于麻醉前给药是利用其________作用。
3. 合成扩瞳药有________、________等，合成解痉药有________、________等。

六、参考答案

A 型题

1. C　2. A　3. C　4. E　5. A　6. E　7. B　8. E　9. D　10. A
11. E　12. C　13. E　14. A　15. D　16. A　17. B　18. D　19. A　20. C
21. A　22. B　23. C　24. C　25. D　26. C　27. C

B 型题

1. C　2. B　3. A　4. C　5. E

填空题

1. 松弛　抑制分泌　升高
2. 抑制呼吸道腺体分泌
3. 后马托品　托吡卡胺　溴丙胺太林　胃复康

（阿不拉海提·阿不都拉　邬利娅·伊明）

第九章　胆碱受体阻断药(Ⅱ)——N胆碱受体阻断药

学习目标

1. 了解神经节(N_1受体)阻断药的作用及应用。
2. 熟悉两类肌松药作用的异同。

学习重点指导

神经节阻断药能与乙酰胆碱竞争神经节细胞膜上的N_N胆碱受体,从而阻断了神经冲动在自主神经节中的传递。神经节阻断药的作用缺乏选择性,对交感神经节和副交感神经节均有阻断作用。它们对器官的作用则视两类神经对该器官的支配以何者占优势而定。

心血管系统　交感神经对血管的支配占优势,故用药后可使小动脉扩张,外周阻力下降,加上静脉扩张,使血液淤积在外周血管,回心血量和心排血量减少,可使血压显著降低,尤其在直立时更为显著。由于副交感神经对窦房结的控制占优势,故用药后心率轻度加快。

平滑肌和腺体　副交感神经对胃肠道、膀胱、眼和腺体的支配占优势,故用药后常表现为便秘、尿潴留、散瞳、视力模糊、口干和少汗等。

- **琥珀胆碱**

1. 作用特点　作用迅速,持续时间短暂,一次用药约维持5分钟,需长时间维持时,应静滴给药。
2. 作用机制　持续兴奋N受体。
3. 临床应用　适用于气管插管、气管镜、食管镜和胃镜检查,也可用较长时间的手术。
4. 不良反应

(1) 过量中毒可引起呼吸肌麻痹。

(2) 用药后可引起肌肉酸痛。

(3) 可引起眼压升高,青光眼病人禁用。

(4) 血钾升高。

(5) 遗传性胆碱酯酶缺陷者,易出现琥珀胆碱中毒。

注意:不能用新斯的明解救(新斯的明也能兴奋N_M受体),区别于筒箭毒碱。

- **筒箭毒碱**(d-tubocurarine)

1. 药理作用　阻断N_M受体,使骨骼肌松弛,作用维持时间较琥珀胆碱长。
2. 临床应用　麻醉辅助用药。

3. 不良反应：

(1) 呼吸肌麻痹：可用新斯的明解救。

(2) 重症肌无力患者慎用。

(3) 吸入性麻醉药如乙醚、氟烷等与之有协同作用。

(4) 具有神经节阻断和促进 HA 释放作用。

● **泮库溴铵类**

泮库溴铵类为近年较安全的新型肌松药。

强化训练及参考答案

一、问答题

1. 琥珀胆碱过量中毒为什么不能用新斯的明解救？

答：新斯的明抑制胆碱酯酶的活性可加强和延长琥珀胆碱的作用。

2. 除极化肌松药有何特点？

答：①用药初期可见短时肌束颤动；②连续用药产生快速耐受性；③抗胆碱酯酶药不能拮抗其肌松作用，反而加重之；④治疗量无神经节阻断作用。

二、选择题

（一）A 型题

1. N_2受体阻断产生的效应是（　　）

A. 骨骼肌松弛　B. 血管舒张　C. 内脏平滑肌松弛

D. 支气管平滑肌松弛　E. 心收缩力减弱

2. 筒箭毒碱松弛骨骼肌的作用机制是（　　）

A. 引起骨骼肌运动终板持久除极化

B. 阻断 α 受体

C. 阻断 N_1受体

D. 阻断 N_2受体

E. 阻断 M 受体

3. 筒箭毒碱过量中毒的解救药是（　　）

A. 碘解磷定　B. 阿托品　C. 山莨菪碱

D. 东莨菪碱　E. 新斯的明

4. 神经节阻断药可引起（　　）

A. 血压下降、回心血量增加　B. 血压下降、心排血量减少　C. 血压下降、缩瞳

D. 血压升高、便秘　E. 血压升高、尿潴留

5. 琥珀胆碱的不良反应不包括（　　）

A. 升高眼压　B. 过量致呼吸肌麻痹　C. 损伤肌梭、肌肉酸痛

D. 高血钾　E. 阻断神经节致血压下降

(二) B 型题

A. 丙胺太林　　B. 琥珀胆碱　　C. 筒箭毒碱

D. 托吡卡胺　　E. 美卡拉明(美加明)

1. 属于非除极化型肌松药(　　)
2. 属于神经节阻断药(　　)
3. 属于除极化型肌松药(　　)

三、判断题

除极化型肌松药中毒解救可用新斯的明(　　)

四、参考答案

A 型题

1. A　2. D　3. E　4. B　5. E

B 型题

1. C　2. E　3. B

判断题

×

(阿不拉海提·阿不都拉　邬利娅·伊明)

第十章 肾上腺素受体激动药

学习目标

1. 掌握肾上腺素、去甲肾上腺素、异丙肾上腺素的作用与应用。

2. 熟悉多巴胺、麻黄碱、间羟胺(阿拉明)、去氧肾上腺素(苯肾上腺素，新福林)等的作用与应用。

学习重点指导

本类药物通过直接兴奋肾上腺素受体或促进肾上腺素能神经末梢释放递质而发挥与肾上腺素相似的作用。

第一节 构效关系及分类

本节内容略。

第二节 α肾上腺素受体激动药

• 去甲肾上腺素

本药口服不吸收,皮下及肌注可引起局部组织缺血坏死,临床上采用静脉滴注。

1. 药理作用 ①收缩血管,外周阻力增加;②兴奋心脏;③升高血压。

2. 临床应用 ①抗休克:用于早期神经源性休克和药物中毒引起的低血压;②上消化道出血,适当稀释口服。

3. 不良反应及禁忌证 可引起局部组织缺血坏死,急性肾功能衰竭。禁用于高血压、动脉硬化、冠心病和少尿者。

• 间羟胺

间羟胺又名阿拉明。作用与去甲肾上腺素相似,常替代去甲肾上腺素用于休克早期和低血压。其特点是:①兴奋心脏作用弱,不易引起心律失常;②肾血管收缩不明显;③升压作用温和而持久;④可肌内注射。

第三节 α、β 肾上腺素受体激动药

● 肾上腺素

口服易破坏，常皮下注射给药。

1. 药理作用 直接兴奋 α、β 受体。①兴奋心脏：通过兴奋心脏 β_1 受体：使收缩力增强，传导加快，心率增加，心排血量增加。剂量过大可引起心律失常。②对血管的作用：α 受体兴奋，使皮肤、黏膜及内脏血管收缩；β_2受体兴奋使骨骼肌血管和冠脉扩张。③对血压的影响：小剂量收缩压升高，舒张压不变；大剂量收缩压和舒张压均升高。④对支气管的作用：兴奋 β_2受体使支气管舒张，兴奋 α 受体使支气管黏膜血管收缩，充血水肿减轻。⑤其他作用：增加代谢。

2. 临床应用 ①心脏骤停的复苏：抢救因溺水、电击、药物、麻醉意外引起的心脏骤停，配合人工呼吸、除颤器等进行；②抢救过敏性休克：为青霉素或输液等引起的过敏性休克的首选药物；③缓解支气管哮喘；④局麻药配伍：与普鲁卡因或利多卡因配伍，延缓吸收，局麻药作用时间延长，减少吸收中毒发生；⑤局部止血。

3. 不良反应及禁忌证 常见心悸、血压升高、不安、头痛等，剂量过大诱发脑溢血和心律失常。禁用于高血压、脑动脉硬化、心衰、甲亢、糖尿病等。

● 多巴胺

1. 药理作用 可激动 α、β 受体及多巴胺受体。其作用特点是对心脏有温和兴奋作用，较少引起心律失常；对皮肤黏膜血管收缩，而使肾及肠系膜血管舒张，增加肾血流量和肾小球滤过率，有排钠利尿作用。

2. 临床用于 ①各种休克。②与利尿药配伍用于急性肾功能衰竭。

● 麻黄碱

药理作用：直接兴奋 α、β 受体，还促进神经末梢释放去甲肾上腺素等作用。用于防止硬膜外和腰麻引起低血压。各种原因引起充血性鼻塞，轻症支气管哮喘及预防。

第四节 β 肾上腺素受体激动药

● 异丙肾上腺素

本品口服无效。以舌下、气雾吸入或静脉给药。

1. 药理作用 ①兴奋心脏；②显著舒张骨骼肌血管，肾、肠系膜、冠脉、脑血管不同程度舒张；③支气管扩张；④可使糖原和脂肪分解，血糖升高。

2. 临床应用 主要用于：①支气管哮喘急性发作；②房室传导阻滞；③心脏骤停的复苏；④抗休克。

3. 禁忌证 冠心病、心肌炎、甲亢等禁用。

强化训练及参考答案

一、英语单词

1. adrenocepter agonists
2. adrenomimetic drugs

3. catecholamine
4. noradrenaline/norepinephrine(NA/NE)
5. metarraminol
6. phenylephrine
7. methoxamine
8. adrenaline/epinephrine
9. dopamine
10. ephedrine
11. isoprenaline

二、问答题

1. 儿茶酚胺类药物的构效关系。

答:儿茶酚胺类药物外周作用强而中枢作用弱、作用时间短。如果儿茶酚胺去掉一个羟基,其外周作用将减弱,而作用时间延长,特别是去掉第3位羟基,COMT将不能起灭活作用。如将两个羟基都去掉,则除外周作用减弱外,中枢作用加强,如麻黄碱。

2. 肾上腺素有哪些临床用途?

答:临床用于治疗心脏骤停、过敏性休克、支气管哮喘急性发作、与局麻药配伍及局部止血。

3. 局麻药注射液中,为什么要加微量肾上腺素?

答:肾上腺素加入局麻药注射液中,可使注射部位小血管收缩,延缓局麻药的吸收,减少吸收中毒的可能性,同时又可延长局麻药的麻醉时间。

4. 去甲肾上腺素的主要不良反应及防治。

答:不良反应:局部组织缺血坏死。调换注射部位,进行局部热敷,必要时可局部浸润注射普鲁卡因或酚妥拉明。急性肾功能衰竭,用药时,应注意尿量变化,要保持尿量在每小时25ml以上。

5. 间羟胺与去甲肾上腺素相比有何特点?

答:除直接兴奋α受体外,可促进神经末梢释放NA;兴奋心脏作用弱,不易引起心律失常;对肾血管收缩作用也较弱,较少引起少尿,升压作用弱而持久;可肌肉注射给药,应用方便。

6. 麻黄碱的作用特点是什么?

答:除直接兴奋α、β受体之外,还能促进肾上腺素能神经末梢释放递质。作用温和,缓慢持久,性质稳定,口服有效,中枢兴奋作用强,易引起失眠,反复用药可产生快速耐受性。

7. 为什么青霉素过敏性休克时,首选肾上腺素进行抢救?

答:青霉素过敏性休克时,主要的病理变化是大量小血管扩张和毛细血管通透性升高,引起全身血容量降低、血压下降、心率加快、心肌收缩力减弱,另外支气管平滑肌痉挛和支气管黏膜水肿,引起呼吸困难,肾上腺素能明显地收缩小动脉和毛细血管前的括约肌,降低毛细血管的通透性,改善心功能,缓解支气管痉挛和黏膜水肿,减少过敏介质释放,从而迅速缓解过敏性休克的临床症状。

8. 试述多巴胺的作用及其临床应用。

答:多巴胺能激动α、β和多巴胺受体。①心血管:作用与用药浓度有关,低浓度(静脉滴注每分钟10μg/kg)时主要与肾脏、肠系膜和冠状动脉的多巴胺受体(D_1)结合,导致血管扩张,高浓度兴奋心脏β_1受体,使心收缩力加强,心排出量增加,可增加收缩压和脉压,对舒张压无明显影响,由于心排血量增加,而肾和肠系膜血管阻力下降,外周阻力变化不大，较高浓度激动 α_1 受体占优势，导致血管收缩，外周阻力增加，使血压升高，这一作用可被 α 受体阻断药拮抗。②肾脏：低浓度时作用于 D_1 受体能舒张肾血管，使肾血流量增加，肾小球的滤过率增加，同时排钠利尿，应用于各种休克，如感染性、中毒性、心源性休克等，与利尿药合并应用于急性肾功能衰竭。

9. 试述异丙肾上腺素的药理作用及临床应用。

答：异丙肾上腺素对 β_1 和 β_2 受体菌有强大的激动作用，而对 α 受体无作用。①心脏：对心脏 β_1 受体兴奋作用强，使心肌收缩力增强，心率加快，心排出量增加，传导加快，心肌耗氧量增加，并强于 Adr。②血管和血压：主要激动血管的 β_2 受体使血管舒张，外周阻力降低，使收缩压升高，舒张压降低，脉压明显增大。③支气管平滑肌：激动 β_2 受体，使之舒张，并强于 Adr，抑制组胺等过敏性物质的释放。④其他：通过激动 β_2 使血糖升高，血中游离脂肪酸增高，组织耗氧量增加，应用于支气管哮喘，房室传导阻滞、心脏骤停、感染性休克（注意补液）。

10. 麻黄碱、间羟胺、多巴酚丁胺的作用特点。

答：麻黄碱的特点：化学性质稳定，口服有效，拟肾上腺素作用弱而持久，中枢兴奋作用明显，易产生快速耐受性。

间羟胺的特点：直接激动 α_1 受体，对 β 受体作用很弱，间接促进 Adr 能神经末梢释放 NA。收缩血管升高血压较 NA 弱而持久，对心率的影响不明显，很少引起心律失常，对肾血管收缩作用很弱，很少引起少尿，可产生耐受性。

多巴酚丁胺的特点：主要激动 β_1 受体与异丙肾上腺素比较，加强心肌收缩力作用比加快心率作用明显，很少增加心肌耗氧量，也较少引起心动过速。

11. 异丙肾上腺素的临床用途。

答：临床应用：①支气管哮喘：用于控制支气管哮喘急性发作，舌下或喷雾给药，疗效快而强；②房室传导阻滞：治疗Ⅱ、Ⅲ度房室传导阻滞；③心脏骤停：高度房室传导阻滞或窦房结功能衰竭而并发的心脏骤停；④感染性休克：适用于中心静脉压高、心排出量低的感染性休克。

12. 多巴胺治疗休克的药理作用有哪些？

答：(1) 对心脏作用，多巴胺主要激动心脏 β_1 受体，也具释放去甲肾上腺素作用，能使心肌收缩性加强，心排血量增加。

(2) 对血管和血压的影响，作用于 α 受体和多巴胺受体，而对 β_2 受体影响十分微弱。一般能增加收缩压和脉压。低浓度作用于肾脏、肠系膜、冠状动脉，使之舒张。高浓度可引起外周阻力增加，血压上升。

(3) 对肾脏作用，多巴胺能舒张肾血管，使肾血流量增加，此外尚有排钠利尿作用。以上这些作用，都是对休克病人有利的。

13. 肾上腺素对不同部位血管的作用及对血压的影响。

答：肾上腺素对皮肤黏膜血管收缩力最强，也显著收缩肾血管，对脑和肺血管有时由于血压升高而被动地舒张；对骨骼肌血管，因其 β_2 作用占优势，故呈舒张作用；也能舒张冠状血管。肾上腺素在治疗量时使收缩压升高，舒张压不变或下降；较大剂量静注时，收缩压和舒张压均升高。

三、选择题

(一) A 型题

1. β_1受体兴奋产生的效应是(　　)
   A. 支气管舒张　B. 瞳孔扩大　C. 血管收缩
   D. 心跳加快　E. 腺体分泌增加
2. α_1受体阻断产生的效应是(　　)
   A. 骨骼肌松弛　B. 血管舒张　C. 内脏平滑肌松弛
   D. 支气管平滑肌松弛　E. 心收缩力减弱
3. β_1受体阻断产生的效应是(　　)
   A. 骨骼肌松弛　B. 血管舒张　C. 内脏平滑肌松弛
   D. 支气管平滑肌松弛　E. 心收缩力减弱
4. 具有间接拟肾上腺素作用的药物是(　　)
   A. 麻黄碱　B. 多巴酚丁胺　C. 肾上腺素
   D. 异丙肾上腺素　E. 以上都不是
5. 肾上腺素松弛支气管平滑肌的机制是(　　)
   A. 阻断 α_1受体　B. 阻断 β_1受体　C. 兴奋 β_1受体
   D. 兴奋 β_2受体　E. 兴奋多巴胺受体
6. 使用过量最易引起心律失常的药物是(　　)
   A. 去甲肾上腺素　B. 间羟胺　C. 麻黄碱
   D. 多巴胺　E. 肾上腺素
7. 关于异丙肾上腺素的叙述,正确的是(　　)
   A. 显著收缩肾血管　B. 舒张肾血管　C. 舒张骨骼肌血管
   D. 中枢兴奋作用较显著　E. 直接减慢心率,抑制心肌收缩力
8. 去甲肾上腺素扩张冠状血管,主要是由于(　　)
   A. 激动 β_2受体　B. 激动 M 胆碱受体　C. 心肌代谢产物腺苷增加
   D. 激动 α_2受体　E. 以上都不是
9. 去甲肾上腺素作用的消除主要是由于(　　)
   A. COMT 代谢灭活　B. MAO 代谢灭活　C. 被突触前膜摄取
   D. 被肝脏再摄取　E. 以上都不是
10. 中枢兴奋作用最明显的药物是(　　)
    A. 多巴胺　B. 麻黄碱　C. 去甲肾上腺素
    D. 间羟胺　E. 肾上腺素
11. 关于去甲肾上腺素叙述,错误的是(　　)
    A. 正性肌力作用　B. 兴奋 β_1受体　C. 兴奋 α 受体
    D. 兴奋 β_2受体　E. 被 MAO 和 COMT 灭活
12. 关于多巴胺的叙述,正确的是(　　)
    A. 显著收缩肾血管　B. 舒张肠系膜血管　C. 舒张骨骼肌血管

D. 中枢抑制作用　　E. 直接减慢心率

13. 去甲肾上腺素治疗上消化道出血时的给药方法是(　　)

A. 静脉注射　　B. 皮下注射　　C. 肌内注射

D. 口服稀释液　　E. 以上都不对

14. 多巴胺舒张肾血管是由于(　　)

A. 兴奋 β 受体　　B. 兴奋 M 胆碱受体　　C. 阻断 α 受体

D. 选择性作用于多巴胺受体　　E. 释放组胺

15. 关于麻黄碱的叙述,正确的是(　　)

A. 显著收缩肾血管　　B. 舒张肾血管　　C. 舒张骨骼肌血管

D. 中枢兴奋作用较显著　　E. 直接减慢心率,抑制心肌收缩力

16. 救治过敏性休克首选的药物是(　　)

A. 肾上腺素　　B. 多巴胺　　C. 异丙肾上腺素

D. 去甲肾上腺素　　E. 多巴酚丁胺

17. 在下列作用方面,去甲肾上腺素与肾上腺素有哪项不同(　　)

A. 正性肌力作用　　B. 兴奋 β 受体　　C. 兴奋 α 受体

D. 负性频率作用　　E. 被 MAO 和 COMT 灭活

(二) B 型题

A. 麻黄碱　　B. 肾上腺素　　C. 去甲肾上腺素

D. 多巴胺　　E. 异丙肾上腺素

1. 连续应用可产生耐受性的药物是(　　)
2. 可使肾血管扩张,肾血流量增加且有排钠利尿作用的药物是(　　)

A. 去甲肾上腺素　　B. 麻黄碱　　C. 多巴胺

D. 肾上腺素　　E. 异丙肾上腺素

3. 能收缩血管、升高血压,瞳孔扩大的药物是(　　)
4. 口服有效的药物是(　　)

A. 多巴胺　　B. 异丙肾上腺素　　C. 麻黄碱

D. 去甲肾上腺素　　E. 肾上腺素

5. 可用于治疗心源性休克的药物是(　　)
6. 腰麻时血压下降可选用(　　)
7. 主要激动 β 受体的药物是(　　)

四、填空题

1. 去甲肾上腺素一般采用________途径给药,剂量过大过久可导致的主要不良反应有________和________。
2. 激动 α 受体和 β 受体的药物有________、________,主要作用于 α 受体的拟肾上腺素药有________、________,主要激动 β 受体的药物有________、________。

3. 肾上腺素与异丙肾上腺素的共同适应证有________和________。
4. 阿托品的扩瞳机制是________,去氧肾上腺素的扩瞳机制是________。
5. 肾上腺素的主要禁忌证有________、________、________和________。

五、参考答案

A 型题

1. D　2. B　3. E　4. A　5. D　6. E　7. C　8. C　9. C　10. B
11. D　12. B　13. D　14. D　15. D　16. A　17. D

B 型题

1. A　2. D　3. A　4. B　5. A　6. C　7. D

填空题

1. 静脉滴注　局部组织缺血　急性肾功能衰竭
2. 肾上腺素　麻黄碱　去甲肾上腺素　间羟胺　异丙肾上腺素　多巴酚丁胺
3. 支气管哮喘　心脏骤停
4. 阻断括约肌上的 M 受体　兴奋辐射肌上的 α 受体
5. 高血压　器质性心脏病　糖尿病　甲状腺功能亢进

（依巴代提·吐乎提　邬利娅·伊明）

第十一章　肾上腺素受体阻断药

学习目标

1. 掌握α受体阻断药的作用。
2. 掌握β受体阻断药的作用,临床应用。

学习重点指导

肾上腺素受体阻断药,能与肾上腺素能神经递质或拟肾上腺素药争夺受体,从而拮抗其作用。根据药物对肾上腺素受体的选择性不同,可分为α受体阻断药和β受体阻断药。

第一节　α受体阻断药

●酚妥拉明

1. 药理作用　扩张血管、降低血压;兴奋心脏;有拟胆碱和组胺样作用。

2. 临床应用　①用于治疗外周血管痉挛性疾病,静滴去甲肾上腺素外漏时引起的组织缺血坏死;②抗休克,在补足血容量的基础上应用;③急性心肌梗死,充血性心衰;④嗜铬细胞瘤引起的高血压危象等。

3. 不良反应　有体位性低血压;恶心、呕吐、腹痛、腹泻和胃酸分泌增加;心动过缓等。

第二节　β受体阻断药

●普萘洛尔

1. 药理作用　①β受体阻断作用:心脏抑制,外周血管张力增加,冠脉流量可减少;支气管平滑肌收缩;脂肪分解减少,血糖下降。②无内在拟交感活性。

2. 临床应用　用于心绞痛、高血压、心律失常等。

3. 不良反应　一般如恶心、呕吐、腹泻、头晕、失眠、噩梦等。严重不良反应如心衰、房室传导阻滞、诱发或加重支气管哮喘,突然停药可引起病情恶化的反弹现象。心功能不全,严重低血压,窦性心动过缓,房室传导阻滞,支气管哮喘及外周血管痉挛性疾病等禁用。

强化训练及参考答案

一、英语单词

1. adrenaline reversal
2. phentolamine
3. tolazoline
4. phenoxybenzamine
5. prazosinpropranolol

二、名词解释

1. 肾上腺素作用的翻转(adrenaline reversal)　给予 α 受体阻断药后再给肾上腺素,α 受体引起的血管收缩作用被取消,β 受体引起的血管扩张效应充分表现出来,使原来的升压作用翻转为降压。
2. 内在拟交感活性(intrinsic sympathomimetic activity,ISA)　某些 β 受体阻断药对 β 受体具有部分激动作用,称为内在拟交感活性。

三、问答题

1. 试述普萘洛尔的作用与用途。

答:普萘洛尔对 β_1 和 β_2 受体选择性差,且没有内在拟交感活性,其 β 受体阻断作用较强,用药后抑制心脏活动,血压下降,耗氧量降低,支气管平滑肌收缩,可治疗心律失常、心绞痛、高血压及甲状腺机能亢进等。

2. 试述 β 受体阻断药的 β 受体阻断作用。

答:①阻断心脏 β_1 受体,使心肌收缩力减弱,心率减慢,传导速度变慢,心排血量降低。由于血管 β 受体被阻断,可引起血管收缩,使冠脉血流量减少。②阻断支气管的 β 受体,使支气管平滑肌收缩,可诱发或加重哮喘发作。③可对抗儿茶酚胺所引起的脂肪分解,升高血糖作用,也抑制肾素释放,并降低其活性。

3. 酚妥拉明用于其他药无效的急性心肌梗死及心力衰竭的药理学基础是什么?

答:①阻断 α 受体,扩张血管,降低外周阻力;②降低心脏前负荷;③左心室舒张末期压力和肺动脉压下降,心排血量增加,心力衰竭得以减轻。

4. 如何证明 β 受体阻断药具有内在拟交感活性?

答:内在拟交感活性弱的 β 受体阻断药,其拟交感作用一般被其 β 受体阻断作用所掩盖。如实验动物预先用利血平耗竭交感神经末梢递质后,再用此类 β 受体阻断药,其作用无从发挥,才显示其拟交感作用,如心脏兴奋、支气管舒张等。

5. β 受体阻断药可用于治疗哪些病症?

答:临床用于治疗心绞痛、心律失常、高血压、甲状腺功能亢进、偏头痛、青光眼等。

6. 长期使用 β 受体阻断药为何不能突然停药?

答:长期应用拮抗剂可使相应受体数目增多,产生受体向上调节,对相应递质反应敏感化;长期用药后突然停药可使原来病症加剧。

7. 普萘洛尔为何不宜用于支气管哮喘的高血压病人?

答:支气管平滑肌上的 β_2受体被阻断后,支气管平滑肌收缩,而增加呼吸道阻力。

四、选择题

(一) A 型题

1. 普萘洛尔不具有下述哪项药理作用(　　)
   A. 阻断心脏 β_1受体及支气管 β_2受体
   B. 生物利用度低
   C. 抑制肾素释放
   D. 膜稳定作用
   E. 内在拟交感作用
2. “肾上腺素作用的翻转”是指(　　)
   A. 给予 β 受体阻断药后再给肾上腺素出现升压效应
   B. 给予 α 受体阻断药后再给肾上腺素出现降压效应
   C. 肾上腺素具有 α、β 受体激动效应
   D. 收缩压上升,舒张压不变或下降
   E. 由于升高血压,对脑血管的被动扩张作用
3. 下列哪一种药物可用于治疗青光眼(　　)
   A. 阿替洛尔　　B. 吲哚洛尔　　C. 拉贝洛尔
   D. 普萘洛尔　　E. 噻吗洛尔
4. 普萘洛尔治疗心律失常的药理作用基础是(　　)
   A. β 受体阻断　　B. 膜稳定作用　　C. 无内在拟交感活性
   D. 钠通道阻滞　　E. 以上都不对
5. 酚妥拉明治疗顽固性心功能不全是通过(　　)
   A. 舒张冠脉血管,增加供氧量
   B. 降低心脏后负荷,减少耗氧量
   C. 降低心脏前负荷,减少耗氧量
   D. 扩张外周小静脉小动脉,减轻心脏前后负荷
   E. 加强心肌收缩力
6. 选择性 α_1受体阻断剂是(　　)
   A. 哌唑嗪　　B. 氯丙嗪　　C. 丙咪嗪
   D. 异丙嗪　　E. 二氮嗪
7. 普萘洛尔没有下述哪一作用(　　)
   A. 抑制肾素分泌　　B. 增加糖原分解　　C. 抑制脂肪分解
   D. 降低心脏耗氧量　　E. 增加呼吸道阻力
8. 静注普萘洛尔后注射哪种药物可表现升压效应(　　)
   A. 肾上腺素　　B. 异丙肾上腺素　　C. 氯丙嗪
   D. 东莨菪碱　　E. 新斯的明
9. 静滴去甲肾上腺素发生外漏,最佳的处理方式是(　　)

A. 局部注射局部麻醉药　B. 肌内注射酚妥拉明　C. 局部注射酚妥拉明
D. 局部注射β受体阻断药　E. 局部用氟轻松软膏

10. 下列关于噻吗洛尔的描述中，哪一项是不正确的(　　)
A. 减少房水生成　B. 属β受体阻断剂　C. 可治疗青光眼
D. 无调节痉挛　E. 有缩瞳作用

11. 给β受体阻断药后，异丙肾上腺素的降压作用将会(　　)
A. 出现升压反应　B. 进一步降压　C. 减弱
D. 先升压再降压　E. 导致休克产生

(二) B型题

A. 酚妥拉明　B. 普萘洛尔　C. 阿替洛尔
D. 拉贝洛尔　E. 吲哚洛尔

1. 阻断α和β受体的药物是(　　)
2. 具有内在拟交感活性的药物是(　　)
3. 不宜用于支气管哮喘的药物是(　　)
4. 在静脉滴注去甲肾上腺素发生泄漏时，可用的药物是(　　)

五、参考答案

A型题

1. E　2. B　3. E　4. A　5. D　6. A　7. B　8. A　9. C　10. E
11. C

B型题

1. D　2. E　3. B　4. A

(依巴代提·吐乎提　郭利娅·伊明)

第十二章　中枢神经系统药理学概论

略。

第十三章　全身麻醉药

略。

第十四章　局部麻醉药

学习目标

1. 了解局部麻醉药的应用方法及了解影响药物作用的因素。
2. 熟悉常用局部麻醉药的优缺点。
3. 掌握局部麻醉药的药理作用,作用原理。

学习重点指导

第一节　局部麻醉的应用方法

表面麻醉　是将穿透性较强的局麻药涂于黏膜表面,使黏膜下神经末梢麻醉。适用于眼、鼻、咽喉、气管、尿道等黏膜部位浅表手术。

浸润麻醉　将局麻药注入皮下或手术切口部位,使局部神经末梢被麻醉。

传导麻醉　是将局麻药注射到神经干附近,阻滞其传导。

蛛网膜下腔麻醉　简称腰麻,是将局麻药经腰椎间隙注入蛛网膜下腔,以阻滞该部位的神经根。适用于腹部或下肢手术。腰麻时,由于交感神经被阻滞,也常伴有血压下降,可用麻黄碱预防。

硬脊膜外腔麻醉　将药液注入硬脊膜外腔使通过此腔穿出椎间孔的神经根麻醉。用药量比腰麻时大 5~10 倍，起效较慢（15~20 分钟），对硬脊膜无损伤，不引起麻醉后头痛反应。

第二节　药理作用与机制

1. 局麻作用　局麻药对任何神经，无论是外周或中枢、传入或传出、轴索或胞体、末梢或突触，都有阻断作用，使兴奋阈升高、动作电位降低、传导速度减慢、不应期延长、直至完全丧失兴奋性和传导性。

局麻药对神经、肌肉的麻醉的顺序是：痛、温觉纤维>触、压觉纤维>中枢抑制性神经元>中枢兴奋性神经元>自主神经>运动神经>心肌（包括传导纤维）>血管平滑肌>胃肠平滑肌>子宫平滑肌>骨骼肌。

作用原理：阻断电压门控性 Na^+ 通道，阻滞神经传导，抑制各种神经肌肉组织的兴奋性，产生局麻作用。

2. 吸收作用　局麻药吸收入血并达到足够浓度，即可影响全身神经肌肉的功能，这实际上是局麻药的毒性反应。

（1）中枢神经系统：局麻药对中枢神经系统的作用是先兴奋后抑制，初期表现为眩晕、烦躁不安、肌肉震颤。进一步发展为神志错乱及全身性强直-阵挛性惊厥。最后转入昏迷，呼吸麻痹。

（2）心血管系统：局麻药对之有直接抑制作用。表现为心肌收缩性减弱、不应期延长、传导减慢及血管平滑肌松弛等。心肌对局麻药耐受性较高，中毒后常见呼吸先停止，故宜采用人工呼吸抢救。

第三节　常用局麻药

1. 普鲁卡因　最常用，它亲脂性低，不易穿透黏膜，故只作注射用药。广泛用于浸润麻醉、传导麻醉、蛛网膜下腔麻醉和硬膜外麻醉。还可用于损伤部位的局部封闭。偶见过敏反应，用药前宜做皮肤过敏试验。过敏者可用利多卡因代替。

2. 利多卡因　作用比普鲁卡因快、强而持久，安全范围较大，能穿透黏膜，可用于各种局麻方法。临床主要用于传导麻醉和硬膜外麻醉。本药属酰胺类，在肝中受肝微粒体酶水解灭活，$t_{1/2}$约 90 分钟，利多卡因还可用于抗心律失常。

3. 丁卡因　又称地卡因，作用及毒性均比普鲁卡因强 10 倍，亲脂性高，穿透力强，易进入神经，也易被吸收入血。最常用作表面麻醉、腰麻及硬脊膜外腔麻醉，一般不用于浸润麻醉。此药与神经脂质亲和力较大，在血中被胆碱酯酶水解速度较普鲁卡因慢，故作用较持久，约 2~3 小时。

4. 布比卡因　又称丁哌卡因或麻卡因，是目前常用局麻药中作用维持时间最长的药物，约 5~10 小时。其局麻作用较利多卡因强 4~5 倍，安全范围较利多卡因宽，无血管扩张作用。主要用于浸润麻醉、传导麻醉和硬膜外麻醉。

第四节 影响局麻药作用的因素

1. 神经干或神经纤维的粗细。

2. 体液 pH 体液 pH 偏高时,局麻药非离子型较多,局麻作用增强;反之,细胞外液 pH 降低时,非离子型少,局麻作用减弱。

3. 药物浓度 局麻药按一级动力学消除,其 $t_{1/2}$ 与原始血药浓度无关。增加药物浓度并不能按数学比例延长局麻维持时间,反会加快吸收引起中毒。因此不能用增加浓度的方法来延长局麻作用时间,不如将等浓度药物分次注入更为有效。

4. 血管收缩药 局麻药液中加入微量肾上腺素可收缩用药局部的血管,减慢药物吸收,既能延长局麻作用维持时间,又可减少吸收中毒的发生。

强化训练及参考答案

一、英语单词

1. surface anaesthesia
2. infiltration anaesthesia
3. conduction anaesthesia
4. subarachnoid anaesthesia
5. epidural anaesthesia
6. use dependence
7. procaine
8. lidocaine
9. tetracaine
10. bupivacaine

二、名词解释

1. 表面麻醉 是将穿透性较强的局麻药涂于黏膜表面,使黏膜下神经末梢麻醉。适用于眼、鼻、咽喉、气管、尿道等黏膜部位浅表手术。
2. 浸润麻醉 将局麻药注入皮下或手术切口部位,使局部神经末梢麻醉。
3. 吸收作用 局麻药吸收入血并达到足够浓度,即可影响全身神经肌肉功能。

三、问答题

1. 简述常用局麻药的特点。

答:普鲁卡因:亲脂性低,黏膜穿透力弱,不用于表面麻醉,一般注射用于浸润麻醉、传导麻醉、蛛网膜下腔麻醉、硬膜外麻醉。

利多卡因:目前应用最多的局麻药。优点:起效快、强、持久、穿透力强,安全范围大,可用于多种形式的局部麻醉,主要用于传导麻醉和硬膜外麻醉。还可用于抗心律失常。

丁卡因:麻醉强度大,穿透力强,常用于表面麻醉。

布比卡因:似利多卡因,但作用较利多卡因强,毒性大。

罗哌卡因:适用于产科手术麻醉。

2. 试述局麻药的药理作用与机制。

答:局麻作用:范围,作用强度与神经组织的特点有关。

作用原理：阻断电压门控性 Na^+通道，阻滞神经传导，抑制各种神经肌肉组织的兴奋性，产生局麻作用。

吸收作用：局麻药吸收入血并达到足够浓度，即可影响全身神经肌肉的功能，这实际上是局麻药的毒性反应。

1）中枢神经系统：先兴奋后抑制。

2）心血管系统：降低心脏兴奋性，收缩性减弱，传导减慢，不应期延长。

四、选择题

（一）A 型题

1. 局麻药对神经纤维的作用不正确的是（　　）
   A. 提高阈电位　B. 抑制除极上升速度　C. 延长不应期
   D. 丧失兴奋性及传导性　E. 降低静息跨膜电位，抑制复极化
2. 局麻药对细而无髓鞘的神经纤维敏感，首先麻醉（　　）
   A. 痛觉纤维　B. 温度觉纤维　C. 触觉纤维
   D. 压觉纤维　E. 以上都不对
3. 局麻药在炎症组织中（　　）
   A. 作用增强　B. 作用减弱　C. 易被灭活
   D. 不受影响　E. 无麻醉作用
4. 注射用局麻药液中加少量肾上腺素，其目的是（　　）
   A. 预防局麻药过敏　B. 预防手术中出血　C. 预防支气管痉挛
   D. 预防心脏骤停　E. 以上都不对
5. 延长局麻药作用时间的常用办法是（　　）
   A. 增加局麻药浓度　B. 增加局麻药溶液的用量　C. 加入少量肾上腺素
   D. 注射麻黄碱　E. 调节药物溶液 pH 至微碱性
6. 基本上没有过敏反应的局麻药是（　　）
   A. 利多卡因　B. 普鲁卡因　C. 丁卡因
   D. 氯普鲁卡因　E. 以上都不对
7. 蛛网膜下腔麻醉及硬脊膜外麻醉时用麻黄碱，其目的是防止局麻药（　　）
   A. 抑制呼吸　B. 降低血压　C. 引起心律失常
   D. 局麻作用过快消失　E. 扩散吸收
8. 普鲁卡因不可用于（　　）
   A. 蛛网膜下腔麻醉　B. 浸润麻醉　C. 表面麻醉
   D. 传导麻醉　E. 硬膜外麻醉

（二）B 型题

A. 利多卡因　B. 丁卡因　C. 普鲁卡因
D. 布比卡因　E. 麻黄碱

1. 可用于心律失常（　　）
2. 作用最弱（　　）

3. 毒性最大(　　)
4. 防止局麻药降低血压(　　)

A. 蛛网膜下腔麻醉　　B. 浸润麻醉　　C. 表面麻醉
D. 传导麻醉　　E. 硬膜外麻醉

5. 适用于黏膜部位的浅表手术(　　)
6. 普鲁卡因不可用于(　　)
7. 适用于腹部或下肢手术(　　)
8. 不引起麻醉后头痛反应(　　)

五、填空题

1. 局麻药的药理作用包括________和________。
2. 普鲁卡因用于________、________、________、________麻醉。
3. 局麻药作用时间最长的药是________,毒性最大的药是________。

六、判断题

1. 普鲁卡因是安全有效的局麻药,适用于各种麻醉方法。(　　)
2. 普鲁卡因的局麻作用较弱,因此常在药液中加入少量的肾上腺素以增加其麻醉作用。(　　)
3. 蛛网膜下腔麻醉时为了防止局麻药降低血压可用麻黄碱。(　　)

七、参考答案

A 型题

1. E　2. A　3. B　4. E　5. C　6. A　7. B　8. B

B 型题

1. A　2. C　3. B　4. E　5. C　6. B　7. A　8. E

填空题

1. 局麻作用　吸收作用
2. 浸润麻醉　传导麻醉　蛛网膜下腔麻醉　硬膜外麻醉
3. 布比卡因　丁卡因

判断题

1. ×　2. √　3. ×

(玛依努尔·吐尔逊　阿斯亚·拜山伯)

第十五章 镇静催眠药

学习目标

1. 了解水合氯醛的作用和不良反应。
2. 熟悉巴比妥类的药理作用特点、不良反应与临床应用。
3. 掌握苯二氮䓬类的药理作用、作用机制、用途及不良反应。

学习重点指导

第一节 苯二氮䓬类

1. 分类按作用时间不同分为三类:
(1) 长效类($t_{1/2}$≥20 小时):地西泮、氟西泮等。
(2) 中效类($t_{1/2}$:6~20 小时):硝西泮、氯硝西泮等。
(3) 短效类($t_{1/2}$<6 小时):三唑仑、艾司唑仑等。
2. 作用
(1) 抗焦虑:作用特点:①小剂量即有效;②对其他中枢活动影响小。
(2) 镇静催眠:①镇静:消除病理性兴奋状态;②催眠:引起接近于生理性睡眠的药理性睡眠。特点:快动眼睡眠时间(REM)轻度缩短,停药后会引起其反跳性延长。
(3) 抗惊厥、抗癫痫:①缓解或消除症状;②抑制异常放电扩散,不能取消病灶放电。
(4) 中枢性肌松作用:抑制脊髓多突触反射,但不影响随意运动。
3. 机制
(1) 增强中枢抑制性递质 γ-氨基丁酸(GABA)的 $GABA_A$受体激动作用→使 GABA 能神经元功能增强。
(2) 作用位点:与 GABA 能神经元突触后 $GABA_A$受体 α 亚基的苯二氮䓬结合部位(BZD 位点)结合。
(3) 效应机制:促进 GABA 与 $GABA_A$受体 β 亚基结合而使 Cl^-通道开放的频率增加→Cl^-内流增加→突触后膜超极化→神经元兴奋性下降。
4. 临床应用
(1) 抗焦虑:小剂量即有效。
(2) 失眠:是失眠的常用药。对入睡困难者,选用起效快的药物较好, 如三唑仑、氟西泮;对维持睡眠困难及早醒者,选用长效类较好。
(3) 手术麻醉前给药:用药目的:镇静,减少麻醉药用量。多用地西泮。

(4) 抗惊厥、抗癫痫:用于辅助治疗破伤风、子痫、小儿高热惊厥和药物中毒性惊厥。地西泮和三唑仑作用尤为明显。抗癫痫以硝西泮和氯硝西泮疗效较好。地西泮是治疗癫痫持续状态的首选药。

(5) 可缓解中枢性和外周性肌僵直与肌痉挛。

5. 不良反应

(1) 宿醉:多见于长效类。

(2) 清晨失眠:多见于短效类。

(3) 耐受性及久用停药的反跳现象。

第二节 巴比妥类

1. 作用特点

(1) 随剂量增加可相应发生镇静、催眠、抗惊厥、麻醉、中枢麻痹。催眠时 REM 明显缩短,长用易发生依赖性和成瘾性。

(2) 对 CNS 选择性低,安全性较小,过量可致呼吸麻痹,临床已少用。

2. 作用机制　主要激活 $GABA_A$受体→Cl^-通道开放时间延长。

3. 常用药物

长效类(6~8 小时):苯巴比妥;中效类(3~6 小时):戊巴比妥;短效类(2~3 小时):司可巴比妥;超短效类(0.25 小时):硫喷妥。

4. 临床应用

(1) 抗惊厥、抗癫痫、麻醉前给药、镇静催眠。常用苯巴比妥、异戊巴比妥、司可巴比妥。

(2) 短时静脉麻醉:硫喷妥静脉注射。

5. 不良反应　①宿醉现象;②耐受性;③依赖性长用停药可发生戒断症状;④抑制呼吸。

第三节 其他镇静催眠药

• 水合氯醛

1. 作用特点

(1) 催眠作用强、确切,口服起效快(约 15 分钟)维持 6~8 小时。治疗失眠时不缩短 REM,无后遗效应。

(2) 大剂量抗惊厥。

2. 应用

(1) 顽固性失眠,其他药物疗效不佳者。

(2) 破伤风、子痫、小儿高热惊厥者。

强化训练及参考答案

一、英语单词

1. benzodiazepines　　2. diazepam

3. flurazepam
4. phenobarbitol
5. phentobarbitol
6. chloral hydrate
7. sedatives
8. hypnotic
9. anxiolytics
10. barbiturates

二、名词解释

1. 镇静药 能缓和激动,消除躁动,恢复安静情绪的药物称镇静药。
2. 催眠药 能促进和维持近似生理睡眠的药物称催眠药。
3. 宿醉现象 为催眠药的不良反应,翌日出现头晕、乏力、困倦、恶心等。

三、问答题

1. 简述苯二氮䓬类与巴比妥类药物催眠作用的异同。

答:(1) 两者均可缩短入睡时间,减少觉醒次数,延长总睡眠时间。

(2) 可缩短快动眼睡眠时相和深睡眠。

(3) 地西泮在缩短动眼睡眠时相和深睡眠方面的作用比苯巴比妥小。

(4) 停药后的反跳现象,地西泮较轻。

(5) 两者长期用药后均有成瘾性,但地西泮的成瘾性发生较迟较轻。

(6) 两者的安全性,地西泮的安全范围大,巴比妥类药物毒性较大。

2. 试述地西泮的作用及作用机制。

答:(1) 地西泮的作用

1) 抗焦虑。

2) 镇静催眠:①镇静:消除病理性兴奋状态。②催眠:引起接近于生理性睡眠的药理性睡眠。

特点:快动眼睡眠时间(REM)轻度缩短,停药后会引起其反跳性延长。

3) 抗惊厥、抗癫痫:缓解或消除症状,抑制异常放电扩散,不能取消病灶放电。

4) 中枢性肌松作用:抑制脊髓多突触反射,但不影响随意运动。

(2) 地西泮的作用机制 与 GABA 能神经元突触后 $GABA_A$受体 α 亚基的苯二氮䓬结合部位(BZD 位点)结合。促进 GABA 与 $GABA_A$受体 β 亚基结合而使 Cl^-通道开放的频率增加→Cl^-内流增加→突触后膜超极化→神经元兴奋性下降。

3. 试述地西泮的用途。

答:(1) 抗焦虑:小剂量即有效。

(2) 失眠:是失眠的常用药。对入睡困难者,选用起效快的药物较好;对维持睡眠困难及早醒者,选用长效类较好。

(3) 手术麻醉前给药:用药目的:镇静,减少麻醉药用量。

(4) 抗惊厥、抗癫痫:用于辅助治疗破伤风、子痫、小儿高热惊厥和药物中毒性惊厥。地西泮是治疗癫痫持续状态的首选药。

(5) 可缓解中枢性和外周性肌僵直与肌痉挛。

四、选择题

(一) A 型题

1. 不产生成瘾性的药物是(　　)
   A. 巴比妥类　　B. 苯二氮䓬类　　C. 吗啡
   D. 哌替啶　　E. 苯妥英钠
2. 地西泮的作用机制是(　　)
   A. 不通过受体,直接抑制中枢
   B. 作用于 BDZ 受体,增加 GABA 与 GABA 受体的亲和力
   C. 作用于 GABA 受体,增强体内抑制性递质的作用
   D. 诱导生成一种新蛋白质而起作用
   E. 以上都不是
3. 地西泮抗焦虑的主要作用部位是(　　)
   A. 中脑网状结构　　B. 下丘脑　　C. 边缘系统
   D. 大脑皮层　　E. 纹状体
4. 治疗剂量的地西泮对睡眠时相的影响是(　　)
   A. 缩短快波睡眠　　B. 延长快波睡眠　　C. 明显延长慢波睡眠
   D. 明显缩短慢波睡眠　　E. 以上都不对
5. 下列关于地西泮的不良反应的叙述中错误的是(　　)
   A. 治疗量可见困倦等中枢抑制作用
   B. 治疗量口服可产生心血管抑制
   C. 大剂量常见共济失调等肌张力降低现象
   D. 长期服用可产生习惯性、耐受性、成瘾性
   E. 久用突然停药可产生戒断症状,如失眠
6. 地西泮不用于(　　)
   A. 焦虑症或焦虑性失眠　　B. 麻醉前给药　　C. 高热惊厥
   D. 癫痫持续状态　　E. 诱导麻醉
7. 巴比妥类药物中具有抗癫痫作用的是(　　)
   A. 巴比妥　　B. 戊巴比妥　　C. 苯巴比妥
   D. 异戊巴比妥　　E. 硫喷妥钠
8. 巴比妥类镇静催眠的主要作用部位在(　　)
   A. 大脑边缘系统　　B. 脑干网状结构上行激活系统　　C. 大脑皮层
   D. 脑干网状结构侧支　　E. 脑干网状结构易化区
9. 巴比妥类药物进入脑组织快慢主要取决于(　　)
   A. 药物剂型　　B. 用药剂量　　C. 给药途径
   D. 药物的脂溶性　　E. 药物的分子大小
10. 苯二氮䓬类与巴比妥类比较,前者不具有的作用是(　　)
    A. 镇静、催眠　　B. 抗焦虑　　C. 麻醉作用

D. 抗惊厥　　E. 抗癫痫作用

11. 抢救口服巴比妥类药物中毒,最重要的措施是(　　)
   A. 排空胃内容物及结合残留的毒物
   B. 碱化尿液以促进毒物排泄
   C. 保持呼吸道通畅及充分的肺通气量
   D. 输液以增加回心血量及心排血量
   E. 静滴阿拉明以升高血压
12. 巴比妥类中毒时,对病人最危险的是(　　)
   A. 呼吸麻痹　　B. 心跳停止　　C. 深度昏迷
   D. 吸入性肺炎　　E. 肝损害
13. 苯巴比妥作用时间长是因为(　　)
   A. 肝肠循环　　B. 排泄慢　　C. 经肾小管再吸收
   D. 代谢产物在体内蓄积　　E. 药物本身在体内蓄积
14. 苯巴比妥钠连续应用产生耐受性的主要原因是(　　)
   A. 再分布于脂肪组织　　B. 排泄加快　　C. 被假性胆碱酯酶破坏
   D. 被单胺氧化酶破坏　　E. 诱导肝药酶使自身代谢增加
15. 严重烫伤疼痛而难以入睡,最好选用(　　)
   A. 哌替啶　　B. 安定　　C. 苯巴比妥
   D. 氯丙嗪　　E. 异戊巴比妥
16. 地西泮的体内过程特点是(　　)
   A. 其代谢物仍具有药理活性　B. 其代谢物半衰期很短　　C. 肌注吸收较口服快而完全
   D. 老年患者半衰期可缩短　E. 不透过胎盘屏障
17. 下列有关口服水合氯醛的描述中正确的是(　　)
   A. 不刺激胃黏膜　　B. 主要通过肾排泄消除　　C. 催眠作用发生快
   D. 长期应用不产生耐药　　E. 兼有止痛作用
18. 水合氯醛不用于(　　)
   A. 顽固性失眠　　B. 小儿高热惊厥　　C. 溃疡病伴焦虑不安
   D. 破伤风病人惊厥　　E. 子痫病人的烦躁

（二）B 型题

A. 苯巴比妥　　B. 异戊巴比妥　　C. 司可巴比妥
D. 硫喷妥钠　　E. 以上都不对

1. 脂溶性最低,进入脑组织最慢的是(　　)
2. 入睡困难的失眠者,恰当的用药是(　　)
3. 早醒的失眠者,恰当的用药是(　　)
4. 手术前夜,恰当的用药是(　　)
5. 既用于镇静催眠又适用于抗癫痫大发作(　　)

A. 地西泮　　B. 苯巴比妥　　C. 水合氯醛

D. 硫喷妥钠　　E. 司可巴比妥

6. 不明显缩短快波睡眠时间,成瘾性较轻的催眠药是(　　)
7. 口服应用引起肝药酶诱导作用的是(　　)
8. 因有局部刺激性,溃疡病人禁用的是(　　)
9. 静脉麻醉选用(　　)
10. 入睡困难的失眠者用的药是(　　)

五、填空题

1. 巴比妥类药物的作用随药物剂量增加依次出现________、________、________、________和________。
2. 作为镇静催眠药,苯二氮䓬类已取代巴比妥类,这是因为前者具有________、________和________等优点。
3. 巴比妥类起效快慢主要决定于药物的________,超短效类的药物有________。

六、判断题

1. 支气管哮喘发作所致失眠,可用适量巴比妥类催眠。(　　)
2. 服巴比妥类药物自杀者发生昏迷、死亡的可能性较服抗焦虑药自杀者为大。(　　)
3. 地西泮通过肝脏代谢后,其代谢产物具有强大的生物活性。(　　)
4. 硫喷妥钠的作用短、维持时间也短,主要是因为其脂溶性大,迅速进入肝细胞而被代谢。(　　)
5. 地西泮的生物半衰期长于血药半衰期,是因为其与相应受点呈不可逆结合。(　　)
6. 地西泮作用于苯二氮䓬受体,增加 GABA 与 GABA 受体的亲和力。(　　)

七、参考答案

A 型题

1. E　2. B　3. C　4. A　5. B　6. E　7. C　8. B　9. D　10. C
11. C　12. A　13. C　14. E　15. B　16. A　17. C　18. C

B 型题

1. A　2. C　3. A　4. A　5. A　6. A　7. B　8. C　9. D　10. E

填空题

1. 镇静　催眠　抗惊厥　麻醉　中枢麻痹
2. 小剂量即有效,对其他中枢活动影响小　用药安全,引起接近于生理性睡眠的药理性睡眠　快动眼睡眠时间(REM)轻度缩短,停药后反跳性减轻
3. 脂溶性　硫喷妥

判断题

1. ×　2. √　3. √　4. ×　5. ×　6. √

(玛依努尔·吐尔逊　阿斯亚·拜山伯)

第十六章　抗癫痫药与抗惊厥药

学习目标

1. 了解硫酸镁的作用、应用和不良反应。

2. 熟悉常用抗癫痫药：苯妥英钠、乙琥胺、丙戊酸钠、地西泮的作用、应用及主要不良反应。

学习重点指导

第一节　抗癫痫药

一、癫痫发作类型

1. 全身性发作　主要包括小发作、大发作、肌阵挛性发作、强直发作等。

2. 部分性发作　主要包括单纯部分性发作（局限性发作）、复杂部分性发作（精神运动性发作）等。

3. 癫痫持续状态　癫痫发作无间歇期。

二、抗癫痫药的作用方式

1. 抑制病灶神经元过度放电。

2. 作用于病灶周围正常神经组织，遏制异常放电的扩散而减弱或控制发作。

三、常用药物

- **苯妥英钠**

1. 药理作用和机制

(1) 治疗量无镇静催眠作用，但可对抗电惊厥休克。

(2) 不抑制病灶异常放电，但可抑制其扩散。

(3) 降低细胞膜对钠和钙离子的通透性，产生细胞膜稳定作用。能够抑制 Na^+、Ca^{2+} 内流和 K^+ 外流，稳定各种组织的可兴奋膜，降低其兴奋性和反应性。使膜具有依赖性。

2. 临床应用

(1) 治疗癫痫大发作和单纯部分性发作的首选药，对复杂部分性发作也有效，但对小发作无效。

（2）外周神经痛：三叉神经痛、舌咽神经痛等疼痛综合征。

（3）室性心律失常。

3. 不良反应

（1）与剂量有关的毒性：胃肠道反应和神经系统反应。

胃肠道刺激、眩晕、共济失调、眼球震颤等。血药浓度过高可致昏睡、昏迷。

（2）慢性毒性反应：①齿龈增生；②叶酸缺乏；③低血钙和佝偻病等。长期用药可致齿龈增生和巨幼红细胞贫血，也有过敏反应。

（3）突然停药，可发生反跳现象。

● 苯巴比妥

用于除小发作以外的各型癫痫，包括癫痫持续状态。

● 扑米酮

体内代谢生成苯巴比妥和苯乙基丙二酰胺，原型及代谢物三者都有抗癫痫作用。对部分性发作和大发作疗效优于苯妥英钠，但对复杂部分发作的疗效不及卡马西平和苯妥英钠。不良反应：巨幼红细胞贫血，白细胞和血小板减少。

● 卡马西平

1. 作用机制与苯妥英钠相似。

2. 应用

（1）抗癫谱：广谱。对复杂部分发作如精神运动性发作疗效最好，也作为大发作和部分性发作的首选药之一。

（2）对外周神经痛疗效优于苯妥英钠。

（3）亦用于治疗躁狂症。

3. 不良反应　骨髓抑制，肝损害。

● 乙琥胺

1. 抗癫谱　治疗小发作，疗效不及氯硝西泮。因不良反应少而作为首选药。对其他型癫痫无效。

2. 不良反应　偶见粒细胞减少，严重者发生再生障碍性贫血。

● 丙戊酸钠

1. 作用机制

（1）抑制 GABA 的降解酶系→GABA 代谢减少。

（2）提高突触后膜对 GABA 的反应性。

增强 GABA 能神经功能，阻止病灶放电的扩散。

2. 应用　广谱。对各种类型的癫痫发作均有一定疗效。对其他药物未能控制的顽固性癫痫有时候可能奏效。

3. 不良反应　须高度注意的是肝功能损害，发生率 25%。

地西泮是治疗癫痫持续状态的首选药；硝西泮对肌阵挛性癫痫、不典型小发作和婴儿痉挛有较好疗效；氯硝西泮和氯巴占对各型癫痫都有效，尤以对小发作、肌阵挛发作和不典型小发作为佳。

第二节　抗惊厥药

● **硫酸镁**

1. 药理作用

(1) 口服 $MgSO_4$有泻下和利胆作用。

(2) 注射给药产生

1) 抗惊厥:Mg^{2+}与 Ca^{2+}化学性质相似,竞争性拮抗 Ca^{2+}的作用,抑制神经化学传递和骨骼肌收缩→CNS 抑制、骨骼肌松弛。

2) 降低血压:高血浓度 Mg^{2+}抑制血管平滑肌→血管扩张。

2. 临床应用　①抗惊厥、子痫、破伤风;②高血压危象。

3. 不良反应　过量引起呼吸抑制,血压剧降。预防措施:注意腱反射检查,解救:iv 钙剂。

强化训练及参考答案

一、英语单词

1. epilepsy
2. phenytoin sodium
3. primidone
4. carbamazepine
5. ethosuximide
6. sodium valproate
7. magnesium sulfate

二、名词解释

1. 癫痫持续状态　癫痫发作无间歇期称癫痫持续状态。
2. 惊厥　是指由各种原因引起 CNS 过度兴奋所致的全身骨骼肌不自主的强烈收缩。

三、问答题

1. 简述苯妥英钠抗癫痫的主要作用机制。

答:阻滞病灶异常放电向周围组织扩散,对神经细胞膜有稳定作用,阻滞钠通道,减少钠离子内流,具有明显使用依赖性。对高频异常放电并无明显作用,也可抑制钾离子外流,还可使突触间隙 GABA 浓度升高,突触后膜氯离子通道活性增加,使细胞膜超极化,兴奋性降低。

2. 试述苯妥英钠的药理作用及主要不良反应。

答:药理作用:

(1) 抗癫痫作用是治疗大发作和部分发作的首选药,但对小发作(失神发作)无效,有时甚至使病情恶化。

(2) 治疗中枢疼痛综合征,能使疼痛减轻发作次数减少。

(3) 抗心律失常,主要用于洋地黄中毒引起的心律失常。

主要不良反应：轻症反应包括眩晕、共济失调、头痛、眼球震颤、长期用药可致牙龈增生，久服可致叶酸吸收及代谢障碍，抑制二氢叶酸还原酶，有时可发生巨幼细胞性贫血，过敏反应、还可见粒细胞缺乏，血小板减少，耳障，偶见肝脏损害，偶致畸胎。

3. 简述各型癫痫的首选用药。

答：大发作：苯妥英钠、苯巴比妥、卡马西平。

小发作：乙琥胺、丙戊酸钠。

精神运动发作：苯妥英钠、卡马西平。

癫痫持续状态：地西泮。

4. 简述硫酸镁的抗惊厥作用机制。

答：硫酸镁由于其中枢及外周神经系统抑制作用，使骨骼肌、心肌、血管平滑肌松弛，从而引起肌松和血压下降。机制：是由于镁离子和钙离子化学性质相似，可以特异地竞争钙离子受体，拮抗钙离子的作用，抑制神经化学传递，同时，也作用于中枢神经系统，引起感觉和意识消失。

5. 比较苯巴比妥、苯妥英钠、扑米酮、丙戊酸钠的作用与 GABA 的关系。

答：苯巴比妥可以延长氯离子通道的开放时间，以增强 GABA 的作用，较高浓度时抑制钠离子内流和钾离子外流。扑米酮在体内代谢成苯巴比妥起作用，与 GABA 的关系同苯巴比妥。苯妥英钠在治疗量与抑制钠离子内流和钾离子外流有关，但在大剂量时能抑制神经末梢对 GABA 的摄取，诱导 GABA 受体增生。丙戊酸钠可抑制 GABA 的代谢酶，使脑内 GABA 积聚。

四、选择题

（一）A 型题

1. 苯妥英钠可能使下列何种疾病症状恶化（　　）
   A. 大发作　B. 失神小发作　C. 部分性发作
   D. 中枢疼痛综合征　E. 癫痫持续状态
2. 苯妥英钠抗癫痫作用的主要机制是（　　）
   A. 抑制病灶本身异常放电　B. 稳定神经细胞膜　C. 具有肌肉松弛作用
   D. 抑制脊髓神经元　E. 对中枢神经系统普遍抑制
3. 能有效地治疗癫痫大发作而无镇静催眠作用的药物是（　　）
   A. 地西泮　B. 苯巴比妥　C. 扑米酮
   D. 苯妥英钠　E. 乙琥胺
4. 治疗癫痫持续状态应首选（　　）
   A. 苯妥英钠　B. 硫喷妥钠　C. 地西泮
   D. 丙戊酸钠　E. 硫酸镁
5. 治疗三叉神经痛和舌咽神经痛的首选药是（　　）
   A. 卡马西平　B. 阿司匹林　C. 苯巴比妥
   D. 戊巴比妥　E. 苯妥英钠
6. 对各类癫痫均有效的药物是（　　）

A. 苯巴比妥　　B. 苯妥英钠　　C. 丙戊酸钠
D. 乙琥胺　　E. 地西泮

7. 不用于抗惊厥的药物是(　　)
A. 水合氯醛　　B. 地西泮　　C. 苯巴比妥
D. 溴化物　　E. 硫酸镁

8. 下列有关苯巴比妥的叙述中错误的是(　　)
A. 治疗某些心律失常
B. 刺激性大,不宜肌肉注射
C. 能引起牙龈增生
D. 对癫痫病灶的异常放电有抑制作用
E. 治疗癫痫大发作有效

9. 长期用于抗癫痫治疗时会引起牙龈增生的药物是(　　)
A. 苯巴比妥　　B. 扑米酮　　C. 三甲双酮
D. 苯妥英钠　　E. 乙琥胺

10. 抗惊厥的首选药物是(　　)
A. 苯巴比妥肌注　　B. 异戊巴比妥静注　　C. 水合氯醛直肠给药
D. 硫喷妥钠静注　　E. 地西泮静注

(二) B 型题

A. 苯妥英钠　　B. 苯巴比妥　　C. 地西泮
D. 乙琥胺　　E. 扑米酮

1. 是抗焦虑药,既能治疗神经官能症,也可用于治疗癫痫持续状态(　　)
2. 是镇静催眠药,既适用于治疗失眠症,又是治疗癫痫大发作的首选药(　　)
3. 为抗癫痫药,既用于治疗癫痫,又可用于抗心律失常(　　)

A. 地西泮　　B. 苯妥英钠　　C. 乙琥胺
D. 硫酸镁　　E. 水合氯醛

4. 治疗癫痫持续状态应首选(　　)
5. 治疗癫痫大发作首选(　　)
6. 治疗癫痫小发作首选(　　)

五、填空题

1. 苯妥英钠的常见慢性毒性反应是________，除对________无效外,对其他各类型癫痫均有效。
2. 癫痫持续状态可首选________,给药途径应是________。
3. 硫酸镁的抗惊厥作用是由于它与________对抗,而使________减少所致。

六、判断题

1. 苯妥英钠对三叉神经痛、舌咽神经痛和坐骨神经痛均有效。(　　)

2. 硫酸镁有镇静、降压、利胆和导泻作用,因此,当惊厥病人静注时,可产生腹泻的副作用。( )
3. 丙戊酸钠为广谱的抗癫痫药,但因其肝脏毒性,一般不作首选药。( )
4. 治疗癫痫控制症状时,即可停药,以防出现严重不良反应。( )
5. 乙琥胺对癫痫小发作有效而对大发作无效。( )
6. 左旋多巴对抗精神病药如氯丙嗪引起的锥体外系反应有效。( )

七、参考答案

A 型题

1. B 2. B 3. D 4. C 5. A 6. C 7. D 8. C 9. D 10. E

B 型题

1. C 2. B 3. A 4. A 5. B 6. C

填空题

1. 牙龈增生 小发作
2. 地西泮 静脉给药
3. 钙离子 乙酰胆碱

判断题

1. √ 2. × 3. √ 4. × 5. √ 6. ×

（阎 冬 阿斯亚·拜山伯）

第十七章　抗帕金森病药

学 习 目 标

1. 掌握左旋多巴的药理作用,用途及不良反应。
2. 熟悉卡比多巴、金刚烷胺、苯海索的药理作用特点与应用、主要不良反应。
3. 了解帕金森病的黑质纹状体的多巴胺缺乏学说。

学习重点指导

第一节　拟多巴胺类药

常用药物包括左旋多巴、α-甲基多巴、金刚烷胺和司来吉兰(司立吉林)等。

一、左旋多巴

1. 体内过程　左旋多巴(*L*-dopa)是治疗帕金森病的常用药物，需进入脑内转变为多巴胺发挥治疗作用。但口服吸收后大部分左旋多巴在外周肝、心、肾等处脱羧生成多巴胺,多巴胺不易通过血脑屏障,却在外周引起不良反应;实际进入中枢神经系统的左旋多巴仅为用药量的1%左右,因此单用效果不好。

2. 药理作用　左旋多巴在脑内转变为多巴胺,补充纹状体中多巴胺的不足。

3. 临床应用

(1) 帕金森病,作用特点:①起效慢但疗效持久,且随用药时间延长而递增;②对轻症、年轻患者疗效好, 老年、严重患者效果差;③改善肌肉强直和运动困难好, 但对肌肉震颤效果差;④对多种原因引起的帕金森综合征有效,但对抗精神病药(阻断中枢多巴胺受体)引起的无效。

(2) 治疗肝昏迷, 系在脑内转变成NA,恢复正常的神经活动。

4. 不良反应　多数由左旋多巴在外周转变为多巴胺所致。

(1) 胃肠道反应。

(2) 心血管反应——体位性低血压、心律失常等心血管反应。

(3) 不自主异常运动:长期用药者出现运动障碍,表现为不自主的异常运动。司来吉兰可减轻之,也可调整用药方法,即增加用药次数不增加或减少用药剂量。

(4) 精神障碍:DA作用于大脑边缘叶可致精神障碍。

二、卡比多巴

1. 特点　是 *L*-芳香氨基酸脱羧酶抑制剂，单用基本无药理作用。不易通过血-脑屏障，主要抑制外周多巴脱羧酶的活性。与左旋多巴合用提高左旋多巴的疗效，减轻其外周的副作用。

2. 常用制剂　心宁美(sinemet)：carbidopa 与 *L*-dopa 1∶10 组成。
　　美多巴(madopar)：苄丝肼与 *L*-dopa 1∶4 组成。

三、α-甲基多巴

α-甲基多巴是芳香族氨基酸脱羧酶的抑制剂，不能通过血-脑屏障，其作用是抑制外周 *L*-dopa 转化为多巴胺，减少 *L*-dopa 副作用和增强疗效。单独应用基本无药理作用。

四、金刚烷胺

1. 药理作用　①抗病毒作用；②抗震颤麻痹作用，疗效优于抗胆碱药而不及 *L*-dopa。
2. 临床应用　①帕金森病；②预防病毒感染。

第二节　胆碱受体阻断药

• **苯海索**(又称安坦)

此类药可阻断中枢胆碱受体，减弱纹状体中乙酰胆碱的作用。疗效较 *L*-dopa 差，适用于：①轻症患者；②不能耐受左旋多巴或禁用左旋多巴的患者；③与 *L*-dopa 合用增强疗效；④对抗精神病药物引起的锥体外系反应有效。

作用特点：抗震颤疗效好，但改善强直及运动迟缓较差，对某些继发性症状如过度流涎有改善作用。

强化训练及参考答案

一、英语单词

1. Parkinson disease
2. resting tremor
3. rigidity
4. bradykinesia
5. levodopa
6. carbidopa
7. amantadine
8. trihexyphenidyl
9. artane

二、名词解释

1. 帕金森病　又称震颤麻痹。临床主要症状为进行性运动徐缓、肌强直及震颤，此外尚有知觉、识别及记忆障碍等症状。
2. 开-关现象　不良反应，由左旋多巴在外周转变为多巴胺所致。不自主异常运动，“开”时活动正常或近乎正常,“关”时突然出现严重的 PD 症状。

三、问答题

1. 试述左旋多巴对抗帕金森病的作用机制、作用特点和临床应用。

答:左旋多巴治疗帕金森病的原理是:进入中枢神经的左旋多巴在中枢多巴脱羧酶的作用下,转化成 DA,补充纹状体内 DA 的不足,产生治疗作用。特点:轻症及年轻患者的疗效好,轻重症及年老患者较差,对肌肉僵直和运动困难疗效好,对肌肉震颤疗效差,还可治疗肝昏迷。

2. 应用左旋多巴治疗帕金森病时,如何提高疗效减轻不良反应?

答:左旋多巴可与卡比多巴配伍使用,减少外周多巴胺的生成,因而减少其不良反应,同时增加脑内多巴胺的浓度,使抗帕金森病作用增强。另外,单胺氧化酶抑制剂如司来吉兰等,为纹状体 MAO-β 抑制剂,可增强左旋多巴疗效。外周多巴胺受体阻断药多潘立酮不能进入中枢,可用于减少左旋多巴的外周不良反应。

3. 试比较拟多巴胺类药与抗胆碱药对帕金森病的作用、原理及应用。

答:①拟多巴胺药:作用:对僵直及运动困难效果好,原理:增强多巴胺能神经元功能。应用:抗帕金森病效果好,多用。②抗胆碱药:作用:对震颤效果好,原理:阻断纹状体胆碱受体,应用:效果差、少用。

4. 维生素 B_6 绝对不能和左旋多巴合用治疗帕金森病吗?

答:维生素 B_6 是多巴脱羧酶的辅酶,如与左旋多巴合用,可加速左旋多巴在外周转变成 DA,减弱其作用,维生素 B_6+卡比多巴+左旋多巴,因卡比多巴可抑制外周多巴脱羧酶活性,而维生素 B_6 可进入中枢,辅助中枢多巴脱羧酶转化更多的左旋多巴。

5. 治疗帕金森病的药主要通过哪些途径发挥治疗作用?

答:治疗帕金森病的药主要通过增强中枢多巴胺能神经功能和抑制中枢胆碱能神经功能两个途径。分别有拟多巴胺类药:左旋多巴、溴隐亭、金刚烷胺;抗胆碱药:苯海索。

四、选择题

(一) A 型题

1. 有关卡比多巴的叙述,下述哪项是错误的(　　)
   A. 是外周多巴脱羧酶抑制剂　B. 能提高 *L*-Dopa 的疗效　C. 单用有抗震颤麻痹作用
   D. 能减轻 *L*-Dopa 外周的副作用　E. 能提高脑内多巴胺的浓度
2. 金刚烷胺治疗帕金森病的主要作用机制是(　　)
   A. 转化为多巴胺起作用　B. 抗胆碱作用　C. 阻断多巴胺受体
   D. 促进多巴胺释放　E. 激动 D_2 受体
3. 用左旋多巴治疗帕金森病时,应与下列何药合用(　　)
   A. 维生素 B_6　B. 多巴　C. 苯乙肼
   D. 卡比多巴　E. 多巴胺
4. 治疗帕金森病最佳联合用药是(　　)
   A. 左旋多巴+卡比多巴

B. 左旋多巴+卡比多巴+维生素 B_6

C. 左旋多巴+维生素 B_6

D. 卡比多巴+维生素 B_6

E. 以上均不是

5. 单用无抗帕金森病作用的是(　　)

A. 左旋多巴　B. 卡比多巴　C. 溴隐亭

D. 丙环定　E. 苯海索

6. 有关苯海索的叙述,下列错误的是(　　)

A. 对帕金森病的疗效弱

B. 外周抗胆碱作用弱

C. 对氯丙嗪引起的帕金森病无效

D. 对僵直及运动迟缓疗效差

E. 有口干副作用

7. 维生素 B_6 与左旋多巴合用可(　　)

A. 增强左旋多巴的作用　B. 减少左旋多巴的副作用　C. 抑制多巴脱羧酶的活性

D. 增强多巴脱羧酶的活性　E. 增高左旋多巴的血药浓度

8. 增加左旋多巴抗帕金森病疗效,减少不良反应的药物是(　　)

A. 卡比多巴　B. 维生素 B_6　C. 利血平

D. 苯乙肼　E. 丙胺太林

9. 只有透过血脑屏障在脑内变为多巴胺才能起作用的是(　　)

A. 左旋多巴　B. 金刚烷胺　C. 苯海索

D. 司来吉兰　E. 以上均不是

10. 左旋多巴治疗肝昏迷的原理是(　　)

A. 生成 NA,对抗鱆胺作用　B. 改善肝功能　C. 破坏鱆胺,病人苏醒

D. 激动纹状体 D_2受体　E. 以上均不是

(二) B 型题

A. 卡比多巴　B. 金刚烷胺　C. 溴隐亭

D. 左旋多巴　E. 苯海索

1. 抗帕金森病,但癫痫病人禁用(　　)
2. 抗帕金森病,又可治疗肢端肥大症(　　)
3. 抗帕金森病,维生素 B_6 可增加其外周副作用(　　)
4. 抗帕金森病,有口干副作用(　　)
5. 抗帕金森病,是芳香氨基酸脱羧酶抑制剂(　　)

五、填空题

1. α-甲基多巴肼选择性地抑制外周________,临床上常与________合用,治疗帕金森病和帕金森综合征。
2. 左旋多巴主要用于________和________。

3. 肝昏迷患者服用左旋多巴后,在脑内转变成________,使________传导活动得以恢复,患者由昏迷转为________。
4. 根据帕金森病发病机制,抗震颤麻痹药分为________和________两类。

六、判断题

1. 左旋多巴不宜与维生素 B_6 合用,后者可降低左旋多巴治疗帕金森病的疗效。(　　)
2. 苯海索治疗抗精神病药引起的帕金森病有效。(　　)
3. 金刚烷胺可提高 DA 受体的敏感性,故可治疗帕金森病。(　　)
4. 左旋多巴不良反应有胃肠道反应、体位性低血压。(　　)

七、参考答案

A 型题

1. C　2. D　3. D　4. A　5. B　6. A　7. D　8. A　9. A　10. A

B 型题

1. B　2. C　3. D　4. E　5. A

填空题

1. 多巴脱羧酶　左旋多巴
2. 帕金森病　肝昏迷
3. 去甲肾上腺素　正常神经　苏醒
4. 拟多巴胺类药　中枢抗胆碱药

判断题

1. √　2. √　3. √　4. √

(阎　冬　阿斯亚·拜山伯)

第十八章　抗精神失常药

学习目标

1. 了解精神分裂症的多巴胺学说、脑内多巴胺受体及功能和脑内多巴胺能神经通路及功能。

2. 熟悉非经典抗精神病药的作用特点和抗躁狂抑郁症药丙米嗪、碳酸锂的药理作用与应用。

3. 掌握氯丙嗪的药理作用、作用机制、临床应用、主要不良反应及防治。

学习重点指导

第一节　抗精神病药

主要用于治疗精神分裂症及躁狂症。根据化学结构可分为吩噻嗪类、硫杂蒽类、丁酰苯类及其他类。

● **氯丙嗪**

1. 药理作用及作用机制

(1) 与阻断DA受体(D_2)有关的作用:①抗精神病作用;②镇吐作用;③对内分泌系统的影响;④对锥体外系的影响。

(2) 与阻断α受体有关的作用:①安定镇静作用;②翻转肾上腺素的升压作用。

(3) 与阻断M受体有关的作用:口干、便秘、视力模糊。

(4) 其他:①抑制体温调节中枢;②抑制血管运动中枢;③加强中枢抑制药的作用。

2. 临床应用

(1) 抗精神病作用:对Ⅰ型精神分裂症疗效较好,对Ⅱ型精神分裂症疗效差。亦用于治疗躁狂症。

作用机制与阻断中脑-边缘叶及中脑-皮质通路中的多巴胺D_2受体有关。

(2) 镇吐作用:对多种疾病和药物引起的呕吐都有效,系阻断催吐化学感受区(CTZ)的D_2受体所致。大剂量则直接抑制呕吐中枢。但对刺激前庭引起的呕吐无效,因而不能用于治疗晕动病。

(3) 人工冬眠:用于低温麻醉和人工冬眠疗法。与哌替啶、异丙嗪合用。

(4) 加强中枢抑制药的作用:可增强麻醉药、镇静催眠药、镇痛药的作用。

3. 不良反应

(1) 一般不良反应:①嗜睡、无力、淡漠(阻断 DA 受体);②口干、便秘和视力模糊(阻断 M 受体);③鼻塞、血压下降(阻断 α 受体);④乳房肿大、闭经(内分泌)。

(2) 锥体外系反应:是最常见的副作用,如阻断黑质-纹状体通路的 D_2受体,使纹状体中 DA 功能减弱,ACh 的功能增强引起锥体外系反应。

有四种类型:

1) 帕金森综合征(Parkinsonism),中老年人多见。

2) 静坐不能,可减少用药量或用中枢性抗胆碱药缓解。

3) 急性肌张力障碍:前三种反应可用安坦缓解。

4) 迟发性运动障碍:抗 DA 药可减轻此反应。

(3) 过敏反应。

(4) 急性中毒:一次吞服超大剂量氯丙嗪,可发生急性中毒。应立即对症治疗。

其他抗精神分裂症药物:氟奋乃静、三氟拉嗪(吩噻嗪类)、泰尔登(硫杂蒽类)、氟哌定醇(丁酰苯类)、五氟利多、舒必利、氯氮平等。

第二节　抗躁狂抑郁症药

一、抗躁狂症药

• 碳酸锂

治疗量对正常人精神活动无影响,对躁狂症发作则有显著的疗效,其机制可能是抑制脑内 NA、DA 释放,促进它们的摄取,使突触间隙递质浓度降低。

不良反应较多,血液浓度>2mmol/L 引起中毒。

二、抗抑郁症药

常用三环类药物,米帕明(丙米嗪)是主要代表。

• 米帕明

药理作用及临床应用

CNS:对正常人产生困倦、思维能力降低等抑制作用,但对抑郁症者则引起情绪高涨、精神振奋的抗抑郁作用。其机制可能与抑制神经元对 NA 和 5-HT 的再摄取,使突触间隙递质浓度升高,促进突触传递功能有关。

主要用于各型抑郁症的治疗。

三、抗焦虑药

常用苯二氮䓬类。

• 丁螺环酮

为选择性 5-HT1A 受体的部分激动剂,减少 5-HT 释放,降低 5-HT 神经功能而治疗焦虑症。不良反应少,无明显药物依赖性。

强化训练及参考答案

一、英语单词

1. antipsychotic drugs
2. chlorpromazine
3. akathisia
4. antimanic drugs
5. antidepressants
6. imipramine
7. akathisia
8. tardive dyskinesia

二、名词解释

1. 锥体外系反应　大剂量长期使用吩噻嗪类药物治疗精神分裂症时,因黑质-纹状体系统DA功能减弱,胆碱能功能相对增强,患者可出现以下3种反应:①帕金森病;②静坐不能;③急性肌张力障碍。称为锥体外系反应。
2. 人工冬眠疗法　药物配合物理降温,以降低心、脑等重要器官的耗氧量,有利于过度危险期的方法。

三、问答题

1. 氯丙嗪的安定作用与抗精神病作用有何区别?

答:安定作用　表现:主要影响行为、镇静、催眠、诱导入睡、驯服动物、消除躁狂。剂量:小剂量即可发生。见效:起效快、单次给药即可产生。有耐受性。

抗精神病作用　表现:主要影响精神活动、改善思维、恢复理智、消除幻觉、妄想。剂量:较大剂量。见效:起效慢、许多次给药才能产生,无耐受性。

2. 氯丙嗪对中枢神经系统有哪些作用?它们的作用部位分别是什么?

答:(1) 抗精神病作用:中脑边缘系统通路DA受体;

(2) 安定作用:脑干网状上行激活系统α受体;

(3) 镇吐作用:小剂量阻断CTZ的D_2受体,大剂量直接抑制呕吐中枢;

(4) 降温作用:丘脑下部体温调节中枢。

此外,氯丙嗪尚可加强其他中枢抑制药的作用。

3. 试述氯丙嗪的临床应用及主要不良反应。

答:主要用于治疗躁狂型精神分裂症,用于各种疾病及某些药物所致的呕吐,治疗神经官能症,注意剂量不宜过大,过大反而会令病情加重,与物理降温配合可用于低温麻醉。用于"人工冬眠疗法",还可治疗呃逆。主要不良反应有M受体阻断症状,α受体阻断症状,内分泌紊乱,锥体外系反应,过敏反应。

4. 简述长期应用氯丙嗪所致锥体外系反应的表现类型及其机制。

答:表现类型包括:①帕金森综合征;②静坐不能;③急性肌张力障碍;④迟发性运动障碍。前三种类型的机制是因为黑质-纹状体系统多巴胺功能减弱,胆碱能功能相对增强。后一种类型的机制是因为多巴胺受体长期被阻断,使受体敏感化或向上调节。

5. 丙咪嗪治疗抑郁症的机制是什么?

答:抑郁症的病因,可能与脑内去甲肾上腺素及 5-HT 缺乏有关,丙咪嗪能抑制中枢神经突触前膜对去甲肾上腺素和 5-HT 的再摄取,使突触间隙的 NA 和 5-HT 浓度升高而发挥抗抑郁作用。

6. 简述碳酸锂的作用特点。

答:碳酸锂对正常人的精神活动几乎无影响,但对躁狂症的患者有显著作用,其机制可能为抑制脑内 NA 释放,促进 NA 再摄取及干扰脑内 PI 代谢(PI 磷脂酰肌醇)。

四、选择题

(一) A 型题

1. 吩噻嗪类药物的抗精神分裂症作用机制是(　　)
   A. 阻断中枢多巴胺受体　B. 阻断中枢 α-受体　C. 阻断中枢 M-受体
   D. 激动中枢多巴胺受体　E. 以上都不是
2. 小剂量氯丙嗪镇吐作用的部位是(　　)
   A. 呕吐中枢　B. 胃黏膜传入纤维　C. 黑质-纹状体通路
   D. 结节-漏斗通路　E. 延脑催吐化学感受器
3. 氯丙嗪在正常人引起的作用是(　　)
   A. 烦躁不安　B. 情绪高涨　C. 紧张失眠
   D. 感情淡漠　E. 以上都不是
4. 不属于氯丙嗪的不良反应的是(　　)
   A. 口干、便秘、心悸　B. 肌肉颤动　C. 习惯性和成瘾性
   D. 低血压　E. 粒细胞减少
5. 氯丙嗪可引起下列哪种激素分泌(　　)
   A. 甲状腺激素　B. 催乳素　C. 促肾上腺皮质激素
   D. 促性腺激素　E. 生长激素
6. 氯丙嗪引起的锥体外系反应不包括哪一项(　　)
   A. 迟发性运动障碍　B. 肌张力降低　C. 急性肌张力障碍
   D. 静坐不能　E. 帕金森综合征
7. 氯丙嗪引起的血压下降不能用什么药来纠正(　　)
   A. 麻黄碱　B. 肾上腺素　C. 去氧肾上腺素
   D. 间羟胺　E. 以上均不是
8. 对伴有抑郁或焦虑的精神分裂症应选用(　　)
   A. 氯丙嗪　B. 氟哌啶醇　C. 五氟利多
   D. 丙米嗪　E. 氯普噻吨
9. 碳酸锂主要用于(　　)
   A. 精神分裂症　B. 抑郁症　C. 躁狂症
   D. 焦虑症　E. 以上均不是
10. 锥体外系反应较轻的药物是(　　)
    A. 氯丙嗪　B. 氟奋乃静　C. 三氟拉嗪

D. 奋乃静　　E. 硫利达嗪

11. 氯丙嗪引起帕金森综合征,合理的处理措施是(　　)

A. 用多巴胺　　B. 用左旋多巴　　C. 用阿托品

D. 减量,用苯海索　　E. 用毒扁豆碱

12. 三环类抗抑郁药可对抗下列哪种药物的作用(　　)

A. 可乐定　　B. 苯海索　　C. 奋乃静

D. 舒必利　　E. 氯氮平

13. 缺钠引起碳酸锂中毒的原因是(　　)

A. 增加锂在胃肠道的吸收　　B. 降低锂与血浆蛋白的结合　　C. 减慢锂在肝脏代谢

D. 体内锂潴留　　E. 以上都不是

14. 不属于三环类的抗抑郁药是(　　)

A. 米帕明　　B. 地昔帕明　　C. 马普替林

D. 阿米替林　　E. 多塞平

(二) B 型题

A. 激动苯二氮䓬受体　　B. 阻断 M 胆碱受体　　C. 阻断 α 肾上腺素受体

D. 激动 DA 受体　　E. 阻断黑质-纹状体通路的 D_2受体

1. 氯丙嗪引起的体位性低血压是由于(　　)
2. 氯丙嗪引起锥体外系反应是由于(　　)
3. 氯丙嗪引起口干、便秘和视力模糊是由于(　　)
4. 氯丙嗪引起嗜睡、无力、淡漠是由于(　　)

A. 5-HT 受体　　B. NA 再摄取　　C. 肌醇生成

D. DA 受体　　E. N 胆碱受体

5. 碳酸锂阻断(　　)
6. 氯丙嗪阻断(　　)
7. 奋乃静阻断(　　)
8. 诺米芬新阻断(　　)

五、填空题

1. 纠正氯丙嗪在处理精神病中引起的帕金森综合征,宜选用________,而忌用________。
2. 氯丙嗪的镇吐作用,表现为小剂量可阻断________的________受体,大剂量直接抑制________;对________引起的呕吐无效。
3. 氯丙嗪的抗精神病作用机制,与其阻断________通路中的________受体有关;氯丙嗪降低下丘脑释放催乳素抑制因子,与其阻断________通路中的________受体有关。
4. 能翻转肾上腺素升压作用的药物有________和________。

六、判断题

1. 苯海索治疗抗精神病药引起的帕金森病有效。(　　)

2. 氯丙嗪引起的低血压不可用麻黄碱纠正。(　　)
3. 泰尔登的抗精神病作用较弱，而镇静作用较强。(　　)
4. 氯丙嗪可阻断α、β受体及M受体。(　　)
5. 碳酸锂可抑制甲状腺功能，出现甲状腺肿大。(　　)
6. 氯丙嗪能抑制中枢，故大剂量可产生麻醉作用。(　　)
7. 氯丙嗪和巴比妥类一样，其催眠作用都是抑制脑干网状结构上行激活系统。(　　)
8. 碳酸锂安全范围大，在治疗剂量下，不良反应少。(　　)

七、参考答案

A 型题

1. A　2. E　3. D　4. C　5. B　6. B　7. B　8. E　9. C　10. E
11. D　12. A　13. D　14. C

B 型题

1. C　2. E　3. B　4. D　5. C　6. D　7. D　8. D

填空题

1. 苯海索　左旋多巴
2. CTZ　D_2　呕吐中枢　刺激前庭
3. 中脑边缘系统通路 DA 受体　D_2 受体　结节-漏斗通路　D_2 受体
4. 氯丙嗪　酚妥拉明

判断题

1. √　2. ×　3. √　4. ×　5. √　6. ×　7. ×　8. ×

(白　杰　阿斯亚·拜山伯)

第十九章 镇 痛 药

学习目标

1. 掌握吗啡药理作用、作用机制、临床应用及不良反应；哌替啶(度冷丁)的作用特点、应用及不良反应。

2. 熟悉吗啡中毒症状与解救；喷他佐辛、美沙酮、纳洛酮的作用特点与应用；可待因作用特点与应用。

3. 了解其他镇痛的特点与应用。

学习重点指导

第一节 阿片生物碱类镇痛药

● **吗啡**

1. 药理作用及作用机制

(1) CNS

1) 镇痛镇静：作用强大，对各类疼痛都有效。其镇静与欣快感可消除由疼痛引起的情绪反应，提高对疼痛的耐受力。镇痛机制系药物激动脊髓胶质区、丘脑内侧、脑室、导水管周围灰质的阿片受体，使感觉神经末梢细胞膜超极化，阻断神经冲动传递而发挥作用。

2) 呼吸抑制：激动呼吸中枢的阿片受体，降低呼吸中枢对 CO_2 张力的敏感性，并可抑制呼吸调整中枢，使呼吸频率减慢，潮气量降低。

3) 镇咳：激动孤束核的阿片受体，抑制咳嗽中枢，产生镇咳作用。

4) 缩瞳(中脑盖前核阿片受体)。

5) 引起恶心、呕吐(延脑极后区阿片受体)。

(2) 消化系统：引起便秘，其原因是：

平滑肌张力↑产生止泻及致便秘作用：①肠蠕动↓。②肛门括约肌张力↑，也可引起胆道奥狄括约肌痉挛性收缩，提高胆囊内压而导致上腹不适甚至胆绞痛。故治疗胆绞痛时需合用阿托品等平滑肌解痉药。③消化液分泌↓。④中枢抑制。

(3) 心血管系统：扩张血管，降低血压。其可能机制是：①释放组胺；②激动孤束核阿片受体，抑制交感中枢。吗啡抑制呼吸，使体内 CO_2 蓄积，可扩张脑血管，使颅内压增高。

(4) 提高膀胱括约肌张力，导致尿潴留；大剂量尚能收缩支气管。

2. 临床应用

(1) 镇痛：各种急性锐痛、癌症剧痛、心肌梗死引起的剧痛，血压正常者可以用。

(2) 心源性哮喘：吗啡配合应用强心苷、吸氧等措施，可以迅速缓解症状。机制为：①扩张血管、降低阻力；②镇静、消除恐惧从而减轻心脏负荷；③降低呼吸中枢对 CO_2 的敏感性、缓解急促浅表的呼吸。

(3) 止泻：阿片酊等制剂可用于急、慢性消耗性腹泻。

3. 不良反应

(1) 一般反应：如恶心、呕吐、便秘、排尿困难、胆绞痛、呼吸抑制等。

(2) 耐受性和成瘾性：连续反复应用易产生耐受性和成瘾。

机制：吗啡抑制蓝斑核 NA 神经元放电，反复应用→适应、耐受，停药→放电加速，出现戒断症状。可乐定抑制蓝斑核 NA 神经元放电，可缓解戒断症状。

(3) 急性中毒：主要表现有：①昏迷；②针尖样瞳孔；③呼吸高度抑制；④血压剧降、休克。呼吸麻痹是致死的主要原因。抢救：人工呼吸、吸氧、纳洛酮。

4. 禁忌证

(1) 分娩和哺乳妇女止痛。吗啡能通过胎盘或乳汁抑制胎儿或新生儿呼吸，同时能对抗催产素对子宫的兴奋作用而延长产程，故禁用于分娩止痛及哺乳妇女止痛。

(2) 支气管哮喘、肺心病。

(3) 颅内高压。

● **可待因**

镇痛作用为吗啡的 1/12，镇咳作用为吗啡的 1/4，成瘾性<吗啡。主要用于中等疼痛止痛和中枢性止咳。

第二节 人工合成的镇痛药

● **哌替啶**（度冷丁）

1. 药理作用

(1) CNS：与吗啡相似，但镇咳作用弱，且维持时间短，无应用价值。

(2) 消化道：对平滑肌的影响与吗啡有所不同，作用较弱，不引起便秘，也无止泻作用。

(3) 心血管系统：体位性低血压、颅内高压。

2. 临床应用

(1) 镇痛：取代吗啡，各种剧痛，可用于分娩止痛，但临产前 2~4 小时内不宜用，以防抑制新生儿呼吸；治疗胆绞痛时，需合用阿托品。

(2) 麻醉前给药。

(3) 人工冬眠。

(4) 心源性哮喘。

3. 不良反应 与吗啡相似，较轻。

其他镇痛药：

● **芬太尼**

镇痛作用较吗啡强 100 倍，用量小，作用迅速，维持时间短。可用于各种剧痛。与全麻药或局麻药合用，可减少麻醉药用量。外科小手术时，与氟哌啶醇合用有安定镇痛作用。本药成瘾性较小。

● **美沙酮**

药理作用与吗啡相似但较弱。主要特点是口服与注射同样有效。其耐受性与成瘾性发生较慢,戒断症状略轻。适用于各种剧痛,也可作为戒除吗啡成瘾的替代药物。

● **喷他佐辛**

主要激动 κ、σ 受体,但拮抗 μ 受体,成瘾性很小,在药政管理上已列入非麻醉品。其镇痛效力为吗啡的 1/3,呼吸抑制为吗啡的 1/2,口服后作用持续 5 小时以上。用于各种慢性剧痛。本药对心血管系统的影响与吗啡不同,大剂量引起血压升高,心率加快。

● **延胡索乙素(四氢帕马丁)及罗通定**

镇痛作用弱于哌替啶,强于解热镇痛药,对于慢性持续性钝痛效果好。其镇痛作用与阻断脑内多巴胺受体有关。

● **纳洛酮与纳曲酮**

是阿片受体拮抗剂,其本身无明显药理效应及毒性。但对吗啡成瘾者可迅速诱发戒断症状。对吗啡急性中毒者,可解救呼吸抑制及其他中枢抑制症状,使昏迷患者迅速复苏。此外,还是研究阿片受体的重要工具药。

强化训练及参考答案

一、英语单词

1. analgesics
2. morphine
3. abstinence syndrome
4. codeine
5. pethidine
6. dolantin
7. pentazocin
8. naloxone

二、名词解释

1. 成瘾性　反复连续应用某些药物如吗啡,机体产生精神与躯体依赖性称为成瘾性。一旦停药则出现戒断状态,若再次给予该药戒断状态消失。
2. 麻醉药品　反复连续、多次使用产生成瘾性的药品,如吗啡、哌替啶等。

三、问答题

1. 试述吗啡的临床应用及药理学基础。

答:(1) 镇痛:因其兴奋阿片受体,使 P 物质释放减少,因此抑制痛觉的传递。

(2) 心源性哮喘:镇静、扩血管、抑制无效呼吸。

(3) 止泻:提高胃肠道平滑肌的张力,兴奋肛门括约肌。

2. 哌替啶的作用特点是什么?

答:(1) 与吗啡相似,产生镇静、镇痛、呼吸抑制作用,但作用弱、时间短。

(2) 成瘾性弱,产生慢、时间短。

(3) 中度提高平滑肌张力,作用时间短,故不引起便秘,也无止泻作用。

3. 简述哌替啶临床应用及禁忌证。

答:(1) 临床应用:①代替吗啡用于各种剧痛;②心源性哮喘;③麻醉前给药及人工冬眠。

(2) 禁忌证:颅脑外伤及支气管哮喘、肝功能减退。

4. 试述吗啡和哌替啶在作用、应用上有何异同?

答:比较如下:

(1) 作用方面:

相同点:中枢作用(镇痛、镇静、欣快、呼吸抑制、催吐);胆道平滑肌、支气管平滑肌收缩;扩张血管(体位性低血压)

不同点:镇咳:吗啡(有),哌替啶(无);瞳孔缩小:吗啡(有),哌替啶(无)。

(2) 应用方面:

相同点:急性锐痛、心源性哮喘。

不同点:止泻:吗啡;麻醉前给药及人工冬眠:哌替啶。

5. 简述吗啡用于心源性哮喘的机制。

答:机制是:(1) 扩张外周血管、降低外周阻力、减轻心脏负荷。

(2) 镇静作用:消除不良情绪,减轻心脏负荷。

(3) 降低中枢对 CO_2 的敏感性,缓解急促、表浅的呼吸。

6. 一患者右上腹绞痛,并向背部放射,医生诊断为胆绞痛,此时最为适宜的治疗方案是什么?为什么?

答:治疗方案:哌替啶与阿托品合用。

因为胆绞痛是胆道平滑肌痉挛所致,哌替啶虽能镇痛,但进一步增强胆道张力,故用阿托品配合解痉,效果更好。

四、选择题

(一) A 型题

1. 吗啡兴奋延脑极后区的阿片受体引起( )
   A. 欣快作用和情绪变化　B. 镇痛作用　C. 抑制呼吸作用
   D. 镇咳作用　E. 恶心、呕吐
2. 吗啡的镇痛作用部位是( )
   A. 交感神经　B. 副交感神经　C. 传入神经
   D. 传出神经　E. 中枢第三脑室周围灰质
3. 服吗啡过量引起的最严重的不良反应是( )
   A. 呼吸抑制　B. 排尿困难、尿潴留　C. 心动过速
   D. 视力模糊　E. 恶心、呕吐
4. 对吗啡中毒能解除呼吸抑制及其他中枢抑制症状的药物是( )
   A. 尼可刹米　B. 芬太尼　C. 美沙酮
   D. 戊四氮　E. 纳络酮
5. 吗啡的药理作用有( )
   A. 镇痛、镇静、镇咳　B. 镇痛、镇静、抗震颤麻痹　C. 镇痛、呼吸兴奋

D. 镇痛、欣快、止吐 E. 镇痛、安定、散瞳

6. 慢性钝痛时,不宜使用吗啡的主要理由是( )

A. 对钝痛效果差 B. 治疗量即抑制呼吸 C. 可制便秘

D. 易成瘾 E. 易引起体位低血压

7. 下列叙述中,错误的是( )

A. 可待因的镇咳作用强于吗啡

B. 分娩止痛可用哌替啶,不能用吗啡

C. 吗啡和哌替啶都可用于治疗心源性哮喘

D. 美沙酮可用于戒除吗啡成瘾

E. 临床多用哌替啶代替吗啡治疗疼痛

8. 下列哪个药物不能用于心源性哮喘( )

A. 肾上腺素 B. 地高辛 C. 吗啡

D. 氨茶碱 E. 毒毛旋花苷 K

9. 下列哪个镇痛药具有镇静催眠作用且无成瘾性( )

A. 吗啡 B. 哌替啶 C. 可待因

D. 罗通定(颅通定) E. 阿司匹林

10. 喷他佐辛(镇痛新)与吗啡比较,下列哪项是错误的( )

A. 镇痛效力较吗啡弱 B. 呼吸抑制较吗啡弱 C. 大剂量可致血压升高

D. 成瘾性与吗啡相似 E. 既具有阿片受体激动剂作用又有弱的拮抗作用

(二)B 型题

A. 可待因 B. 镇痛新 C. 哌替啶

D. 芬太尼 E. 纳洛酮

1. 在肝内能转化成吗啡的药( )
2. 肝内代谢产物可兴奋中枢的药( )
3. 成瘾性极小的镇痛药( )
4. 用于解救阿片类药物急性中毒的药( )

A. 抑制呼吸作用 B. 镇痛作用 C. 便秘作用

D. 缩瞳作用 E. 镇咳作用

5. 吗啡作用于中脑盖前核的阿片受体引起( )
6. 吗啡作用于呼吸中枢的阿片受体引起( )
7. 吗啡作用于脊髓、丘脑、脑室及导水管的阿片受体引起( )
8. 吗啡作用于中枢及肠道的阿片受体引起( )
9. 吗啡作用于延髓孤束核( )

五、填空题

1. 吗啡治疗心源性哮喘的原因________、________、________。
2. 哌替啶镇痛作用虽比吗啡弱,但比吗啡常用,因为________也比吗啡弱。

3. 人工冬眠合剂由异丙嗪________和________组成。
4. 连续反复用吗啡最重要的不良反应是________,急性中毒时主要表现有________和________,致死的是________。
5. 吗啡镇痛作用部位在________,机制是________。
6. 罗通定的镇痛作用较解热镇痛药________,对________效较好。

六、判断题

1. 哌替啶的镇痛强度约为吗啡的1/10,作用持续时间较吗啡短,但抑制呼吸及成瘾性较吗啡强。( )
2. 哌替啶成瘾性较吗啡弱,常代替吗啡用于止痛。( )
3. 吗啡、异丙肾上腺素、麻黄碱、肾上腺素都能治疗支气管哮喘。( )
4. 纳络酮可拮抗吗啡和哌替啶的抑制呼吸的作用。( )
5. 婴幼儿、呼吸功能不全者所使用的冬眠合剂不宜加入哌替啶。( )

七、参考答案

A 型题

1. E 2. E 3. A 4. E 5. A 6. D 7. A 8. A 9. D 10. D

B 型题

1. A 2. C 3. B 4. E 5. D 6. A 7. B 8. C 9. E

填空题

1. 扩张外周血管 镇静作用 降低中枢对CO_2的敏感性
2. 成瘾性
3. 哌替啶 氯丙嗪
4. 成瘾性 呼吸抑制 瞳孔极度缩小 呼吸麻痹
5. 中枢 激活脑内阿片受体
6. 强 慢性钝痛

判断题

1. × 2. √ 3. × 4. √ 5. √

(白 杰 阿斯亚·拜山伯)

第二十章　解热镇痛抗炎药

学习目标

1. 掌握药理作用的共性、药物的分类。药理作用特点,作用机制,阿司匹林药理作用、临床应用、不良反应

2. 熟悉对乙酰氨基酚,非那西丁,吲哚美辛,布洛芬的作用特点;

3. 了解其他药物的特点与应用;解热镇痛药的复方配伍组方与意义。

学习重点指导

第一节　概　　述

一、共同作用

1. 解热作用　此类药物通过抑制中枢 PG(前列腺素)合成而发挥解热作用,因而仅降低发热者的体温,对正常体温几乎无影响。

2. 镇痛作用　有中等程度镇痛作用,常用于治疗慢性钝痛,其镇痛作用部位主要在外周,通过抑制炎症时 PG 的合成,减轻 PG 的致痛作用及痛觉增敏作用。

3. 抗炎作用　大多数解热镇痛药都有抗炎抗风湿作用,抑制炎症反应时 PG 合成,而缓解炎症反应,对控制风湿性及类风湿性关节炎的临床症状有肯定疗效,但不能根治。

二、共同作用机制

抑制前列腺素(PG) 合成酶(环加氧酶),减少 PG 的合成。COX 有 COX-1 和 COX-2 两种同工酶。COX-1 为结构型,参与血管舒缩、血小板聚集、胃黏膜血流、胃黏液分泌及肾功能等的调节。COX-2 为诱导型,参与发热、疼痛、炎症等病理过程。NSAIDs 对 COX-2 的抑制作用为其治疗作用的物质基础,对 COX-1 的作用则成为其不良反应的原因。分类如下:

1. 水杨酸类　乙酰水杨酸(阿司匹林)。

2. 苯胺类　对乙酰氨基酚(醋氨酚、扑热息痛)。

3. 吡唑酮类　保泰松。

4. 其他抗炎有机酸类　消炎痛(吲哚美辛)、布洛芬。

第二节　常用的解热镇痛抗炎药

● 阿司匹林

1. 药理作用及临床应用

(1) 解热镇痛抗炎作用：常用于各种慢性钝痛及感冒发热。对于急性风湿热患者能迅速改善其临床症状，并可用作鉴别诊断。是目前治疗风湿及类风湿性关节炎的首选药物。

(2) 抑制血栓形成：抑制环加氧酶，减少 TXA_2 的生成，抑制血小板聚集。小剂量应用可抑制 TXA_2 合成，而不影响前列环素（PGI_2）合成。用于防治缺血性心脏病建议日服 50～75mg；防止脑血栓形成可日服 30～50mg。

(3) 其他：脑内 COX-1 过度表达与老年性痴呆有关，日服阿司匹林 100mg 可阻止老年性痴呆发展。日服 40～100mg 阿司匹林，可明显降低妊娠高血压综合征和先兆子痫的发生，此作用与减少孕妇血中 TXA_2/PGI_2 有关。

2. 不良反应

(1) 胃肠道反应：直接刺激和抑制胃黏膜 PG 合成，引起呕吐和胃出血；较大剂量口服可引起胃溃疡及不易察觉的胃出血，与其抑制胃黏膜合成 PG，减少了内源性的黏膜保护因子及对胃黏膜的直接刺激有关。

(2) 凝血障碍：由于抑制血小板聚集可使出血时间延长，大剂量还能抑制凝血酶原形成，造成出血倾向。可用维生素 K 预防。

(3) 过敏反应：除常见的过敏反应外，某些哮喘患者用药后可诱发“阿司匹林哮喘”。其发生机制为此类药抑制环氧酶，PG 合成受阻，但不影响脂氧酶，致使引起支气管收缩的白三烯增多，而诱发哮喘。用肾上腺素治疗无效。

(4) 水杨酸反应。

(5) 瑞夷综合征。

● 对乙酰氨基酚（醋氨酚、扑热息痛）**及非那西丁**

1. 体内过程　对乙酰氨基酚是非那西丁在体内的代谢产物，二者有相同的药理作用。

2. 药理作用

(1) 解热镇痛作用：缓和持久，与阿司匹林相似。

(2) 抗炎作用：很弱。

机制：对中枢 PG 合成酶抑制作用与阿司匹林相似，但对外周 PG 合成酶抑制作用弱。

3. 临床应用　解热镇痛。

4. 不良反应　少，偶有肝损害。非那西丁过量可引起高铁血红蛋白血症和溶血性贫血。

● 保泰松、羟基保泰松

1. 体内过程　血浆蛋白结合率高达 98%，关节组织浓度可达血浓度 50%，可诱导肝药酶和促进尿酸排泄。

2. 药理作用　抗炎抗风湿作用强而解热镇痛作用较弱。

3. 临床应用　①风湿性和类风湿性关节炎；②急性痛风；③高热。

4. 不良反应　毒性较大。包括:①胃肠道反应;②水钠潴留;③过敏反应;④肝肾损害;⑤甲状腺肿大、黏液性水肿:抑制碘摄取有关。

● **消炎痛**(吲哚美辛)

解热镇痛抗炎作用强大,主要用于急性风湿性和类风湿性关节炎和癌性发热等。

● **其他:布洛芬**(异丁苯丙酸)、**吡罗昔康**(炎痛喜康)

强化训练及参考答案

一、英语单词

1. antipyretic-analgesic drug
2. anti-inflammatory drug
3. aspirin
4. acetylsalicylic acid
5. prostaglandin
6. cyclo-oxygenase
7. salicylates
8. Reye's syndrome
9. aspirin asthma

二、名词解释

1. 阿司匹林哮喘　有些哮喘患者服用阿司匹林或某些解热镇痛药后可诱发支气管哮喘,称为"阿司匹林哮喘"。
2. 瑞夷综合征　阿司匹林的不良反应,表现为严重肝功能不良合并脑病。
3. 非甾体抗炎类药　解热镇痛抗炎药是一类具有解热、镇痛,而且大多数还有较强的抗炎和抗风湿作用的药物,其化学结构和抗炎作用机制与糖皮质激素(甾体激素)类药物有所不同,故将这类药物称为非甾体抗炎药。阿司匹林为本类药物的典型代表。

三、问答题

1. 简述解热镇痛药的分类及其代表药。

答:常用解热镇痛药按化学结构的不同,可分为四类:

(1) 水杨酸类:阿司匹林。

(2) 苯胺类:对乙酰氨基酚。

(3) 吡唑酮类:保泰松。

(4) 其他有机酸类:吲哚美辛。

2. 试述阿司匹林的解热、镇痛和抗炎抗风湿作用特点、作用机制和临床应用。

答:(1) 作用特点:解热镇痛作用强,抗炎抗风湿作用也强,后者随剂量增加而增强,其作用原理是抑制体内环加氧酶,阻止 PG 的生成和释放,阿司匹林的解热镇痛作用是作用于体温调节中枢,而其他作用是作用于外周。

(2) 作用机制:抑制前列腺素(PG) 合成酶(环加氧酶),减少 PG 的合成。

(3) 临床应用:①中等程度疼痛:如头疼、牙痛、神经痛等;②用于急性风湿热,急性风湿性和类风湿性关节炎,均为首选药,并为诊断用药;③小剂量具有抑制血小板聚集作用,这是由于抑制血栓素合成的结果,临床用于预防心肌梗死和脑血栓生成。

3. 不同剂量的阿司匹林对血栓形成有什么不同的影响？为什么？

答：小剂量的阿司匹林有抑制血小板聚集，预防血栓形成的作用，大剂量的阿司匹林则减弱这种作用。血小板中的环加氧酶可催化花生四烯酸生成 TXA_2，TXA_2 可诱发血小板释放 ADP 引起血小板聚集，小剂量的阿司匹林对血小板中的环加氧酶敏感，可抑制该酶活性，减少 TXA_2 形成，从而抑制血小板聚集，有预防血栓形成的作用。动脉壁中的环加氧酶能催化花生四烯酸合成前列环素 PGI_2，大剂量的阿司匹林对动脉壁中的环加氧酶抑制作用占优势，而 PGI_2 的作用与 TXA_2 的作用相反，有抗血小板聚集的作用，当 PGI_2 合成减少，抗血小板聚集的作用减弱，可能有促进血栓形成的作用。

4. 比较阿司匹林与氯丙嗪对体温的影响特点。

答：氯丙嗪对正常人与发热患者均可使体温下降，体温下降与环境温度关系密切，阿司匹林仅能使发热患者体温降至正常水平。氯丙嗪抑制下丘脑体温调节中枢，使体温调节机能失灵，体温随环境温度改变，阿司匹林抑制中枢中的 PG 合成酶，减少 PG 合成，发挥解热作用，使患者体温下降，而对正常人体温无影响。氯丙嗪用于低温麻醉、人工冬眠、中属性高热。阿司匹林用于感冒发热，关节炎症时的发热。

5. 试述小剂量阿司匹林防止血栓形成的机制。

答：血小板产生的血栓素 A_2 是强大的血小板释放及聚集的诱导物，可以直接诱发血小板释放 ADP，进一步加速血小板的聚集过程，小剂量阿司匹林可抑制血栓素 A_2 形成，影响血小板聚集，引起凝血功能障碍，延长出血时间，可用于防治血栓形成。

6. 简述吲哚美辛的作用及应用。

答：吲哚美辛是最强的 PG 合成酶抑制剂，具有显著的抗风湿和解热镇痛作用，可用于治疗急性风湿病及类风湿性关节炎，对强直性关节炎、骨关节炎和急性痛风性关节炎也有效，此外，还可用于恶性肿瘤引起的发热及其他难以控制的发热。

四、选择题

（一）A 型题

1. 阿司匹林可抑制下列何种酶（　　）

A. 磷脂酶 A_2　　B. 二氢叶酸合成酶　　C. 过氧化物酶
D. 环氧酶　　E. 胆碱酯酶

2. 下列哪一药物无明显抗炎作用（　　）

A. 阿司匹林　　B. 保泰松　　C. 吲哚美辛
D. 对乙酰氨基酚　　E. 布洛芬

3. 阿司匹林用于（　　）

A. 术后剧痛　　B. 胆绞痛　　C. 胃肠绞痛
D. 关节痛　　E. 癌性疼痛

4. 胃溃疡病人宜选用何种解热镇痛药（　　）

A. 布洛芬　　B. 阿司匹林　　C. 吲哚美辛
D. 保泰松　　E. 对乙酰氨基酚

5. 阿司匹林不具有下列哪项不良反应（　　）

A. 胃肠道出血　　B. 过敏反应　　C. 水杨酸反应
D. 水钠潴留　　E. 凝血障碍

6. 阿司匹林预防血栓生成是由于(　　)
A. 小剂量抑制 PGI_2生成　　B. 小剂量抑制 TXA_2生成　　C. 小剂量抑制 LTs 生成
D. 大剂量抑制 TXA_2生成　　E. 以上均不是

7. 解热镇痛药的镇痛作用机制是(　　)
A. 阻断传入神经的冲动传导
B. 降低感觉纤维感受器的敏感性
C. 阻止炎症时 PG 的合成
D. 激动阿片受体
E. 对内脏平滑肌绞痛有效

8. 阿司匹林防止血栓形成的机制是(　　)
A. 激活环加氧酶,增加血栓素生成,抗血小板聚集及抗血栓形成
B. 抑制环加氧酶,减少前列环素的形成,抗血小板聚集及抗血栓形成
C. 抑制环加氧酶,减少血栓素生成,抗血小板聚集及抗血栓形成
D. 抑制环加氧酶,增加前列环素的生成,抗血小板聚集及抗血栓形成
E. 激活环加氧酶,减少血栓素形成,抗血小板聚集及抗血栓形成

9. 保泰松作用特点为(　　)
A. 解热镇痛作用强,抗炎抗风湿作用强,毒性小
B. 解热镇痛作用强,抗炎抗风湿作用弱,毒性小
C. 解热镇痛作用弱,抗炎抗风湿作用强,毒性小
D. 解热镇痛作用弱,抗炎抗风湿作用强,毒性大
E. 解热镇痛作用强,抗炎抗风湿作用强,毒性小

10. 布洛芬的主要特点是(　　)
A. 解热镇痛作用强　　B. 口服吸收慢　　C. 与血浆蛋白结合少
D. 胃肠道反应轻、易耐受　　E. 半衰期长

(二) B 型题

A. 阿司匹林　　B. 对乙酰氨基酚　　C. 吲哚美辛
D. 保泰松　　E. 布洛芬

1. 对阿司匹林过敏的高热患者宜用(　　)
2. 用于急性风湿热的药(　　)
3. 抑制 PC 合成酶最强的药是(　　)
4. 解热镇痛作用弱,抗炎抗风湿作用强,毒性大是(　　)

A. 可待因　　B. 镇痛新　　C. 哌替啶
D. 芬太尼　　E. 纳洛酮

5. 在肝内能转化成吗啡的药(　　)
6. 肝内代谢产物可兴奋中枢的药(　　)

7. 成瘾性极小的镇痛药(　　)
8. 用于解救阿片类药物急性中毒的药(　　)

五、填空题

1. 阿司匹林具有________、________、________等作用，这些作用机制均与________有关。
2. 久服或使用大剂量水杨酸类药物可引起________，其原因是由于________胃黏膜，抑制________的生成，降低胃黏膜的________作用。
3. 阿司匹林可引起________、________、________、________、________等不良反应。
4. 乙酰水杨酸(阿司匹林)引起的出血可用 ________对抗。
5. 保泰松较大量可减少肾小管对________，故可促进________可用于________。

六、判断题

1. 所有解热镇痛药均有解热、镇痛、抗炎、抗风湿作用。(　　)
2. 乙酰氨基酚除用于解热镇痛外，还可用于抗炎抗风湿。(　　)
3. 水杨酸类药物过量中毒，使尿液酸化，可促其排泄。(　　)
4. 吗啡和阿司匹林对创伤剧痛和内脏绞痛均有效。(　　)
5. 阿司匹林常见的不良反应是过敏反应。(　　)
6. 对乙酰氨基酚可抑制下丘脑 PG 合成酶而发挥解热作用。(　　)

七、参考答案

A 型题

1. D　2. D　3. D　4. A　5. D　6. B　7. C　8. C　9. D　10. D

B 型题

1. B　2. A　3. C　4. D　5. A　6. C　7. B　8. E

填空题

1. 解热　镇痛　抗炎抗风湿　抑制前列腺素合成酶(环加氧酶)
2. 胃肠道反应　直接刺激　PGE_2　保护
3. 胃肠道反应　凝血障碍　过敏反应　水杨酸反应　瑞夷综合征
4. 维生素 K
5. 尿酸盐的再吸收　尿酸排泄　急性痛风

判断题

1. ×　2. ×　3. ×　4. ×　5. ×　6. √

（白　杰　阿斯亚·拜山伯）

第二十一章　离子通道概论及钙通道阻滞药

略。

第二十二章　抗心律失常药

学习目标

1. 复习心肌电生理的特性和熟悉心律失常的发生机制。
2. 掌握抗心律失常药的分类及其代表药物。
3. 掌握抗心律失常药物的基本电生理机制
4. 掌握奎尼丁、利多卡因、普萘洛尔、胺碘酮、维拉帕米的药理作用、作用机制、临床应用及不良反应。
5. 了解其他抗心律失常药的作用特点。

学习重点指导

第一节　心脏的电生理学基础

正常心肌电生理

(一) 心肌细胞膜电位的离子基础

1. 静息电位　-90mv(心室肌、浦肯野)
2. 动作电位　0 相(快速除极)——Na^+内流
   1 相(快速复极期)——K^+短暂外流
   2 相(缓慢复极)——Ca^{2+}和 Na^+(少量)内流,K^+外流
   3 相(快速复极末期)——K^+外流
   4 相(静息期)

(二) 快、慢反应电活动

根据 0 相除极速度、幅度和传导速度,分为:

1. 快反应电活动(起搏电流、Na^+电流)——心脏工作肌、传导系统细胞。

2. 慢反应电活动(Ca^{2+}电流)——窦房结、房室结细胞。

心脏缺血缺氧、膜电位减小,快反应细胞可表现慢反应电活动。

(三) 膜反应性和传导速度

膜反应性是指膜电位水平与其所激发的0相最大上升速率之间的关系,若膜电位高(绝对值大),则0相上升速率度快,动作电位振幅大,传导速度快。

(四) 动作电位时程与有效不应期

1. 动作电位时程(APD) 指0相至3相末的时间,为膜电位恢复所需时间,其长短与膜对K^+的通透性有关。

2. 有效不应期(ERP) 指膜接受刺激而不能产生全面除极化的动作电位的这段时间,反映钠通道恢复时间,与膜对的Na^+通透性有关。

3. ERP与APD的关系

(1) 二者同向关系,ERP在APD内,若APD延长则ERP延长。

(2) "ERP相对延长"指APD和ERP均缩短,但APD缩短更显著,即ERP/APD比值增加。

第二节 心律失常发生机制

1. 折返 是指一次冲动下传后,又可沿环行通路返回到起源的部位,并再次激动,是致心律失常的重要机制

2. 自律性升高

(1) 窦房结、房室结和希-浦细胞都具有自律性,自律性源于动作电位4相自动去极,希-浦细胞4相自动去极主要由起搏电流(If)决定,窦房结、房室结细胞4相自动去极是由延迟整流钾电流逐渐减小,而起搏电流、T型钙电流和L型钙电流逐渐增强所致。

(2) 当交感神经活性增高、低血钾、心肌细胞受到机械牵张时,动作电位4相斜率增加,自律性升高。

(3) 非自律性心肌细胞,如心室肌细胞,在缺血缺氧条件下也会出现异常自律性,这种异常自律性向周围组织扩布时,也会发生心律失常。

3. 后去极 某些情况下,心肌细胞在一个动作电位后产生一个提前的去极化,称为后去极,后去极的扩布即会触发异常节律,发生心律失常。

(1)早后去极(EAD):是一种发生在完全复极之前的后去极,常发生在2、3相复极中,APD过度延长时易于发生。

(2) 迟后去极(DAD):是细胞内钙超载时发生在动作电位完全或接近完全复极时的一种短暂的振荡性去极。

4. 基因缺陷 Q—T间期延长综合征(LQXS)是目前第一个被肯定由基因缺陷引起的心肌复极异常疾病,表现为心电图Q—T间期延长,出现尖端扭转型心动过速并发生晕厥及猝死。

第三节 抗心律失常药的基本作用机制和分类

一、抗心律失常药的基本作用机制

1. 降低自律性 抗心律失常药物可通过降低动作电位4相斜率(β-肾上腺素受体拮抗药)、提高动作电位的发生阈值(钠通道或钙通道阻滞药)、增加静息膜电位的绝对值(腺苷和乙酰胆碱)、延长APD(钾通道阻滞药)等方式降低自律性。

2. 减少后去极 钠通道或钙通道阻滞药(如奎尼丁或维拉帕米)可减少迟后去极的发生,缩短APD的药物可减少早后去极的发生。

3. 消除折返

(1) 改变传导性:钙通道阻滞药和β-肾上腺素受体拮抗药可减慢房室结的传导性而消除房室结折返所致的室上性心动过速。

(2) 延长ERP:钠通道阻滞药和钾通道阻滞药可延长快反应细胞的ERP,钙通道阻滞药(维拉帕米)可延长慢反应细胞的ERP。

二、抗心律失常药分类

(一) Ⅰ类:钠通道阻滞药

1. I_A类 适度阻滞钠通道,降低动作电位0相的上升速率,不同程度抑制心肌细胞膜K^+、Ca^{2+}的通透性,延长复极过程,且以延长ERP更为显著。本类药有奎尼丁、普鲁卡因胺等。

2. I_B类 轻度阻滞钠通道,轻度降低动作电位0相上升速率,降低自律性,缩短或不影响APD。本类药有利多卡因、苯妥英等。

3. I_C类 明显阻滞钠通道,显著降低动作电位0相上升速率和幅度,减慢传导性的作用最为明显。本类药有普罗帕酮、氟卡尼等。

(二) Ⅱ类:β肾上腺素受体拮抗药

阻断心脏β受体,抑制交感神经兴奋所致的起搏电流、钠电流和L型钙电流的增加。表现为减慢4相舒张期去极速率而降低自律性,降低动作电位0相上升速率而减慢传导性。本类药有普萘洛尔等。

(三) Ⅲ类:延长动作电位时程药

抑制多种钾电流,延长APD和ERP,对动作电位幅度和去极化速率影响小。

本类药有胺碘酮等。

(四) Ⅳ类:钙通道阻滞药

抑制L型钙电流,降低窦房结的自律性,减慢房室结传导性。本类药物有维拉帕米和地尔硫䓬。

第四节 常用抗心律失常药

一、Ⅰ类:钠通道阻滞药

I_A类

1. 奎尼丁(quinidine)

(1) 药理作用:奎尼丁阻滞 Na^+通道,抑制 Na^+内流;阻滞 K^+通道,减少 K^+外流;抑制 Ca^{2+}内流;阻断 α 受体和 M 受体。

1) 降低自律性:降低心房肌、心室肌和浦肯野纤维 4 相除极速度。

2) 减慢传导:抑制 Na^+内流,膜反应性降低,抑制 0 相上升速率。

3) 延长 ERP 及 APD。

4) 抑制 Ca^{2+}内流——负性肌力作用。

(2) 临床应用

1) 奎尼丁为广谱抗心律失常药,适用于心房颤动、心房扑动、室上性和室性心动过速的转复和预防以及频发室上性和室性期前收缩的治疗。

2) 对心房颤动、心房扑动目前虽多采用电复律法,但奎尼丁仍有应用价值,用于复律后防止复发。

3) 不良反应与药物相互作用

a.用药初期,常见胃肠道反应,恶心、呕吐及腹泻等。

b.长时间用药可出现"金鸡钠反应",表现为头痛、头晕、耳鸣、腹泻、恶心及视物模糊等症状。

c.奎尼丁的心脏毒性较为严重,中毒浓度可致房室及室内传导阻滞。

d.应用奎尼丁的病人 2% ~8% 可出现 Q—T 间期延长和尖端扭转型心动过速。

e.奎尼丁的 α 受体阻断作用使血管扩张、心肌收缩力减弱、血压下降。

f.奎尼丁的抗胆碱作用可增加窦性频率,加快房室传导,治疗心房扑动时能加快心室率,因此应先给予钙通道阻滞药、β-肾上腺素受体拮抗药或地高辛以减慢房室传导,降低心室率。

g.奎尼丁与地高辛合用,使后者肾清除率降低而增加其血药浓度。

h.与双香豆素、华法林合用,可竞争与血浆蛋白的结合,使后者抗凝血作用增强。

i.肝药酶诱导剂苯巴比妥能加速奎尼丁在肝中的代谢。

2. 普鲁卡因胺(procainamide)

(1) 药理作用(奎尼丁比较)

特点:1) 作用弱于奎尼丁,但无明显阻断 α 受体和 M 受体作用。

2) 电生理同奎尼丁,但代谢产物有明显的Ⅲ类药物特性。

3) 对室性心律失常较好。

(2) 临床应用

1) 应用及禁忌证与奎尼丁相同,对房性、室性心律失常均有效。

2) 静脉注射或静脉滴注用于抢救危急病例,但对于急性心肌梗死所致的持续性室性心律失常,普鲁卡因胺不做首选(首选利多卡因)。

(3) 不良反应:①口服可有胃肠道反应。②静脉给药可引起低血压。③大剂量有心脏抑制作用。④过敏反应较常见。⑤中枢不良反应为幻觉、精神失常等。⑥长期应用,少数患者可出现红斑狼疮综合征。

I_B 类

1. 利多卡因(lidocaine) 选择作用于希-浦纤维和心室肌,轻度阻 Na^+内流,促 K^+外流,相对延长ERP,用于室性心律失常(窄谱)。

(1) 药理作用:①降低自律性:减慢动作电位4相除极速率。提高室颤阈值。②缩短APD,相对延长ERP。③传导性:治疗量对心室传导无影响,高浓度或细胞外高K^+减慢传导;外K^+低时促K^+外流致超极化→加快传导→消除折返;心肌梗死区能减慢传导→消除折返。

(2) 临床应用:利多卡因的心脏毒性低,主要用于室性心律失常,如心脏手术、心导管术、急性心肌梗死或强心苷中毒所致的室性心动过速或心室纤颤。

(3) 不良反应

1) 肝功不良的病人如静脉注射过快,可出现头昏、嗜睡或激动不安、感觉异常等,剂量过大可引起心率减慢、房室传导阻滞和低血压,Ⅱ、Ⅲ度房室传导阻滞的病人禁用。

2) 心衰、肝功不全者长期静脉滴注后,可产生药物蓄积,儿童或老年人应适当减量。

2. 苯妥英钠(phenytoin sodium)

(1) 苯妥英钠作用与利多卡因相似,抑制失活状态的钠通道,降低部分去极的浦肯野纤维4相自发去极的速率,降低其自律性。

(2) 与强心苷竞争Na^+-K^+-ATP酶,抑制强心苷中毒所致的迟后去极。

(3) 本药主要用于治疗室性心律失常,特别对强心苷中毒引起的室性心律失常有效,亦可用于心肌梗死、心脏手术、心导管术等所引发的室性心律失常,但疗效不如利多卡因。

(4) 苯妥英钠快速静脉注射容易引起低血压,高浓度可引起心动过缓。

(5) 常见中枢不良反应有头昏、眩晕、震颤、共济失调等,严重者可出现呼吸抑制。

(6) 低血压时慎用,窦性心动过缓及Ⅱ、Ⅲ度房室传导阻滞者禁用。

(7) 孕妇用药可致胎儿畸形,应禁用。

3. 美西律(mexiletine)

(1) 美西律电生理作用与利多卡因相似。

(2) 用于室性心律失常,特别对心肌梗死后急性室性心律失常有效。

(3) 不良反应与剂量相关,可出现胃肠道不适,长期口服可出现神经症状,如震颤、共济失调、复视、精神失常等。

(4) 房室传导阻滞、窦房结功能不全、心室内传导阻滞、有癫痫史、低血压或肝病者慎用。

$Ⅰ_C$类

1. 普罗帕酮(propafenone)

(1) 普罗帕酮化学结构与普萘洛尔相似,具有弱的β-肾上腺素受体拮抗作用。

(2) 普罗帕酮能减慢心房、心室和浦肯野纤维的传导,延长APD和ERP,但对复极过程的影响弱于奎尼丁。

(3) 适用于室上性和室性期前收缩、室上性和室性心动过速以及伴发心动过速和心房颤动的预激综合征。

(4) 消化道的不良反应常见恶心、呕吐及味觉改变等。

(5) 心血管系统的不良反应:常见房室传导阻滞及可加重充血性心力衰竭,还可引起直立性低血压,其减慢传导的作用易致折返,引发心律失常。

(6) 肝肾功能不全时应减量。

(7) 心电图 QRS 延长超过 20% 以上或 Q—T 间期明显延长者,宜减量或停药。

2. 氟卡尼(flecainnide)

(1) 氟卡尼抑制钠通道作用强于 I_A、I_B 类药物,可明显减慢心肌细胞 0 相最大上升速率并降低幅度,减慢心脏的传导速度。

(2) 本药对 I_{Kr}、I_{ka}有明显抑制作用,使心房、心室的 APD 明显延长。

(3) 本药属广谱抗快速心律失常药,可用于室上性和室性心律失常。

(4) 本药致心律失常的发生率较高,包括室性心动过速或心室纤颤、房室传导阻滞、诱发折返性心律失常和长 Q—T 间期综合征,其致心律失常作用主要与抑制 I_{Na}及 I_{Kr}过强有关。

(5) 不良反应有头晕、乏力、恶心等。

二、Ⅱ类:β 肾上腺素受体拮抗药

1. 普萘洛尔(propranolol)

(1) 药理作用

1) 降低窦房结、心房和浦肯野纤维的自律性,在运动及情绪激动时作用明显。

2) 减少儿茶酚胺所致的迟后去极发生,减慢房室结传导,延长房室结的有效不应期。

(2) 临床应用

1) 主要用于室上性心律失常,对于交感神经兴奋性过高、甲状腺功能亢进及嗜铬细胞瘤等引起的窦性心动过速效果良好。

2) 与强心苷或地尔硫䓬合用,控制心房扑动、心房颤动及阵发性室上性心动过速时的室性频率过快效果较好。

3) 心肌梗死患者应用本品,可减少心律失常的发生,缩小心肌梗死的范围,降低死亡率。

4) 普萘洛尔还可用于运动或情绪变动所引发的室性心律失常,减少肥厚型心肌病所致的心律失常。

(3) 不良反应

1) 本药可致窦性心动过缓、房室传导阻滞,并可能诱发心力衰竭和哮喘,出现低血压、精神压抑及记忆力减退等。

2) 长期应用对脂质代谢和糖代谢有不良影响,故高脂血症、糖尿病患者应慎用。

3) 突然停药可产生反跳现象。

2. 阿替洛尔(atenolol)

(1) 阿替洛尔是长效 β_1肾上腺素受体拮抗药,对心脏的选择性强,可抑制窦房结及房室结的自律性,减慢房室结传导,对希-浦系统也有抑制作用。

(2) 可用于室上性心律失常的治疗,减慢心房颤动和心房扑动时的心室率。

(3) 对室性心律失常亦有效。

(4) 不良反应与普萘洛尔相似,由于选择性作用于 β_1受体,可用于糖尿病和哮喘患者,但需注意剂量不宜过大。

三、Ⅲ类:延长动作电位时程药

● 胺碘酮(amiodarone)

1. 药理作用

(1) 胺碘酮对心脏多种离子通道均有抑制作用,降低窦房结、浦肯野纤维的自律性和传导性,明显延长 APD 和 ERP,延长 Q—T 间期和 QRS 波。

(2) 延长 APD 的作用不依赖于心率的快慢,无翻转使用依赖性。

(3) 翻转使用依赖性是指心率快时,药物延长动作电位时程的作用不明显,而当心率慢时,却使动作电位时程明显延长,此作用易诱发尖端扭转型室性心动过速。

(4) 胺碘酮尚有非竞争性拮抗 α、β 肾上腺素能受体作用和扩张血管平滑肌的作用,能扩张冠状动脉,增加冠状动脉流量,减少心肌耗氧量。

2. 临床应用:胺碘酮为广谱抗心律失常药,对心房扑动、心房颤动、室上性心动过速和室性心动过速都有效。

3. 不良反应

(1) 常见心血管反应,如窦性心动过缓、房室传导阻滞及 Q—T 间期延长,偶见尖端扭转型室性心动过速。

(2) 有房室传导阻滞及 Q—T 间期延长者禁用本品。

(3) 长期应用可见角膜褐色微粒沉着,不影响视力,停药后微粒可逐渐消失。

(4) 少数患者可发生甲状腺功能亢进或减退及肝坏死。

(5) 个别患者出现间质性肺炎或肺纤维化,长期应用必须定期监测肺功能、进行肺部 X 线检查和监测血清 T_3、T_4。

四、Ⅳ类:钙通道阻滞药

● 维拉帕米(verapamil)

1. 药理作用

(1) 维拉帕米对激活态和失活态的 L 型钙通道均有抑制作用,对 I_{Kr} 钾通道亦有抑制作用。

(2) 表现为:①降低窦房结的自律性,降低缺血时心房、心室和浦肯野纤维的异常自律性,减少或取消后去极所引发的触发活动。②减慢房室结的传导性,此作用除可终止房室结折返,尚能防止心房扑动、心房颤动引起的心室率加快。③延长窦房结、房室结的 ERP,大剂量可延长浦肯野纤维的 APD 和 ERP。

2. 临床应用

(1) 治疗室上性和房室结折返引起的心律失常效果好,对急性心肌梗死、心肌缺血及洋地黄中毒引起的室性期前收缩有效。

(2) 为阵发性室上性心动过速的首选药。

3. 不良反应

(1) 口服安全,可出现便秘、腹胀、腹泻、头痛、瘙痒等。

(2) 静脉给药可引起血压降低及暂时窦性停搏。

(3) Ⅱ、Ⅲ度房室传导阻滞、心功能不全、心源性休克的病人禁用此药,老年人及肾功能低下者慎用。

强化训练及参考答案

一、英语单词

1. quinidine
2. procainamide
3. lidocaine
4. phenytoin sodium
5. mexiletine
6. propafenone
7. flecainnide
8. propranolol
9. atenolol
10. amiodarone
11. verapamil
12. action potentialduration
13. effective refractory period
14. triggered activity

二、名词解释

1. 奎尼丁晕厥 应用奎尼丁治疗心律失常时，心血管的不良反应：低血压、心力衰竭、传导阻滞、尖端扭转型室性心动过速（奎尼丁晕厥可致意识丧失，四肢抽搐、呼吸停止）、心室纤颤或停搏。
2. 金鸡钠反应 长时间用奎尼丁表现为恶心、呕吐、腹泻、头痛、头晕、耳鸣、听力下降、视物模糊等症状。
3. 折返激动 是指一次冲动下传后，又可沿环行通路返回到起源的部位，并再次激动，是致心律失常的重要机制。
4. 膜反应性 是指膜电位水平与其所激发的0相最大上升速率之间的关系。
5. 广谱抗心律失常药 是指对室上性和室性快速型心律失常均有疗效的药物。

三、问答题

1. 利多卡因对心脏的自律性、传导性及APD的影响是怎样的？

答：利多卡因可以抑制钠内流，促进钾离子外流。①降低自律性：窦房结治疗量无影响；治疗剂量降低浦肯野纤维自律性；②可阻滞2期小量钠离子内流，动作电位时程缩短的程度比ERP的缩短明显，故ERP相对延长。③传导性：对正常心肌传导无影响，但在心肌梗死缺血的浦肯野纤维抑制钠离子内流作用强，促进3期钾离子外流超极化，把单向传导→双向传导，消除折返冲动。

2. 胺碘酮的药理作用及应用。

答：阻滞钾通道，明显抑制心肌复极过程延长APD及ERP，阻滞钠、钙通道。

（1）降低窦房结和浦氏纤维自律性。

（2）减慢房室结及浦氏纤维的传导性。

（3）延长心房浦氏纤维的APD和ERP。

应用：用于各种室上性、室性心律失常、心房扑动、心房纤颤。

3. 普萘洛尔治疗快速性心律失常的依据。

答：普萘洛尔是β受体阻断剂，可对抗交感神经兴奋或儿茶酚胺释放增多时心肌自律性增高、传导及心率加快、不应期缩短而引起的心律失常。它能抑制窦房结、心房、浦肯野纤维自律性,大剂量时具有膜稳定性。

4. 利多卡因消除折返的机制是什么?

答:促进钾外流;缩短浦氏纤维 APD 和 ERP, APD 明显缩短、ERP 相对延长。

5. 比较利多卡因和胺碘酮对 APD 和 ERP 的影响。

答:利多卡因促钾离子外流,APD 缩短;胺碘酮抑制钾离子外流,APD 延长。

6. 普萘洛尔可以治疗哪些心律失常?

答:可治疗室上性心律失常,包括窦性心动过速、房颤、房扑和阵发性室上性心动过速。对运动和情绪激动引起的室性心律失常也有效。

7. 简述抗心律失常药对心脏基本作用机制。

答:(1) 降低自律性:抑制快反应细胞 4 相 Na^+内流,或抑制慢反应细胞 4 相 Ca^{2+}内流,或促进 K^+外流。

(2) 减少后除极与触发活动:抑制 Ca^{2+}及 Na^+内流。

(3) 改变膜反应性而改变传导性,增强或减弱膜反应性都有利于取消折返激动。

(4) 延长不应期,可终止及防止折返的发生。

8. 抗心律失常药降低心肌细胞自律性的机制是什么?

答:(1) 抑制快反应细胞 4 相 Na^+内流,降低 4 相斜率。

(2) 抑制慢反应细胞 Ca^{2+}内流。

(3) 增大静息膜电位绝对值,使其远离阈电位。

(4) 延长 APD。

9. 试述抗快速型抗心律失常药物的分类,并写出每类的代表性药物。

答:(1) Ⅰ类:钠通道阻滞药,又分为:

$Ⅰ_A$类:适度阻滞钠通道,代表药为奎尼丁。

$Ⅰ_B$类:轻度阻滞钠通道,代表药为利多卡因。

$Ⅰ_C$类:明显阻滞钠通道,代表药为氟卡尼。

(2) Ⅱ类:β 肾上腺素受体阻断药,代表药为普萘洛尔。

(3) Ⅲ类:选择地延长复极的药物,代表药为胺碘酮。

(4) Ⅳ类:钙通道阻滞药,代表药为维拉帕米。

(5) 其他类:腺苷。

10. 试述利多卡因的作用和应用。

答:利多卡因选择性作用于希-浦纤维和心室肌, 轻度抑制 Na^+内流,促进 K^+外流,降低自律性,提高室颤阈值。明显缩短 APD,相对延长 ERP,取消折返。在异常条件下,减慢或增快传导速度。用于治疗各种室性心律失常。

四、选择题

(一) A 型题

1. 奎尼丁为广谱抗心律失常药,但对下述哪种疾病无效( )

A. 房性早搏　　B. 室性早搏　　C. 心房扑动

D. 窦性心动过速　　E. 心房纤颤

2. 奎尼丁的药理作用下列叙述错误的是(　　)
   A. 是心脏细胞动作电位振幅降低
   B. 降低浦氏纤维自律性
   C. 延长动作电位时程
   D. 具有 α 受体、M 受体拮抗作用
   E. 加速钾离子外流,增加最大舒张电位
3. 利多卡因对心脏的作用主要是(　　)
   A. 心肌缺血时可使传导明显减慢
   B. 心肌缺血时可使传导明显加快
   C. 心脏浦肯野纤维传导明显减慢
   D. 使心房肌动作电位时程延长
   E. 窦房结的自律性增高
4. 临床上首选利多卡因治疗(　　)
   A. 急性心肌梗死患者合并室性早搏
   B. 心房纤颤
   C. 心房扑动
   D. 窦性心动过速
   E. 慢性心力衰竭
5. 关于苯妥英钠下列叙述错误的是(　　)
   A. 治疗强心苷中毒所致的快速心律失常
   B. 心脏手术,麻醉引起的室性心律失常
   C. 苯妥英钠能与强心苷竞争 Na^+-K^+-ATP 酶
   D. 有抗迷走神经的作用
   E. 静脉注射速度太快时容易引起低血压
6. 关于普萘洛尔抗心律失常作用原理,下述哪一项是错误的(　　)
   A. 阻断 β 受体
   B. 抑制窦房结,减慢房室传导
   C. 促钾离子外流,缩短浦氏纤维的 ADP
   D. 低浓度时就明显抑制钠离子内流
   E. 降低儿茶酚胺的后除极
7. 胺碘酮抗心律失常的原理是(　　)
   A. 能阻滞钾通道,明显延长心肌 ADP
   B. 促钾离子外流,明显缩短心肌复极过程
   C. 兴奋 β 受体加速房室结的传导
   D. 提高浦氏纤维自律性
   E. 促钙离子内流提高窦房结自律性
8. 维拉帕米用于抗心律失常主要是(　　)
   A. 阻滞钠通道,提高窦房结的自律性

B. 阻滞钙通道,延长窦房结、房室结的 ERP
C. 阻滞钾通道,延长心肌细胞 ADP
D. 加速房室结传导速度
E. 抑制心肌的 Na^+-K^+-ATP 酶

9. 心房纤颤复转后预防复发宜选用(　　)
A. 奎尼丁　B. 普鲁卡因胺　C. 利多卡因
D. 胺碘酮　E. 苯妥因钠

10. 用于治疗室上性和房室结折返引起的心律失常疗效好的药物是(　　)
A. 奎尼丁　B. 普鲁卡因胺　C. 利多卡因
D. 维拉帕米　E. 索他洛尔

11. 室性心动过速首选药物是(　　)
A. 普萘洛尔　B. 维拉帕米　C. 苯妥因钠
D. 利多卡因　E. 奎尼丁

12. 索他洛尔不良反应是(　　)
A. 低血压　B. 引起尖端扭转型室速　C. 心力衰竭
D. 高血钾　E. 甲亢

13. 维拉帕米禁用于(　　)
A. 阵发性室上性心动过速　B. 心房扑动　C. 病态窦房结综合征
D. 房性心动过速　E. 室性早搏

14. 女,40 岁,10 余年前曾因心肌炎治疗休息后身体一直健康,近三天常常原因不明突然心慌、气短,数分钟后突然好转,一天数次。发作时乏力、胸闷、伴心绞痛,发作停止后无明显不适。心电图显示无 P 波,紧接 QRS 波群。初步印象阵发性室上性心动过速,宜选药物(　　)
A. 普鲁卡因胺　B. 普罗帕酮　C. 索他洛尔
D. 硝苯地平　E. 维拉帕米

15. 女,38 岁,患者曾有甲状腺功能亢进,内科治疗 5 年,近几日因与丈夫吵架,夜不能眠,昨日起心慌、胸闷、不安。体检见心率 160 次/分,心电图显示窦性心律不齐,心肌缺血。抗心律失常宜选用(　　)
A. 硝苯地平　B. 利多卡因　C. 普鲁卡因胺
D. 胺碘酮　E. 普萘洛尔

16. 治疗室上性心动过速,哪个药物疗效不佳(　　)
A. 奎尼丁　B. 胺碘酮　C. 利多卡因
D. 维拉帕米　E. 普萘洛尔

17. 治疗窦性心动过速最佳选择药物(　　)
A. 奎尼丁　B. 美西律　C. 苯妥因钠
D. 洋地黄毒苷　E. 普萘洛尔

18. 治疗洋地黄毒苷引起的室性早搏应首选(　　)
A. 奎尼丁　B. 普鲁卡因胺　C. 普萘洛尔

D. 胺碘酮 E. 苯妥英钠

19. 下列哪种药属于广谱抗心律失常药( )
A. 奎尼丁 B. 维拉帕米 C. 苯妥英钠
D. 氟卡尼 E. 普罗帕酮

20. 低血钾能明显影响其疗效的药物( )
A. 普罗帕酮 B. 胺碘酮 C. 利多卡因
D. 维拉帕米 E. 普萘洛尔

21. 起效最慢,作用时间最长的药物( )
A. 奎尼丁 B. 胺碘酮 C. 利多卡因
D. 维拉帕米 E. 普罗帕酮

22. 奎尼丁的不良反应不包括( )
A. 胃肠道反应 B. 金鸡纳反应 C. 肝、肾功能损害
D. 低血压 E. 致尖端扭转型室性心动过速(Tdp)

(二)B 型题

A. 氟卡尼 B. 奎尼丁 C. 维拉帕米
D. 普鲁卡因胺 E. 普罗帕酮

1. 治疗伴发心动过和心房纤颤的预激综合征的药物是( )
2. 可引起红斑狼疮样反应的药物是( )

A. 奎尼丁 B. 利多卡因 C. 胺碘酮
D. 氟卡尼 E. 维拉帕米

3. 选择性延长复极过程的药物是( )
4. 缩短 APD 和 ERP 的药物是( )

A. 维拉帕米 B. 利多卡因 C. 普鲁卡因胺
D. 胺碘酮 E. 普萘洛尔

5. 首关消除明显,口服剂量比静脉注射大 8~10 倍的药物( )
6. 个体差异大,剂量应个体化的药物( )

A. 普萘洛尔 B. 奎尼丁 C. 维拉帕米
D. 普鲁卡因胺 E. 苯妥英钠

7. 增强膜反应性改善传导的药物是( )
8. 选择性阻滞钙通道的药物是( )

A. 利多卡因 B. 奎尼丁 C. 维拉帕米
D. 氟卡尼 E. 普鲁卡因胺

9. 选择性延长心室肌 APD 和 ERP 的药物是( )
10. 选择性作用于希-浦纤维和心室肌的药物是( )

A. 苯妥英钠　　B. 普罗帕酮　　C. 维拉帕米
D. 胺碘酮　　E. 地高辛

11. 抗心律失常,抗癫痫的药物是(　　)
12. 治疗心房纤颤、心房扑动的药物是(　　)

五、填空题

1. 奎尼丁具有________作用,故其抗心房纤颤常先用________,以防止________过快。
2. 急性心肌梗死的室性心律失常可选________和________。
3. 阵发性室上性心动过速宜选________和________。
4. 后去极有________、________两种类型。
5. I_B 类抗心律失常药有________、________、________等。
6. I_A 类抗心律失常药的特点是________,________,________。

六、判断题

1. 普鲁卡因胺能降低浦氏纤维自律性减慢传导,同时有抗明显 α 受体阻断及抗胆碱作用。(　　)
2. 利多卡因主要作用于希-浦纤维,对心房无作用。(　　)
3. 低血钾患者伴心律失常用利多卡因时,应先补钾,才能有效地提高疗效。(　　)
4. 胺碘酮能选择性延长动作电位时程与减慢心房肌传导速度。(　　)
5. 钙拮抗剂可使窦房结自律性下降,故用于治疗窦性心动过速。(　　)

七、参考答案

A 型题

1. D　2. E　3. A　4. A　5. D　6. D　7. A　8. B　9. A　10. D
11. D　12. B　13. C　14. E　15. E　16. C　17. E　18. E　19. A　20. C
21. B　22. C

B 型题

1. A　2. D　3. C　4. B　5. B　6. E　7. E　8. C　9. D　10. A
11. A　12. E

填空题

1. 抗胆碱　钙通道阻滞药、β 肾上腺素受体拮抗药或地高辛　心室率
2. 利多卡因　苯妥英钠
3. 维拉帕米　普萘洛尔
4. 早后除极　迟后除极
5. 利多卡因　苯妥英钠　美西律
6. 适度阻滞钠通道,延长 ERP 及 APD　降低 4 相 Na^+内流　降低自律性

判断题

1. ×　2. √　3. √　4. √　5. ×

(艾尼瓦尔·吾买尔　王晓雯)

第二十三章 肾素血管紧张素系统药理

略。

第二十四章 利尿药和脱水药

学习目标

1. 了解肾小球、肾小管在尿液形成过程中的各自不同的功能,利尿药的分类。

2. 掌握利尿药(呋塞米、氢氯噻嗪、螺内酯)的作用部位、药理作用、作用机制、临床应用及不良反应。熟悉各类常用药物及主要作用部位。

3. 掌握脱水药(甘露醇)作用机制及临床应用;熟悉其他脱水药及利尿药的临床应用原则。

学习重点指导

第一节 利 尿 药

利尿药(diuretics)是直接作用于肾脏,增加水和电解质的代谢,使尿量增多的一类药物。

常用利尿药按它们的效能和作用部位分为三类:

1. 高效能利尿药(high efficacy diuretics)

(1) 主要作用于肾脏髓袢升之粗段髓质部和皮质部。

(2) 利尿作用强大。

(3) 如呋塞米、依他尼酸、布美他尼等。

2. 中效能利尿药(moderate efficacy diuretics)

(1) 主要作用于远曲小管近端,利尿效能中等。

(2) 如噻嗪类、氯噻酮等。

3. 低效能利尿药(low efficacy diuretics)

(1) 主要作用于远曲小管和集合管,利尿作用弱于上述两类。

(2) 如螺内酯、氨苯蝶啶、阿米洛利等以及作用于近曲小管的碳酸酐酶抑制药,如乙酰唑胺等。

一、利尿药作用的生理学基础

(一) 肾小球

血液中的成分除蛋白质和血细胞外,均可经肾小球滤过而形成原尿。

(二) 肾小管和集合管的重吸收及分泌

肾小管的重吸收是影响终尿量的主要因素。

1. 近曲小管 原尿中的 85% $NaHCO_3$、40% NaCl、葡萄糖、氨基酸和其他所有可滤过的有机溶质通过近曲小管特定的转运系统被重吸收。60%的水被动重吸收以维持近曲小管液体渗透压的稳定。

2. 髓袢升支粗段髓质和皮质部 原尿中 35%的 Na^+ 在此段被重吸收。髓袢升支粗段对 NaCl 的重吸收依赖于管腔膜上的 Na^+-K^+-$2Cl^-$ 共转运子。高效能利尿药选择性阻断该转运子。

3. 远曲小管和集合管

(1) 远曲小管近端:作用于该部位的中效能利尿药通过抑制该同向转运体,使该段 NaCl 再吸收受抑制,降低肾脏的稀释功能,而对肾的浓缩功能无影响。

(2) 远曲小管远端和集合管:弱效能利尿药螺内酯、氨苯蝶啶等作用于该部位。

二、常用的利尿药

(一) 高效能利尿药(袢利尿药)

呋塞米(furosemide,速尿,呋喃苯胺酸),依他尼酸(利尿酸),布美他尼

1. 体内过程 口服、静脉给药均可。主要经近曲小管有机酸分泌机制分泌,随尿以原形排泄。约 1/3 随胆汁排出,反复给药不易在体内蓄积。吲哚美辛和丙磺舒可竞争有机酸分泌机制,减弱其利尿作用。

2. 药理作用

(1) 利尿:作用快、强和短暂。主要作用于髓袢升支粗段髓质部和皮质部,抑制 Na^+-K^+-$2Cl^-$ 共转运子,抑制 NaCl 的重吸收,影响尿的稀释功能和浓缩功能,从而产生强大的利尿效应。Cl^-、K^+、Na^+、Mg^{2+}、Ca^{2+} 排泄增加。

(2) 扩张血管:扩张小动脉,降低肾血管阻力,增加肾血流量。对利尿及预防急性肾功能衰竭有利。扩张小静脉减轻心脏负荷,降低左室充盈压,减轻肺水肿,也有助于急性左心衰竭的治疗。

3. 临床应用

(1) 严重水肿:对心肝肾等各类水肿均有效,因易引起水电解质紊乱,不常规应用,主要用于其他利尿药无效的严重水肿。

(2) 急性肺水肿和脑水肿

1) 利尿→血容量减少→回心血量减少→降低左室舒张末期压力。

2) 扩张血管→消除左心衰竭引起的急性肺水肿。

3) 利尿→血液浓缩→血浆高渗→脑组织脱水→消除脑水肿,降低颅内压。

(3) 急性肾功能衰竭

1) 扩血管增加肾血流量。

2) 利尿→冲洗肾小管,防止肾小管萎缩、坏死。

(4) 加速毒物排出。

(5) 其他:高血压,急性高钙血症。

4. 不良反应

(1) 水、电解质紊乱。

(2) 耳毒性:可能与药物引起内耳淋巴液电解质成分改变和损伤耳蜗管基底膜毛细胞有关,呈剂量依赖性。

(3) 高尿酸血症:诱发痛风。

(4) 其他:胃肠道反应、过敏、白细胞、血小板减少。

(二) 中效能利尿药

噻嗪类(thiazides);氢氯噻嗪(hydrochlorothiazide,双氢克尿噻);氯噻酮

1. 体内过程　口服降压药及利尿药,口服吸收良好,吸收率>80%。(氯氯噻嗪吸收率只有 30%~35%,稍差),排泄同速尿。

2. 药理作用

(1) 利尿　中等强度,温和持久。抑制远曲小管近端 Na^+-Cl^- 共转运子。抑制 NaCl 的重吸收,影响肾的稀释功能。Cl^-、K^+、Na^+ 排泄增加,但 Ca^{2+} 排泄减少。

(2) 抗利尿作用

1) 排 Na^+ 增加→血浆渗透压降低→口渴感减轻→饮水减少→尿量↓。

2) 抑制 PDE→细胞内 cAMP 增加→远曲小管集合管对水的通透性和重吸收↑,尿量↓。

(3) 降压作用。

3. 临床应用

(1) 水肿　用于各种原因引起的水肿,为轻中度心脏性水肿首选药。

(2) 高血压。

(3) 尿崩症。

4. 不良反应

(1) 水、电解质紊乱:同速尿,合用留钾利尿药可防治。

(2) 高尿酸血症:痛风者慎用。

(3) 高血糖高脂血症:抑制胰岛素释放及葡萄糖的利用,糖尿病患者及高脂血症患者慎用。

(4) 其他:过敏、胃肠道反应。

（三）低效能利尿药

作用弱，主要与其他利尿药合用来提高疗效减少不良反应。

● **螺内酯**（spironolactone，安体舒通 antisterone）

1. 药理作用　作用弱、起效慢、维持久、排钠能力最低。竞争性醛固酮拮抗剂，抑制 Na^+-K^+ 交换，保 K^+ 排 Na^+ 利尿。

2. 临床应用

（1）用于治疗与醛固酮增加有关的顽固性水肿，如：肝硬化、肾病综合征。

（2）与高、中效利尿药合用，防止低血钾。

3. 不良反应　久用可引起高血钾，尤当肾功能不良时，肾功能不良者禁用。

● **氨苯蝶啶**（triamterene，三氨蝶啶）

直接抑制远曲小管和集合管的 Na^+-K^+ 交换。产生排钠利尿作用，其利尿作用不受体内醛固酮的影响。常与高、中效利尿药合用一般顽固性水肿或腹水。

● **阿米洛利**（amiloride）

留钾利尿药中作用最强的，其余同氨苯蝶啶。

● **乙酰唑胺**

碳酸酐酶抑制剂，利尿作用弱，可致代谢性酸血症，用于青光眼和脑水肿

第二节　脱　水　药

脱水药（osmotic diuretics）又称为渗透性利尿药。

● **甘露醇**（mannitol）

1. 作用点　全身。

必须静脉注射→血浆晶体渗透压↑（组织中水进入血浆→血容量↑→肾血流量↑）→肾小管腔内渗透压↑→组织中水进入肾小管中→脱水及利尿。（例：腌咸菜）。

2. 特点　①静脉注射后不易通过毛细血管进入组织；②易经肾小球滤过；③不易被肾小管再吸收；④在体内不被代谢。

3. 药理作用

（1）脱水：静注后迅速提高血浆渗透压，使组织间液水分向血浆转移而产生组织脱水作用。

（2）利尿。

4. 临床应用

（1）首选脑水肿：降低颅内压。用于脑外伤、脑瘤、脑膜炎及脑组织缺氧引起的脑水肿

（2）青光眼：降低青光眼患者的房水量及眼压，短期用于急性青光眼，或术前使用以降低眼压。

（3）预防急性肾衰：①减轻肾间质水肿和肾缺血；②维持足够的尿流量稀释有害物质。

5. 不良反应　注射过快时可引起一过性头痛、眩晕和视力模糊。血容量迅速增加，禁用于慢性心功能不全者及尿闭者。

● **山梨醇**

甘露醇的同分异构体，作用弱，用于脑水肿及青光眼。

● 葡萄糖(50%)

因易进入组织且被代谢,作用弱而不持久,用于脑水肿和急性肺水。

强化训练及参考答案

一、英语单词

1. iuretics
2. ydrochlorothiazide
3. furosemide
4. osmotic diuretics

二、名词解释

1. 利尿药　是直接作用于肾脏,增加水和电解质的代谢,使尿量增多的一类药物。
2. 保钾利尿药　本类药物可促进 Na^+、Cl^- 及水的排泄,产生利尿作用。但多次用药后,由于作用机制的原因,可使血钾升高,故称保钾利尿药。

三、问答题

1. 呋塞米的临床应用。

答:严重水肿、急性肺水肿和脑水肿、急慢性肾功能衰竭、高钙血症、加速某些毒物的排泄。

2. 螺内酯与氨苯蝶啶的异同点是什么?

答:同:弱效利尿药,保钾排钠,作用于远曲小管集合管。

异:螺内酯:竞争性作用于醛固酮受体。

氨苯蝶啶:影响集合管钾离子和氢离子交换。

3. 试述呋塞米是如何影响肾的稀释及浓缩功能。

答:呋噻米的利尿作用的分子机制是特异性抑制髓袢升支 Na^+-K^+-$2Cl^-$ 共转运子因而抑制 NaCl 重吸收,使尿中钠离子、钾离子、氯离子浓度增高,而降低肾的稀释与浓缩功能。

4. 噻嗪类利尿药作用机制。

答:噻嗪类增强氯化钠和水的排出,产生温和持久的利尿作用,其作用的分子机制是抑制远曲小管近端 Na^+-Cl^- 共转运子,抑制氯化钠的再吸收。

5. 甘露醇的药理作用及临床应用。

答:药理作用:①脱水;②利尿。

临床应用:①脑水肿;②青光眼;③预防急性肾衰。

四、选择题

(一) A 型题

1. 关于呋塞米不良反应的论述,下列哪一项是错误的(　　)

A. 低血钾　B. 高尿酸血症　C. 高血钙

D. 耳毒性　E. 低氯血症

2. 伴有糖尿病的人伴有水肿时,不宜选用哪一种利尿药(　　)

A. 氢氯噻嗪　B. 氨苯蝶啶　C. 呋塞米

D. 乙酰唑胺　E. 螺内酯

3. 对青光眼有效的利尿药是(　　)

A. 依他尼酸(利尿酸)　B. 氢氯噻嗪　C. 呋塞米

D. 乙酰唑胺　E. 螺内酯

4. 脱水药不具备下列哪项特点(　　)

A. 易经肾小球滤过

B. 不被肾小管重吸收

C. 通过代谢变成有活性的物质

D. 静脉注射可升高血浆渗透压

E. 不易从血管渗入组织液中

5. 可增加呋塞米耳毒性反应的药物是(　　)

A. 华法林　B. 氯贝丁酯(氯贝特)　C. 链霉素

D. 青霉素　E. 头孢唑啉

6. 甘露醇脱水主要是(　　)

A. 增加血容量　B. 提高血浆渗透压　C. 增加组织间液水分

D. 血管收缩药　E. 以上均不是

7. 男,20 岁,因刀伤致股动脉断裂大出血,就诊时血压测不到,立即补充血容量,并急诊行股动脉吻合术,经积极扩容及升压治疗后,血压升致 80/50mmHg,术后持续导尿监测 2 小时,尿量不足 20ml,此时宜选用的利尿药为(　　)

A. 氢氯噻嗪　B. 呋塞米　C. 螺内酯

D. 氨苯蝶啶　E. 甘露醇

8. 急性肾衰病人出现少尿,应首选(　　)

A. 氢氯噻嗪　B. 呋塞米　C. 螺内酯

D. 氢氯噻嗪与螺内酯合用　E. 以上均可

9. 关于呋塞米的论述,哪一项是错误的(　　)

A. 排钠效价比氢氯噻嗪高　B. 促进前列腺素释放　C. 可引起低氯性碱血症

D. 增加肾血流量　E. 反复给药不易引起蓄积中毒

10. 氢氯噻嗪的利尿作用机制是(　　)

A. 抑制 Na^+-K^+-$2Cl^-$共转运子

B. 对抗醛固酮的 K^+-Na^+交换过程

C. 抑制 Na^+-$C1^-$共转运子

D. 抑制肾小管碳酸酐酶

E. 抑制磷酸二酯酶,使 cAMP 增多

11. 肝性水肿患者消除水肿宜用(　　)

A. 呋塞米　B. 布美他尼　C. 氢氯噻嗪

D. 螺内酯　E. 乙酰唑胺

12. 呋塞米利尿的作用是由于(　　)

A. 抑制肾稀释功能

B. 抑制肾浓缩功能
C. 抑制肾浓缩和稀释功能
D. 抑制尿酸的排泄
E. 抑制 Ca^{2+}、Mg^{2+}的重吸收

13. 下列药物中高血钾症禁用的是(　　)
A. 氢氯噻嗪　B. 苄氟噻嗪　C. 布美他尼
D. 氨苯蝶啶　E. 呋塞米

14. 下列不属于氢氯噻嗪的适应证是(　　)
A. 轻度高血压　B. 心源性水肿　C. 轻度尿崩症
D. 特发性高尿钙　E. 痛风

15. 呋塞米没有的不良反应是(　　)
A. 低氯性碱中毒　B. 低钾血症　C. 低钠血症
D. 低镁血症　E. 血尿酸浓度降低

16. 下列关于甘露醇的叙述不正确的是(　　)
A. 临床须静脉给药　B. 体内不被代谢　C. 不易通过毛细血管
D. 提高血浆渗透压　E. 易被肾小管重吸收

17. 噻嗪类利尿剂的禁忌证是(　　)
A. 糖尿病　B. 轻度尿崩症　C. 肾性水肿
D. 心源性水肿　E. 高血压病

18. 关于螺内酯的叙述不正确的是(　　)
A. 与醛固酮竞争受体产生作用　B. 产生保钾排钠的作用　C. 利尿作用弱、慢、持久
D. 用于醛固酮增多性水肿　E. 用于无肾上腺动物有效

19. 男,48 岁,门诊以“流行性乙型脑炎”收入院,经抗感染,降颅内压及对症治疗 2 天以后,症状逐渐减轻,4 天后,患者出现烦躁、多饮、多尿,每日饮水量及尿量均在 2500 ~ 3000ml,查血糖 45mmol/L,尿糖(-),尿比重 1.003,限制饮水后尿量仍不减,尿比重仍为 1.003,对此种继发性疾病可用下列何种药物治疗(　　)
A. 呋塞米　B. 氢氯噻嗪　C. 格列本脲
D. 二甲双胍　E. 甘露醇

20. 67 岁的男性患者,有充血性心力衰竭病史,发生呼吸急促,水肿,诊断为充血性心力衰竭,请选用一个利尿药(　　)
A. 甘露醇　B. 氨茶碱　C. 呋塞米
D. 氨苯蝶啶　E. 螺内酯

(二) B 型题

A. 抑制髓袢升支粗段稀释和浓缩功能
B. 抑制远曲小管近端稀释功能
C. 抑制远曲小管、集合管 Na^+重吸收
D. 对抗醛固酮的作用
E. 增加心排血量利尿

1. 螺内酯的利尿作用机制是(　　)
2. 呋塞米的利尿作用机制是(　　)
3. 氢氯噻嗪的利尿作用机制是(　　)
4. 氨苯蝶啶的利尿作用机制是(　　)

A. 乙酰唑胺　B. 氢氯噻嗪　C. 氨苯蝶啶
D. 螺内酯　E. 甘露醇

5. 顽固性水肿选用(　　)
6. 轻度尿崩症选用(　　)
7. 轻度高血压病选用(　　)
8. 醛固酮增多性水肿选用(　　)
9. 治疗脑水肿最宜选用(　　)

五、填空题

1. 甘露醇在临床上用于________、________和________。
2. 利尿药中,可治疗尿崩症的药物是________,与醛固酮竞争受体的药物是________。
3. 静注甘露醇具有________及________作用。
4. 高效利尿药包括________、________、________等药物。
5. 低效利尿药包括________、________、________、________等药物。

六、参考答案

A 型题

1. C　2. A　3. D　4. C　5. C　6. B　7. B　9. B　9. A　10. C
11. D　12. C　13. D　14. E　15. E　16. E　17. A　18. E　19. A　20. C

B 型题

1. D　2. A　3. B　4. C　5. C　6. B　7. B　8. D　9. E

填空题

1. 脑水肿　青光眼　预防急性肾功能衰竭
2. 氢氯噻嗪　螺内酯
3. 脱水　利尿
4. 呋塞米　布美他尼　依他尼酸
5. 螺内酯　氨苯蝶啶　阿米洛利　乙酰唑胺

(康金森　王　烨)

第二十五章　抗高血压药

学习目标

1. 掌握利尿药、β受体阻断剂、钙拮抗剂、血管紧张素转化酶抑制剂在高血压中的药理作用、应用和不良反应。

2. 熟悉高血压药的分类；可乐定、哌唑嗪、硝普钠、肼苯哒嗪等的药理作用、应用和不良反应。

3. 了解高血压患者的用药原则及合并不同并发症时合理用药。

学习重点指导

高血压是指在安静状态下动脉血压持续超过正常范围的一种综合病症，可分为原发性(高血压病)、继发性(高血压症)(140mmHg/90mmHg)。原因是多方面的：①遗传性；②个体素质；③社会环境的影响。高血压可引起血管(脑血管)、肾脏功能衰竭，心功能衰竭，以并发症突发引起死亡。高血压分级：轻、中、重。

高血压患者一旦服用药物，须遵医嘱，长期服用，不得自行减量和突然停药，易造成反跳现象发生。轻者单用药，重者联合用药。

第一节　抗高血压药物的分类

1. 利尿药　如氢氯噻嗪等。

2. 交感神经抑制药

(1) 中枢性降压药：如可乐定、雷美尼定等。

(2) 神经节阻断药：如樟磺咪芬等。

(3) 去甲肾上腺素能神经末梢阻滞药：如利血平。

(4) 肾上腺素受体阻断药：如普萘洛尔等。

3. 肾素-血管紧张素系统抑制药

(1) 血管紧张素转化酶(ACE)抑制药：如卡托普利等。

(2) 血管紧张素Ⅱ受体阻断药：如氯沙坦等。

(3) 肾素抑制药：如雷米克林等。

4. 钙拮抗药　如硝苯地平等。

5. 血管扩张药　如肼屈嗪和硝普钠等。

第二节　常用抗高血压药物

一、利尿药

利尿药降低血管阻力最可能的机制是持续地降低体内 Na^+ 的浓度及降低细胞外液的容量。平滑肌细胞内 Na^+ 浓度的降低可能导致细胞内 Ca^{2+} 浓度的降低，从而使血管平滑肌对缩血管物质的反应性减弱。

噻嗪类利尿药降压作用特点：

(1) 是利尿降压药中最常用的一类。

(2) 噻嗪类利尿药可降低高血压并发症（如脑卒中和心力衰竭）的发病率和死亡率。

(3) 单独使用噻嗪类利尿药做降压治疗时，剂量应尽量小。

(4) 单用利尿药降压时的剂量不宜超过 25mg，若 25mg 仍不能有效地控制血压，则应合用或换用其他类型的抗高血压药。

(5) 单用噻嗪类降压药治疗，尤其是长期使用者，应合并使用留 K^+ 利尿药或合用血管紧张素转化酶抑制药，这样可以减少 K^+ 的排出。

(6) 长期大量使用噻嗪类除引起电解质改变外，尚对脂质代谢、糖代谢产生不良影响。

(7) 对合并有氮质血症或尿毒症的患者，可选用高效利尿药呋塞米。

(8) 吲哒帕胺不良反应少，不引起血脂改变，故伴有高脂血症的患者可用吲哒帕胺代替噻嗪类利尿药。

二、钙拮抗药

● **硝苯地平**（nifedipine）

(1) 硝苯地平作用于细胞膜 L-型钙通道，通过抑制 Ca^{2+} 从细胞外进入细胞内，而使细胞内 Ca^{2+} 浓度降低，导致小动脉扩张，总外周血管阻力下降而降低血压。

(2) 由于周围血管扩张，可引起交感神经活性反射性增强，从而引起心率加快。

(3) 硝苯地平对轻、中、重度高血压均有降压作用，亦适用于合并有心绞痛或肾脏疾病、糖尿病、哮喘、高脂血症及恶性高血压的患者。

● **尼群地平**（nitrendipine）

(1) 作用与硝苯地平相似，但对血管松弛作用较硝苯地平强，降压作用温和而持久，适用于各型高血压。

(2) 不良反应与硝苯地平相似，肝功能不良者宜慎用或减量，可增加地高辛的血药浓度。

● **拉西地平**（lacidipine）

(1) 拉西地平血管选择性强，不易引起反射性心动过速和心排血量增加，用于轻、中度高血压。

(2) 降压作用起效慢、持续时间长。

(3) 具有抗动脉粥样硬化的作用。

(4) 不良反应有心悸、头痛、面红、水肿。

● **氨氯地平**（amlodipine）

(1) 氨氯地平作用与硝苯地平相似，但降压作用较硝苯地平平缓，持续时间较硝苯地平显著延长。

(2) 不良反应同拉西地平。

三、β受体阻断药

● 普萘洛尔(propranolol)

1. 药理作用

(1) 普萘洛尔为非选择性β受体阻断药,对β_1和β_2受体具有相同的亲和力,缺乏内在拟交感活性。

(2) 可通过多种机制产生降压作用,即减少心排血量、抑制肾素释放、在不同水平抑制交感神经系统的活性(中枢部位、压力感受性反射及外周神经水平)和增加前列环素的合成。

2. 临床应用

(1) 用于各种程度的原发性高血压。

(2) 可作为抗高血压的首选药单独应用,也可与其他抗高血压药合用。

(3) 对心排血量及肾素活性偏高者疗效较好,高血压伴有心绞痛、偏头痛、焦虑症等选用β受体阻断药较为合适。

● 阿替洛尔(atenolol)

(1) 阿替洛尔降压机制与普萘洛尔相同,但对心脏的β_1受体有较大的选择性,而对血管及支气管的β_2受体的影响较小。

(2) 但较大剂量时对血管及支气管平滑肌的β_2受体也有作用。

(3) 无膜稳定作用,无内在拟交感活性。

(4) 口服用于治疗各种程度的高血压。

(5) 降压作用持续时间较长。

● 拉贝洛尔(labetalol)

(1) 拉贝洛尔在阻断β受体的同时也阻断α受体。

(2) 其中阻断β_1和β_2受体的作用强度相似,对α_1受体作用较弱,对α_2受体则无作用。

(3) 适用于各种程度的高血压及高血压急症、妊娠期高血压、嗜铬细胞瘤、麻醉或手术时高血压。

(4) 合用利尿药可增强其降压效果。

(5) 静脉注射或静脉滴注用于高血压急症,如妊娠高血压综合征。

(6) 大剂量可致直立性低血压,少数患者用药后可引起疲乏、眩晕、上腹部不适。

● 卡维地洛(carvedilol)

(1) 卡维地洛为α、β受体阻断药,阻断β受体的同时具有舒张血管作用。

(2) 口服首关消除显著,生物利用度为22%,药效维持可达24小时。

(3) 不良反应与普萘洛尔相似,但不影响血脂代谢。

(4) 用于治疗轻度及中度高血压或伴有肾功能不全、糖尿病的高血压患者。

四、血管紧张素Ⅰ转化酶抑制药

● 卡托普利(captopril)

1. 药理作用

(1) 卡托普利(巯甲丙脯酸,开博通)具有轻至中等强度的降压作用,可降低外周血管阻力，增加肾血流量，不伴反射性心率加快。

（2）降压机制

1）抑制 ACE，使 Ang Ⅰ 转变为 Ang Ⅱ 减少，从而产生血管舒张作用。

2）同时减少醛固酮分泌，以利于排钠。

3）特异性肾血管扩张亦可加强排钠作用。

4）由于抑制缓激肽的水解，使缓激肽增多。

5）卡托普利亦可抑制交感神经系统的活性。

2. 临床应用

（1）适用于各型高血压。

（2）目前为抗高血压治疗的一线药物之一。

（3）本品尤其适用于合并有糖尿病及胰岛素抵抗、左心室肥大、心力衰竭、急性心肌梗死的高血压患者，可明显改善生活质量且无耐受性，连续用药一年以上疗效不会下降，而且停药后不反跳。

（4）卡托普利与利尿药及 β 受体阻断药合用于重型或顽固性高血压疗效较好。

● **依那普利**（enalapril）

（1）依那普利为不含-SH 的长效、高效 ACE 抑制剂。

（2）依那普利为前体药，在体内被肝脏酯酶水解转化为苯丁羟脯酸（依那普利拉），后者能与 ACE 持久结合而发挥抑制作用。

（3）降压机制与卡托普利相似，但抑制 ACE 的作用较卡托普利强 10 倍。降压作用强而持久。

（4）临床主要用于高血压的治疗。

（5）不良反应、药物相互作用与卡托普利相似。因作用强，引起咳嗽较多，合并有心力衰竭时低血压亦较多见，应适当控制剂量。

五、AT_1 受体阻断药

（1）血管紧张素 Ⅱ 受体分两型，即 AT_1 受体和 AT_2 受体。

（2）目前发现的 Ang Ⅱ 受体阻断药主要为 AT_1 受体阻断药，可阻断由 AT_1 受体介导的所有作用。

（3）AT_1 受体阻断药具有良好的降压作用，而没有转化酶抑制药的血管神经性水肿、咳嗽等不良反应。

● **氯沙坦**（losartan）

（1）氯沙坦竞争性阻断 AT_1 受体，为第一个用于临床的非肽类 AT_1 受体阻断药。

（2）在体内转化成 5-羧基酸性代谢产物 EKP-3174，后者有非竞争性 AT_1 受体阻断作用。

（3）它们都能与 AT_1 受体选择性地结合，对抗 Ang Ⅱ 的绝大多数药理作用，从而产生降压作用。

（4）可用于各型高血压，若 3～6 周后血压下降仍不理想，可加用利尿药。

第三节　其他经典抗高血压药物

一、中枢性降压药

● **可乐定**(Clonidine,咪唑类衍生物)

1. 药理作用

(1) 降压作用中等偏强,口服作用好,作用快,较持久,肝脏代谢,随尿排泄。

(2) 主要用于中度以上高血压治疗,适用于患消化道溃疡的高血压患者治疗,因可抑制胃肠道分泌和活动,还适用于吗啡类戒毒使用。(可释放内源性阿片类物质)。

(3) 不良反应常见口干、镇静、嗜睡、便秘等,不宜突然停药。

2. 降压机制　选择性激动延髓腹外侧嘴部的咪唑啉 I_1 受体,降低外周交感张力致血压下降;同时亦激动外周交感神经突触前膜的 α_2 及其相邻的咪唑啉受体,减少递质的释放而产生较强的降压作用。

● **莫索尼定**

降压机制是选择性激活中枢的咪唑啉 I_1 受体,无显著的镇静作用。

● **甲基多巴**(Methyldopa)

相似可乐定,适用于肾功能不良的高血压。

二、血管平滑肌扩张药

● **硝普钠**(sodium nitroprosside)

1. 药理作用

硝普钠可直接松弛小动脉和静脉平滑肌,属硝基扩张血管药,在血管平滑肌内代谢产生一氧化氮(NO),NO 可激活鸟苷酸环化酶,促进 cGMP 的形成,从而产生血管扩张作用。

2. 临床应用

(1) 适用于高血压急症的治疗和手术麻醉时的控制性低血压。

(2) 也可用于高血压合并心力衰竭或嗜铬细胞瘤发作引起的血压升高。

3. 不良反应

(1) 静脉滴注时可出现恶心、呕吐、精神不安、肌肉痉挛、头痛、皮疹、出汗、发热等。

(2) 大剂量或连续使用(特别在肝肾功能损害的病人),可引起血浆氰化物或硫氰化物浓度升高而中毒,可导致甲状腺功能减退。

(3) 用药时需严密监测血浆氰化物的浓度。

三、神经节阻断药

1. 神经节阻断药对交感神经节和副交感神经节均有阻断作用,它对效应器的具体效应则视两类神经对该器官的支配以何者占优势而定。

2. 本类药物曾广泛用于高血压的治疗,但由于不良反应较多,降压作用过强过快,现已仅限用于一些特殊情况,如高血压危象、主动脉夹层动脉瘤、外科手术中的控制性低血压等。

3. 药物包括:樟磺咪芬、美卡拉明、六甲溴铵等。

四、α_1受体阻断药

1. 用于抗高血压治疗的受体阻断药主要为具有 α_1受体阻断作用而不影响 α_2受体。

2. 本类药物可降低动脉血管的阻力,增加静脉容量,增加血浆肾素活性,不易引起反射性心率增加。

3. 长期使用后扩血管作用仍存在,但肾素活性可恢复正常。

4. 许多患者用药后出现水、钠潴留。

5. α_1受体阻断药最大的优点是对代谢没有明显的不良影响,并对血脂代谢有良好作用。

6. 可用于各种程度的高血压治疗,但其对轻、中度高血压有明确疗效,与利尿药及 β 受体阻断药合用可增强其降压作用。

7. 其主要不良反应为首剂现象(低血压),一般服用数次后这种首剂现象即可消失。

8. 本类药物有:哌唑嗪(prazosin)、特拉唑嗪、多沙唑嗪。

五、去甲肾上腺素能神经末梢阻滞药

1. 去甲肾上腺素能神经末梢阻滞药主要通过影响儿茶酚胺的储存及释放而产生降压作用,如利舍平及胍乙啶。

2. 利舍平作用较弱,不良反应多,目前已不单独应用。

3. 胍乙啶较易引起肾、脑血流量减少及水、钠潴留,主要用于重症高血压。

第四节　新型抗高血压药物

一、钾通道开放药(钾外流促进药)

1. 钾通道开放药有米诺地尔、吡那地尔、尼可地尔等。

2. 这类药物在降压时常伴有反射性心动过速和心排血量增加。

3. 血管扩张作用具有选择性,见于冠状动脉、胃肠道血管和脑血管,而不扩张肾和皮肤血管。

4. 若与利尿药和(或)β 受体阻断药合用,则可纠正其水钠潴留和(或)反射性心动过速的不良反应。

二、前列环素合成促进药——沙克太宁

1. 沙克太宁(西氯他宁)属呋喃吡啶类,能增加前列环素的合成,能与动员胞内 Ca^{2+} 的各类物质相互作用,有直接松弛血管平滑肌的作用。

2. 沙克太宁作用温和、副作用相对较少。

三、肾素抑制药

此类药物包括依那克林和雷米克林,前者为肽类,后者为非肽类。

四、5-HT 受体阻断药——酮色林

1. 酮色林具有阻断 5-HT_{2A}受体的作用以及轻度的 α_1受体阻断作用。
2. 作用温和，特别适用于老年病人。

五、内皮素受体阻断药

1. 皮内素(ET)具有很强的血管收缩活性，由 21 个氨基酸组成，有 ET-1、ET-2、ET-3 三种，其中 ET-1 分布最广。
2. ET 受体至少可分 ETA(ET-I 的特异性受体)和 ETB(非特异性受体)两种。
3. 波生坦为非选择性内皮素受体阻断药，属非肽类，口服有效，降压作用较强。

强化训练及参考答案

一、英语单词

1. nifedipine
2. nitrendipine
3. lacidipine
4. amlodipine
5. propranolol
6. Atenolol
7. labetalol
8. carvedilol
9. captopril
10. enalapril
11. Clonidine
12. sodium nitroprosside
13. prazosin
14. antihypertensive drugs

二、名词解释

1. 首剂现象 是指哌唑嗪抗高血压药物在首次给予某些患者时，出现体位性低血压、心悸、昏厥等现象。
2. 高血压危象 在高血压病程中，由于脑血管暂时性强烈痉挛，血压突然增高，伴剧烈头痛、恶心、呕吐、视力模糊，甚至昏迷、抽搐、气急、心悸、面色苍白或潮红等现象.

三、问答题

1. 简述哌唑嗪的作用特点及主要不良反应。

答：哌唑嗪可选择性地阻断突触后膜 α_1受体，舒张小动脉及静脉血管平滑肌，使外周阻力下降而降低血压。降压时不加快心率，但稍增加心收缩力及血浆肾素活性。主要不良反应是首剂效应，即首次用药时可致严重的体位性低血压、晕厥、心悸等。防治：将首次用药量减为 0.5mg，并在睡前服用。

2. 哌唑嗪与酚妥拉明有何不同之处？

答：哌唑嗪与酚妥拉明不同，降压时不加快心率，稍增加心收缩力及血浆肾素活性。还降低血浆三酰甘油，总胆固醇、LDL 和 VLDL 胆固醇，增加 HDL 胆固醇，从而减轻冠脉病变。

3. 血管扩张药为何常与利尿药及 β 受体阻断药合用？

答：可克服血管扩张药水钠潴留，激活交感神经及增加血浆肾素活性的缺点。

4. 简述普萘洛尔的降压机制。

答:(1) 阻断心脏 β_1受体,抑制心缩力,减慢心率,使心排血量减少。

(2) 阻断肾入球小动脉上的 β 受体,抑制肾素分泌。

(3) 阻断突触前膜 β_2受体,使去甲肾上腺素释放减少。

(4) 阻断中枢 β 受体,使外周交感神经抑制。

(5) 改变压力感受器的敏感性,并增加 PGI 的合成。

5. 试述抗高血压药的分类,并每类各举一代表药。

答:(1) 利尿药:氢氯噻嗪等。

(2) 交感神经抑制药

1) 中枢性降压药:如可乐定、雷美尼定等。

2) 神经节阻断药:如樟磺咪芬等。

3) 去甲肾上腺素能神经末梢阻滞药:如利血平。

4) 肾上腺素受体阻断药:如普萘洛尔等。

(3) 肾素-血管紧张素系统抑制药

1) 血管紧张素转化酶(ACE)抑制药:如卡托普利等。

2) 血管紧张素Ⅱ受体阻断药:如氯沙坦等。

3) 肾素抑制药:如雷米克林等。

(4) 钙拮抗药:如硝苯地平等。

(5) 血管扩张药:如肼屈嗪和硝普钠等。

6. 试述卡托普利的降压机制,与其他降压药相比有何特点?

答:机制:抑制局部组织中 RAAS;抑制循环中 RAAS;减少缓激肽降解;促进前列腺素的合成。

特点:适用于各型高血压,在降压同时不使心率加快。长期应用不引起电解质紊乱。可防止和逆转高血压患者管壁的增厚;能改善高血压患者的生活质量,降低死亡率。

7. 试述可乐定的抗高血压作用机制

答:(1) 激动延脑腹外侧核吻侧端的 I_1-咪唑啉受体,降低外周交感活性。

(2) 选择性兴奋延脑孤束核次一级神经元(抑制性神经元)突触后膜的 α_2受体。

(3) 外周激动交感神经突触前膜 α_2受体,引起负反馈而减少去甲肾上腺素的释放。

8. 试述普萘洛尔临床应用及不良反应。

答:应用:临床用于轻、中度高血压。尤其适用于伴有心排血量、肾素偏高或伴有心绞痛,脑血管病变的高血压患者。

主要不良反应:支气管收缩,心脏过度抑制和反跳现象,长期用药不能突然停药。

9. 如何根据高血压合并症选用药物?

答:(1) 高血压合并消化溃疡者,宜用可乐定,禁用利血平。

(2) 高血压合并心力衰竭、心脏扩大者,宜用血管紧张素转化酶抑制药,氢氯噻嗪等。

(3) 高血压合并支气管哮喘者,不用普萘洛尔。

(4) 高血压合并肾功能不良者可用卡托普利、硝苯地平。

(5) 高血压合并糖尿病或痛风者不宜用噻嗪类利尿药。

(6) 高血压伴有精神抑郁者,不宜用利血平。

(7) 高血压合并窦性心动过速,年龄在 50 岁以下者,宜用 β 受体阻断药。

10. 试述氢氯噻嗪的降压作用机制和在高血压治疗中的地位。

答:(1) 机制:①初期降压,是因为排钠利尿使血容量减少;②长期应用后的降压,是因为小动脉壁细胞内钠离子减少,并通过 Na^+-Ca^{2+}交换使细胞内 Ca^{2+}减少,血管平滑肌舒张;血管平滑肌对缩血管物质反应性降低,诱导动脉壁产生扩血管物质如激肽、前列腺素等。

(2) 地位:为高血压病治疗的基础药物,可单用于治疗轻度高血压,也可与其他抗高血压药合用治疗中、重度高血压。

四、选择题

(一) A 型题

1. 下列哪种药物首次服用时可能引起较严重的体位性低血压(　　)
   A. 哌唑嗪　　B. 可乐定　　C. 普萘洛尔
   D. 硝苯地平　　E. 卡托普利
2. 遇光容易分解,配制和应用时必须避光的药物是(　　)
   A. 二氮嗪　　B. 硝普钠　　C. 哌唑嗪
   D. 硝酸甘油　　E. 肼屈嗪
3. 卡托普利的降压作用机制与下述哪一作用有关(　　)
   A. 抑制血管内皮释放 NO
   B. 抑制血管紧张素 I 转化酶
   C. 抑制血管紧张素 I 生成
   D. 促进缓激肽的降解
   E. 减少前列腺素的合成
4. 对 α、β 受体均有竞争性拮抗作用的降压药是(　　)
   A. 吲哚洛尔　　B. 噻吗洛尔　　C. 拉贝洛尔
   D. 普萘洛尔　　E. 美托洛尔
5. 治疗伴有溃疡病的高血压病可选用(　　)
   A. 利血平　　B. 可乐定　　C. 甲基多巴
   D. 肼屈嗪　　E. 米诺地尔
6. 可乐定长期使用后突然停药可能出现血压突然升高与下列哪种机制有关(　　)
   A. 突触后膜 α_1受体数目增多
   B. 突触后膜 α_1受体敏感性增加
   C. 中枢发放的交感冲动增加
   D. 突触前膜 α_2受体敏感性降低,负反馈减弱
   E. 以上都不是
7. 可诱发心绞痛的降压药是(　　)
   A. 可乐定　　B. 哌唑嗪　　C. 利血平
   D. 普萘洛尔　　E. 肼屈嗪
8. 在长期用药的过程中,突然停药易引起心动过速,这种药物最可能是(　　)
   A. 哌唑嗪　　B. 肼屈嗪　　C. 普萘洛尔
   D. α-甲基多巴　　E. 利血平
9. 可作为吗啡成瘾者戒毒的抗高血压药物是(　　)

A. 可乐定　　B. 甲基多巴　　C. 利血平
D. 胍乙啶　　E. 莫索尼定

10. 利尿药初期降压机制可能是(　　)
A. 降低血管对缩血管药的反应性
B. 增加血管对扩血管药的反应性
C. 降低动脉壁细胞的 Na 离子含量
D. 排钠利尿、降低细胞外液及血容量
E. 以上都对

11. 长期使用利尿药的降压机制主要是(　　)
A. 排钠利尿,降低血容量　　B. 降低血浆肾素活性　　C. 增加血浆肾素活性
D. 减少小动脉壁细胞内钠　　E. 抑制醛固酮分泌

12. 莫索尼定的降压机制是(　　)
A. 激活中枢的 I_1-咪唑啉受体　　B. 激动中枢的 α_1-受体　　C. 阻断中枢的 α_2-受体
D. 阻断中枢的 α_2-受体　　E. 激动中枢的 M-受体

13. 高血压伴有支气管哮喘时,不宜应用(　　)
A. 利尿药　　B. β 受体阻断药　　C. α 受体阻断药
D. 钙拮抗剂　　E. 血管紧张素转化酶抑制药(ACEI)

14. 卡托普利不会产生下列哪种不良反应(　　)
A. 低血钾　　B. 干咳　　C. 低血压
D. 皮疹　　E. 脱发

15. 高血压伴有糖尿病的病人不宜用(　　)
A. 血管扩张药
B. 血管紧张素转化酶抑制药
C. 噻嗪类
D. 神经节阻断药
E. 中枢降压药

16. 兼有中枢抑制作用的降压药(　　)
A. 莫索尼定　　B. 哌唑嗪　　C 可乐定
D. 硝苯地平　　E. 米诺地尔

17. 属于前体药,需经体内转化后才能发挥降压作用的药物(　　)
A 卡托普利　　B. 依那普利　　C. 普萘洛尔
D. 肼屈嗪　　E. 阿方那特

18. 伴有窦性心动过速的高血压应首选(　　)
A. 可乐定　　B. 肼屈嗪　　C. 普萘洛尔
D. 硝普钠　　E. 利血平

19. 应监测血压调节滴速的降压药(　　)
A. 可乐定　　B. 肼屈嗪　　C. 尼莫地平
D. 硝普钠　　E. 利血平

20. 关于卡托普利的降压作用特点,错误的是(　　)
A. 易引起体位性低血压　　B. 久用不产生耐受性　　C. 不引起脂质代谢紊乱

D. 逆转血管和心肌增生　E. 改善高血压患者的生活质量

21. 降压时伴有心动过速,心排血量增加和肾素活性增加的药物(　　)
A. 哌唑嗪　B. 可乐定　C. 普萘洛尔
D. 硝苯地平　E. 卡托普利

22. 下列哪种降压药对血脂代谢有良好作用(　　)
A. 哌唑嗪　B. 肼屈嗪　C. 噻嗪类利尿药
D. 米诺地尔　E. 利血平

23. 治疗高血压危象应首选(　　)
A. 噻嗪类利尿药　B. 甲基多巴　C. 利血平
D. 胍乙啶　E. 二氮嗪

(二) B 型题

A. 硝酸甘油　B. 肼屈嗪　C. 哌唑嗪
D. 硝苯地平　E. 硝普钠

1. 直接扩张小动脉和静脉,降压作用快,但维持时间短的药是(　　)
2. 对动脉有明显扩张作用,可引起踝关节水肿的药是(　　)

A. 硝普钠　B. 硝苯地平　C. 肼屈嗪
D. 拉贝洛尔　E. 普萘洛尔

3. 促进 NO 释放,扩张血管的药是(　　)
4. 阻断 α、β 受体,扩张血管的药是(　　)

A. 尼群地平　B. 依那普利　C. 普萘洛尔
D. 硝普钠　E. 甲基多巴

5. 伴有窦性心动过速的高血压应首选(　　)
6. 高血压危象应宜选用的药物(　　)
7. 高肾素性高血压宜选用的药物(　　)

A. 哌唑嗪　B. 肼屈嗪　C. 噻嗪类利尿药
D. 米诺地尔　E. 利血平

8. 长期应用可引起高尿酸血症,血浆肾素活性增加及糖耐量降低的药物(　　)
9. 属于钾通道开放的抗高血压药物药是(　　)

A. 诱发胃溃疡病及中枢抑制
B. 增加三酰甘油含量
C. 高尿酸血症及血浆肾素活性增加
D. 糖耐量降低
E. 血钾浓度增加

10. 血管紧张素转化酶抑制药可引起(　　)
11. 利血平的主要不良反应是(　　)

五、填空题

1. 高血压合并消化溃疡者，宜用________，禁用________。伴有心动过速的高血压患者宜选用________，________。
2. 硝普钠可通过释放________扩张血管，用于治疗________和________。
3. 钾通道开放药有________和________。
4. 血管紧张素Ⅰ转化酶抑制药降压作用具有________，________，________，________，________等特点。
5. 莫索尼定的降压机制是________，无显著的________作用。

六、判断题

1. 硝苯地平对轻、中、重度高血压及正常血压者均有降压作用。(　　)
2. 卡托普利不仅能治疗高血压，还能改善高血压患者生活质量，降低死亡率。(　　)
3. 拉贝洛尔适用于治疗各型高血压，静脉注射可治疗高血压危象。(　　)
4. 抗高血压药在降压的同时，均可反射性引起心率加快。(　　)
5. 依那普利直接能与 ACE 持久结合而发挥抑制作用。(　　)
6. 氨氯地平作用与硝苯地平相似，但持续时间较硝苯地平显著延长。(　　)

七、参考答案

A 型题

1. A　2. B　3. B　4. C　5. B　6. D　7. E　8. C　9. A　10. D
11. D　12. A　13. B　14. A　15. C　16. C　17. B　18. C　19. D　20. A
21. D　22. A　23. E

B 型题

1. E　2. D　3. A　4. D　5. C　6. D　7. B　8. C　9. D　10. E
11. A

填空题

1. 可乐定　利血平　维拉帕米　普萘洛尔
2. NO　高血压急症　手术麻醉时的控制性低血压
3. 米诺地尔　吡那地尔
4. 降压同时不使心率加快　长期应用不引起电解质紊乱　可防止和逆转高血压患者管壁的增厚　能改善高血压患者的生活质量　降低死亡率
5. 选择性激活中枢的咪唑啉 I_1 受体　镇静

判断题

1. ×　2. √　3. √　4. ×　5. ×　6. √

（艾尼瓦尔·吾买尔　王晓雯）

第二十六章　治疗充血性心力衰竭的药物

学习目标

1. 了解强心苷的来源、化学结构及非强心苷药的种类及现状。
2. 熟悉血管扩张药及利尿药在心功能不全中的应用及应用注意事项。
3. 掌握强心苷类药的药理作用、作用机制、临床应用、不良反应及防治。
4. 掌握血管紧张素转换酶抑制药治疗慢性心功能不全的作用机制及特点。

学习重点指导

慢性或充血性心力衰竭(chronic / congestive heart failure,CHF)是各种病因所引起的多种心脏疾病的终末阶段,是指在适当的静脉回流下,心脏排出量绝对或相对减少,不能满足机体组织所需的一种病理状态。又是一种超负荷心肌病,此时心肌储备力明显下降,收缩和舒张功能出现障碍,导致动脉系统供血不足,致体循环和肺循环淤血等症状。

第一节　CHF 病理生理学及治疗 CHF 药物的分类

一、CHF 时心肌的功能和结构变化

1. 功能变化　①收缩功能障碍(心肌收缩性下降);②舒张功能障碍(心室舒张功能受限,不协调,心室的顺应性降低);③血流动力学参数的变化(心排血量、射血分数、心脏指数、心室压$\pm dp/dt_{max}$下降;左、右室舒张末压、右房压升高)。

2. 结构变化　①心肌细胞凋亡和/或坏死(心肌细胞数量减少);②心肌细胞外基质(胶原、纤连蛋白等)增加,心肌组织纤维化;③心肌肥厚与心室重构。

二、CHF 神经内分泌变化(早期为代偿,随后发展为失代偿,并形成恶性循环)

1. 交感神经系统功能的改变——早期 NE 浓度升高,使血管收缩、心率加快,心肌收缩力增加,部分代偿早期心功能不全引起的血液动力学异常,但持久而过度的增高,一方面可以导致 β 受体表达下调及相应信号传导机制异常;另一方面,由于外周阻力和左心室射血阻抗持续增加,后负荷长期增加,使心脏功能反而进一步下降。此外,过渡增高的 NE 对心肌将产生直接损害作用。

2. 肾素-血管紧张素-醛固酮系统(RAAS)功能改变——Ang Ⅱ(循环与局部组织)浓度增高:收缩血管、促 NE 释放,促 ET-1 生成,生长因子表达,心肌肥厚、醛固酮分泌。

3. 精氨酸加压素增多 收缩血管。

4. 内皮素增多 收缩血管,促生长致心室重构。

5. 肿瘤坏死因子(TNF-α)增多,促进炎症反应及负性肌力作用。

6. 心房钠尿肽、EDRF、PGI_2等改变。

三、β受体信号转导变化

1. β受体下调,密度降低。

2. β受体与 G 蛋白脱偶联,Gs 减少;心脏对 β 受体激动药敏感性降低,cAMP 减少。

四、治疗 CHF 药物的分类

1. 强心苷类药 地高辛等。

2. 肾素-血管紧张素-醛固酮系统抑制药

(1) 血管紧张素Ⅰ转化酶抑制药:卡托普利。

(2) 血管紧张素Ⅱ受体(AT1)拮抗药:氯沙坦。

(3) 醛固酮拮抗药:螺内酯。

3. 利尿药 氢氯噻嗪、呋塞米等。

4. β受体阻断药 美托洛尔、卡维地洛等。

5. 其他

(1) 扩血管药:硝普钠、硝酸异山梨酯、肼屈嗪、哌唑嗪。

(2) 钙通道阻滞药:氨氯地平。

(3) 非苷类正性肌力药:米力农、维司力农等。

第二节 强 心 苷 类

一、体内过程

1. 强心苷类药物化学结构相似,作用性质相同,但由于侧链的不同,导致它们药代动力学上的差异。

2. 洋地黄毒苷(digitoxin)

(1) 脂溶性高、吸收好、大多经肝代谢后由肾排出。

(2) 有相当一部分经胆道排出而形成肝肠循环。

(3) 作用维持时间较长,属长效强心苷。

3. 中效类

(1) 地高辛(digoxin)口服生物利用度个体差异大,不同厂家、不同批号的相同制剂也可有较大差异。

(2) 地高辛大部分以原形经肾脏排出,肾功能不良者应适当减量。

4. 毛花苷 C(cedilanide)及毒毛花苷 K (strophanthin K)

（1）口服吸收甚少，需静脉用药。

（2）绝大部分以原形经肾脏排出，显效快，作用维持时间短。属短效类。

二、药理作用

（一）对心脏的作用

1. 正性肌力作用

（1）特点：①加快心肌纤维缩短速度，使心肌收缩敏捷，因此舒张期相对延长。②加强衰竭心肌收缩力的同时，并不增加心肌耗氧量，甚至使心肌耗氧量有所降低。③增加心排血量。

（2）机制

1）强心苷与心肌细胞膜上的强心苷受体 Na^+-K^+-ATP 酶结合并抑制其活性，导致钠泵失灵，进而使心肌细胞内 Ca^{2+}增加。

2）治疗量强心苷抑制 Na^+-K^+-ATP 酶的活性，使细胞内 Na^+量增加，而 K^+离子减少。

3）胞内 Na^+量增多后，又通过 Na^+-Ca^{2+}双向交换机制，最终导致细胞内 Na^+减少，Ca^{2+}增加，肌质网摄取 Ca^{2+}也增加，储存 Ca^{2+}增多。

4）细胞内 Ca^{2+}增加时，还可增强钙离子流，使动作电位 2 相内流的 Ca^{2+}增多，此 Ca^{2+}又能促使肌质网释放出 Ca^{2+}，即"以钙释钙"的过程。

2. 减慢心率作用（负性频率）

（1）治疗量的强心苷对正常心率影响小，但对心率加快及伴有心房颤动的心功能不全者则可显著减慢心率。

（2）心功能不全时由于反射性交感神经活性增强，使心率加快。

（3）应用强心苷后心排血量增加，反射性地兴奋迷走神经，从而抑制窦房结引起心率减慢。

（4）强心苷减慢心率的另一个机制是增加心肌对迷走神经的敏感性，故强心苷过量所引起的心动过缓和传导阻滞可用阿托品对抗。

3. 对传导组织和心肌电生理特性的影响

（1）在心房，强心苷可因兴奋迷走神经，促进 K^+外流，使心房肌细胞静息电位加大、提高 0 相去极速率而使心房的传导速度加快。

（2）强心苷缩短心房的有效不应期则是其治疗心房扑动时转为心房颤动的原因。

（3）由于强心苷可增强迷走神经活性，促进 K^+外流，因此可降低窦房结的自律性、减少房室结 Ca^{2+}内流而减慢房室传导。

（4）强心苷可直接抑制 Na^+-K^+-ATP 酶，使细胞失钾，最大舒张电位减小（负值减小），而接近阈电位，使自律性提高，K^+外流减少而使 ERP 缩短，故强心苷中毒时出现室性心动过速或心室纤颤。

（二）对神经和内分泌系统的作用

1. 中毒剂量的强心苷可兴奋延髓极后区催吐化学感受区而引起呕吐，还可兴奋交感神经中枢，明显地增加交感神经冲动发放，而引起快速型心律失常。

2. 强心苷的减慢心率和抑制房室传导作用也与其兴奋脑干副交感神经中枢有关。

3. 强心苷还能降低 CHF 患者血浆肾素活性，进而减少血管紧张素Ⅱ及醛固酮含量，对心功能不全时过度激活的 RAAS 产生抑制作用。

（三）利尿作用

1. 主要是心功能改善后增加了肾血流量和肾小球的滤过功能。

2. 可直接抑制肾小管 N^{+}-K^{+}-ATP 酶，减少肾小管对 Na^{+}的重吸收，促进钠和水排出，发挥利尿作用。

（四）对血管的作用

1. 能直接收缩血管平滑肌，使外周阻力上升，这一作用与交感神经系统及心排血量的变化无关。

2. CHF 患者用药后，因交感神经活性降低的作用超过直接收缩血管的效应，因此血管阻力下降、心排血量及组织灌流增加、动脉压不变或略升。

三、临床应用

1. 治疗慢性心功能不全

（1）对伴有心房颤动或心室率加快的心功能不全疗效最佳。

（2）对瓣膜病、风湿性心脏病（高度二尖瓣狭窄的病例除外）、冠状动脉粥样硬化性心脏病和高血压性心脏病所导致的心功不全疗效较好。

（3）对有机械性阻塞和有能量代谢障碍的心功能不全疗效差。

（4）对肺源性心脏病、活动性心肌炎（如风湿活动期）或严重心肌损伤，疗效也较差，且容易发生中毒。

2. 治疗某些心律失常

（1）心房颤动

1）心房颤动的主要危害是心房过多的冲动下传至心室，引起心室率过快，导致严重循环障碍。

2）强心苷主要是通过兴奋迷走神经或对房室结的直接作用减慢房室传导，增加房室结中隐匿性传导，减慢心室率，增加心排血量，从而改善循环障碍，但对多数病人并不能终止心房颤动。

（2）心房扑动

1）由于心房扑动的冲动较强而规则，更易于传入心室，所以心室率快而难于控制。

2）强心苷是治疗心房扑动最常用的药物，强心苷可不均一地缩短心房的有效不应期，使扑动变为颤动，强心苷在心房颤动时更易增加房室结隐匿性传导而减慢心室率，同时有部分病例在转变为心房颤动后停用强心苷可恢复窦性节律。

3）因为停用强心苷后，相当于取消了缩短心房不应期的作用，也就是使心房的有效不应期延长，从而使折返冲动落于不应期而终止折返激动，恢复窦性节律。

（3）阵发性室上性心动过速：强心苷可增强迷走神经的功能，降低心房的兴奋性而终止阵发性室上性心动过速的发作。

四、不良反应及防治（一般治疗量已接近中毒剂量的 60%）

1. 心脏反应（最严重、最危险）

(1) 快速性心律失常

1) 强心苷中毒最多见的是室性期前收缩,约占心脏毒性发生率的1/3。

2) 快速性心律失常的机制除因 Na^{+}-K^{+}-ATP 酶被高度抑制外,也与强心苷引起的迟后去极有关。

(2) 房室传导阻滞

1) 房室传导阻滞除与提高迷走神经的兴奋性有关外,还与高度抑制 Na^{+}-K^{+}-ATP 酶有关。

2) 因为细胞失钾,静息膜电位变小(负值减少),使零相去极速率降低,故发生、传导阻滞。

(3) 窦性心动过缓:强心苷可因抑制窦房后,降低其自律性而发生窦性心动过缓,有时可使心率降至60次/分以下,一般应作为停药的指征之一。

2. 胃肠道反应

(1) 是最常见的早期中毒症状。

(2) 主要表现为厌食、恶心、呕吐及腹泻等。

(3) 剧烈呕吐可导致失钾而加重强心苷中毒,所以应注意补钾或考虑停药。

3. 中枢神经系统反应

(1) 主要表现有眩晕、头痛、失眠、疲倦和谵妄等症状及视觉障碍,如黄视症、绿视症及视物模糊等。

(2) 视觉异常通常是强心苷中毒的先兆,可作为停药的指征。

五、药物相互作用

1. 奎尼丁能使地高辛的血药浓度增加一倍,两药合用时,应减少地高辛的用量。

2. 其他抗心律失常药胺碘酮、钙通道阻滞药普罗帕酮等也能提高地高辛的血药浓度。

3. 地高辛与维拉帕米合用时,可使地高辛的血药浓度升高70%,引起缓慢性心律失常。

4. 苯妥英钠因能增加地高辛的清除而降低地高辛的血药浓度。

5. 拟肾上腺素药可提高心肌自律性,使心肌对强心苷的敏感性增高,而导致强心苷中毒。

6. 排钾利尿药可致低血钾而加重强心苷的毒性。

7. 呋塞米还能促进心肌细胞 K^{+}外流,所以强心苷与排钾利尿药合用时,应根据病人的肾功能状况适量补钾。

六、给药方法

1. 全效量后再用维持量

(1) 是强心苷经典的给药方法,即先在短期内给以能充分发挥最大疗效的剂量,即全效量,在达全效量之后,每日给一定剂量以维持药效。

(2) 此法显效快,但易致强心苷中毒,现临床已少用。

2. 每日维持量疗法

(1) 对病情不急的心功能不全,目前倾向于小剂量维持疗法。

(2) 每日给维持量，经4~5个半衰期，也能达稳态血药浓度而发挥治疗作用，且可减少强心苷中毒的发生。

第三节 肾素-血管紧张素-醛固酮系统抑制药

一、血管紧张素Ⅰ转化酶抑制药

● 卡托普利(captopril)、依那普利(enalapril)、西拉普利、贝那普利、培哚普利、雷米普利、福辛普利等。

1. 作用机制

(1) 抑制 AngⅠ转化酶活性，使 AngⅡ量降低。

(2) 抑制缓激肽(BK)的降解，使血中 BK 含量增高，促进 NO、血管内皮超极化因子和 PGI_2 的生成发挥作用。

(3) 直接或间接降低 NA、加压素、ET_1 的含量，增加腺苷酸环化酶活性和细胞内 cAMP 含量。

(4) 对血流动力学的影响：①降低全身血管阻力，增加心排出量，增加肾血流量。②降低室壁张力，改善心舒张功能。

(5) 抑制心肌及血管的肥厚、增生。

2. 逆转肥厚重构的机制

AngⅡ的促生长作用：AngⅡ快速诱导心肌血管平滑肌细胞中原癌基因的表达，促进了细胞生长、增殖，对重构肥厚起了主要介导作用。

ACE 抑制药减少：AngⅡ的形成，防止和逆转心肌重构肥厚，在 CHF 治疗中取得较好的效果。

3. 临床应用 治疗 CHF 疗效突出，应无限期终生用药。不仅可缓解症状，改善血流动力学，提高运动耐力，改进生活质量，而且逆转心室肥厚，降低病死率。

二、血管紧张素Ⅱ受体(AT_1)拮抗药

● 氯沙坦(losartan)、缬沙坦(valsartan)、厄贝沙坦

1. 作用特点 直接阻断血管紧张素Ⅱ(AngⅡ)与其受体的结合→发挥拮抗作用：

(1) 拮抗 ACE 途径产生的 AngⅡ。

(2) 拮抗对非 ACE 途径产生的 AngⅡ。

(3) 拮抗 AngⅡ的促生长作用。

2. 用途 与 ACE 抑制药相似，不良反应少，不引起咳嗽。血管神经性水肿等。

三、抗醛固酮药

1. 醛固酮拮抗药螺内酯可降低 CHF 的发病率与死亡率，显示了良好的应用前景。

2. 在常规治疗的基础上，加用螺内酯可明显降低 CHF 病死率，防止左心室肥大时心肌间质纤维化，改善血流动力学和临床症状。

3. CHF 时单用螺内酯仅发挥较弱的作用，但与 ACE 抑制药合用则可同时降低 AngⅡ及

醛固酮水平，既能进一步减少患者的病死率，又能降低室性心律失常的发生率，效果更佳。

第四节　利　尿　药

1. 促进 Na^+、H_2O 的排泄，减少血容量，降低心脏前、后负荷，消除或缓解静脉淤血及其所引发的肺水肿和外周水肿。

2. 对 CHF 伴有水肿或有明显淤血者尤为适用。

3. 对轻度 CHF 单独应用噻嗪类利尿药效果良好。

4. 对中度 CHF 可口服袢利尿药或与噻嗪类和保钾利尿药合用。

5. 对严重 CHF、慢性 CHF 急性发作、急性肺水肿或全身水肿者，噻嗪类药物常无效，宜静脉注射呋塞米。

6. 保钾利尿药作用较弱，多与其他利尿药（如袢利尿药等）合用，能有效拮抗 RAAS 激活所致的醛固酮水平的升高，增强利尿效果及防止失钾，还可抑制胶原增生和防止纤维化。

7. 大剂量利尿药可减少有效循环血量，进而降低心排血量，故大量的利尿常可加重心力衰竭。

8. 大剂量利尿药尚可因减少血容量而导致反射性交感神经兴奋，减少肾血流加重组织器官灌流不足，加重肝肾功能障碍，导致心力衰竭恶化。

9. 利尿药引起的电解质平衡紊乱，尤其是排钾利尿药引起的低钾血症。

10. 长期大量应用利尿剂还可致糖代谢紊乱及高脂血症。

11. 目前推荐的利尿药使用方法为小剂量给药，同时合用小剂量地高辛、ACE 抑制药及 β 受体阻断药。

第五节　β 受体阻断药

一、治疗 CHF 的作用机制

1. 可提高射血分数，改善患者的生活质量，目前已被推荐作为治疗慢性心力衰竭的常规用药。

2. 抗交感神经作用。

3. 对心脏功能与血流动力学的影响。

4. 抗心律失常与抗心肌缺血作用。

二、临床应用

1. β 受体阻断药主要用于扩张型心肌病。

2. 对扩张型心肌病及缺血性 CHF，可阻止临床症状恶化、改善心功能、降低猝死及心律失常的发生率。

3. 应用时宜从小剂量开始，并与强心苷合并应用，以消除其负性肌力作用。

三、注意事项

1. 观察的时间应比较长，一般心功能改善的平均奏效时间为 3 个月，心功能改善与治疗时间呈正相关。

2. 应从小剂量开始，逐渐增加至患者既能够耐受又不加重病情的剂量，如开始时剂量偏大必然导致病情的加重。

3. 应合并使用其他抗 CHF 药，临床经验表明，CHF 时应合并应用利尿药、ACE 抑制药和地高辛，以此作为基础治疗措施。

4. 还要选择正确的适应证，以扩张型心肌病 CHF 的疗效最好。

5. 对严重心动过缓、严重左心室功能减退、明显房室传导阻滞、低血压及支气管哮喘者慎用或禁用。

第六节　其他治疗 CHF 的药物

一、扩血管药

（一）扩血管药治疗心功能不全的机制

1. 扩张静脉，使静脉回心血量减少，降低心脏的前负荷，进而降低肺动脉楔压、左心室舒张末压（LVEDP）等，缓解肺部淤血症状。

2. 扩张小动脉，降低外周阻力，降低心脏的后负荷，增加心排血量，增加动脉供血，缓解组织缺血症状，并可弥补或抵消因小动脉扩张而可能发生的血压下降和冠状动脉供血不足等不利影响。

（二）常用药物

硝酸酯类，肼屈嗪，硝普钠，哌唑嗪。

二、钙通道阻滞药

1. 钙通道阻滞药虽可扩张血管，降低心脏前、后负荷，但因其具有激活交感神经系统和负性肌力作用，在 CHF 治疗中的地位仍有争议。

2. 新一代钙通道阻滞药（如非洛地平和氨氯地平）舒张血管作用强而负性肌力作用弱，目前正在临床试用中。

三、非苷类正性肌力药

（一）儿茶酚胺类

1. 多巴胺

（1）多巴胺小剂量时激动 D_1、D_2受体，扩张肾、肠系膜及冠状血管，增加肾血流量和肾小球滤过率，促进排钠。

（2）稍大剂量激动 β 受体，并促使 NE 释放，抑制其摄取，故能增加外周血管阻力，加强心肌收缩性，增加心排血量。

（3）大剂量时激动 α 受体，导致血管收缩，心脏后负荷增高。

(4) 多巴胺多用于急性心力衰竭,常做静脉滴注。

2. 多巴酚丁胺

(1) 多巴酚丁胺主要激动心脏 β_1受体,对 β_2受体及 α_1受体作用较弱,能明显增强心肌收缩性,降低血管阻力,提高衰竭心脏的心脏指数,增加心排血量。

(2) 主要用于对强心苷反应不佳的严重左心室功能不全和心肌梗死后心功能不全者,但血压明显下降者不宜使用。

(二) 磷酸二酯酶抑制药

1. 磷酸二酯酶抑制药(PDEI)通过抑制 PDEⅢ而明显提高心肌细胞内 cAMP 的含量,cAMP 在心肌细胞内通过激活蛋白激酶 A(PKA)使钙通道磷酸化、促进钙内流而增加细胞内钙的浓度,发挥正性肌力和血管舒张的双重作用,使心排血量增加、心脏负荷降低、心肌氧耗量下降,缓解心力衰竭症状,属正性肌力扩血管药。

2. 米力农和氨力农

(1) 为双吡啶类衍生物。

(2) 氨力农的不良反应较严重,常见的有恶心、呕吐,心律失常的发生率也较高,此外尚有血小板减少和肝损害。

(3) 米力农为氨力农的替代品,抑酶作用较氨力农强,不良反应较氨力农少,但仍有室上性及室性心律失常、低血压、心绞痛样疼痛及头痛等。

(4) 现仅供短期静脉给药治疗急性心力衰竭。

强化训练及参考答案

一、英语单词

1. cardiac glycosides
2. digoxin
3. digitoxin
4. cedilanide
5. strophenthin K
6. captopril
7. enalapril
8. losartan
9. valsartan

二、名词解释

1. 正性肌力药物　能够加强心肌收缩力,用于治疗充血性心力衰竭的药物。
2. 强心苷　是一类具有强心作用的苷类。
3. 全效量　或称洋地黄化量,即在短期内给以能充分发挥最大疗效而又不致中毒的剂量。
4. 隐匿性传导　是指来自心房的冲动传入房室结后,因递减传导不能经房室结进入心室而隐没在房室结中。但留下不应期,阻止了其后冲动的传递。

三、问答题

1. 强心苷中毒的救治。

答:停药、补钾、苯妥因钠、利多卡因、注意肾功能。

2. 利尿药在心力衰竭时的作用和适应证。

答:减少血容量、前负荷下降;扩张血管、后负荷下降;排尿、心脏负担减轻;轻度心衰。

3. 血管扩张药在治疗心衰时的地位。

答:目前用血管扩张药治疗心衰,它们可缓解症状,改善血流动力学效应,提高运动耐力和生活质量,但多数血管扩张药未能降低病死率。

4. 目前用于治疗充血性心力衰竭的药物有哪几类?其代表药有哪几种?

答:(1) 强心苷类药:地高辛等。

(2) 肾素-血管紧张素-醛固酮系统抑制药:①血管紧张素Ⅰ转化酶抑制药:卡托普利等;②血管紧张素Ⅱ受体(AT_1)拮抗药:氯沙坦等;③醛固酮拮抗药:螺内酯。

(3) 利尿药:氢氯噻嗪、呋塞米等。

(4) β受体阻断药:美托洛尔、卡维地洛。

(5) 其他:①扩血管药:硝普钠等;②钙通道阻滞药:氨氯地平;③非苷类正性肌力药:米力农、维司力农等。

5. 简述强心苷使心肌耗氧量减少的原理。

答:心肌收缩力增加,耗氧量增加,但因心率减慢,尤其是因为心排血量加大,心室内残余血量减少,心室容积缩小,室壁张力下降而使心肌耗氧明显降低,故在强心苷影响下心肌总耗氧量非但不增加,反而有所下降。

6. 简述治疗强心苷中毒时,苯妥英钠对膜反应性的影响。

答:竞争 Na^+-K^+-ATP 酶,抑制后除极,防止触发活动(消除洋地黄中毒迟后除极化引起的触发活动),对抗洋地黄中毒时的房室结传导减慢,加快浦氏纤维 0 期除极的速度,改善其传导性。

7. 试述强心苷正性肌力作用特点及正性肌力作用机制。

答:(1) 特点:①加快心肌纤维缩短速度,使心肌收缩敏捷,因此舒张期相对延长。②加强衰竭心肌收缩力的同时,并不增加心肌耗氧量,甚至使心肌耗氧量有所降低。③增加心排血量。

(2) 机制

1) 强心苷与心肌细胞膜上的强心苷受体 Na^+-K^+-ATP 酶结合并抑制其活性,导致钠泵失灵,进而使心肌细胞内 Ca^{2+}增加。

2) 治疗量强心苷抑制 Na^+-K^+-ATP 酶的活性,使细胞内 Na^+量增加,而 K^+离子减少。

3) 胞内 Na^+量增多后,又通过 Na^+-Ca^{2+}双向交换机制,最终导致细胞内 Na^+减少,Ca^{2+}增加,肌质网摄取 Ca^{2+}也增加,储存 Ca^{2+}增多。

4) 细胞内 Ca^{2+}增加时,还可增强钙离子流,使动作电位 2 相内流的 Ca^{2+}增多,此 Ca^{2+}又能促使肌质网释放出 Ca^{2+},即"以钙释钙"的过程。

8. 血管紧张素Ⅰ转化酶抑制剂治疗心衰时的血液动力学。

答:血管紧张素Ⅰ转化酶抑制剂可使血管紧张素Ⅱ的含量减少,降低全身血管阻力,平均动脉压、肺楔压、右房压,增加心排出量,还能降低左室充盈压、左室舒张末压及容积,降低肾血管阻力,增加肾血流量,略减心率。

9. β受体阻断剂治疗心衰的作用机制。

答：慢性心衰时，交感神经的活性明显增高，长期增高则产生有害的影响。β 受体阻断药通过抑制交感神经张力而阻断儿茶酚胺对心肌的毒性作用，通过上调心肌的 β 受体，恢复 β 受体-AC 系统的信号传导能力，改善 β 受体对儿茶酚胺的敏感性。通过抑制 RAAS 而减轻心脏的前后负荷，减慢心率和减少心肌耗氧量。

10. 试述心源性哮喘（左心衰竭）可用什么药物治疗，说明其为什么。

答：(1) 用哌替啶或吗啡治疗心源性哮喘，其机制为：

1) 扩张外周血管，减轻心脏前后负荷，有利于肺水肿的消除。

2) 降低呼吸中枢对二氧化碳的敏感性，减弱过度的反射性呼吸兴奋作用，使急促或浅表呼吸得以缓解。

3) 镇静，有利于消除患者的焦虑、恐惧情绪。

(2) 强心苷类：正性肌力作用，改善左心衰竭症状。

(3) 呋塞米：利尿和扩张血管，减轻心脏前后负荷，改善左心衰竭症状。

(4) 氨茶碱：抑制磷酸二酯酶，增强心肌收缩力，改善肾功。

(5) 扩张血管药：血管紧张素 I 转化酶抑制药等：减轻心脏前后负荷，改善左心衰竭症状。

11. 试述强心苷治疗心房纤维性颤动（房颤）的疗效及其原理。

答：房颤时，心房的过多冲动可能下传到心室，引起心室频率过快，妨碍心排血，导致严重循环障碍。强心苷的治疗目的不在于停止房颤，而是通过抑制房室传导，使较多冲动不能通过房室结下达心室，从而保护心室免受来自心房过多冲动的影响，减少心室频率。因此，用药后，多数患者的房颤并未停止，但循环障碍得以纠正。

12. 强心苷引起心脏毒性反应有哪些临床表现？一旦出现心脏毒性反应应如何治疗？

答：(1) 心脏毒性反应：①室性早搏；②室上性或室性心动过速；③房室传导阻滞（Ⅰ、Ⅱ、Ⅲ度）；④窦性心动过缓等。

(2) 治疗：快速型心律失常可用钾盐、苯妥英钠及利多卡因治疗；缓慢性心律失常可选用阿托品、异丙肾上腺素治疗；还可采用抗地高辛抗体 Fab 片段治疗。

四、选择题

（一）A 型题

1. 女，46 岁，有风湿性二尖瓣关闭不全心脏病多年，近 3～5 天气短加重，心慌，有时夜间出现阵发性呼吸困难，检查左室舒张期充盈压高于 2kPa，端坐呼吸，两肺湿啰音，心率 130 次/分，偶有室性早搏。除给地高辛、利尿剂外，宜配合（　　）

A. 多巴胺　　B. 硝苯地平　　C. 肾上腺素

D. 去甲肾上腺素　　E. 硝普钠

2. 某药既有扩张外周血管又有增加心肌收缩力的作用，对地高辛反应不佳的慢性心功能不全患者静脉给药可收到明显疗效，但长期应用并不能降低心功能不全患者病死率。该药可能是（　　）

A. 肼屈嗪　　B. 硝苯地平　　C. 硝普钠

D. 哌唑嗪　　E. 米力农

3. 强心苷治疗心力衰竭,心肌耗氧量减少主要是(　　)
   A. 心肌代谢降低　B. 动脉血 PO_2增加　C. 心作功降低
   D. 心室容积缩小,室壁张力下降　E. 以上都不是
4. 强心苷的负性频率作用是因为(　　)
   A. β受体阻断作用引起　B. α受体阻断作用引起　C. 反射性兴奋迷走神经
   D. 反射性兴奋交感神经　E. 以上都不是
5. 强心苷治疗房颤的主要机制是(　　)
   A. 抑制窦房结　B. 缩短心房有效不应期　C. 减慢房室传导
   D. 加强浦肯野纤维自律性　E. 延长心房有效不应期
6. 强心苷疗效最好的适应证是(　　)
   A. 肺心病、心肌炎所致的心衰
   B. 高血压性心衰伴房颤
   C. 严重贫血、二尖瓣狭窄引起的心衰
   D. 甲亢引起的心衰
   E. 缩窄性心包炎所致心衰
7. 强心苷中毒时,哪种情况不应给钾盐(　　)
   A. 室性早搏　B. 室性心动过速　C. 室上性阵发性心动过速
   D. 房室传导阻滞　E. 以上均可以
8. 下列药物中血浆蛋白结合率最高的是(　　)
   A. 洋地花毒苷　B. 地高辛　C. 毒毛花苷 K
   D. 毛芪苷 C(西地兰)　E. 黄夹苷
9. 强心苷中毒引起的快速型心律失常,下述哪一项治疗是错误的(　　)
   A. 停药　B. 给氯化钾　C. 给苯妥英钠
   D. 给呋塞米　E. 给消胆胺,以打断强心苷的肠肝循环
10. 解除地高辛致死性中毒最好选用(　　)
    A. 氯化钾静脉滴注　B. 利多卡因　C. 苯妥英钠
    D. 地高辛抗体　E. 普鲁卡因胺心腔注射
11. 血管紧张素Ⅰ转化酶抑制药广泛用于心力衰竭,其主要目的是(　　)
    A. 防止和逆转心肌重构肥厚
    B. 使心肌耗氧量减少
    C. 扩张血管,降低心脏负荷
    D. 扩张冠状动脉,提高心肌供氧量
    E. 以上都是
12. 血管紧张素Ⅰ转化酶抑制药治疗心力衰竭的机制,下述哪一项是错误的(　　)
    A. 减少缓激肽的降解,提高血中缓激肽的含量
    B. 降低血中儿茶酚胺的含量
    C. 防止心肌细胞增殖
    D. 抑制循环中 AngⅠ向 AngⅡ转化

E. 激动β受体

13. 地高辛治疗心房颤动的目的是(　　)

A. 抑制房室结传导,防止室率过快

B. 使房颤转变成房扑　　C. 减慢窦性心率

D. 加强心房肌收缩力　　E. 以上均不是

14. 下列哪一类不属于治疗CHF药物(　　)

A. 利尿药　　B. 扩血管药　　C. 钙通道阻滞药

D. β受体阻断药　　E. M受体阻断药

15. 下列哪一种药物能增加地高辛的血药浓度(　　)

A. KCl　　B. 螺内酯　　C. 奎尼丁

D. 利多卡因　　E. 苯妥英钠

16. 下列哪一种强心苷肠肝循环量最多(　　)

A. 洋地花毒苷　　B. 地高辛　　C. 毒毛花苷K

D. 西地兰　　E. 黄夹苷

17. 下列哪一个药物不能用于心源性哮喘(　　)

A. 毒毛花苷K　　B. 吗啡　　C. 氨茶碱

D. 硝普钠　　E. 异丙肾上腺素

18. 强心苷中毒引起的窦性过缓可选用(　　)

A. KCl　　B. 利多卡因　　C. 吗啡

D. 肾上腺素　　E. 阿托品

19. 血浆半衰期最短的强心苷是(　　)

A. 洋地花毒苷　　B. 地高辛　　C. 毒毛花苷K

D. 西地兰　　E. 甲基地高辛

20. 氯沙坦是(　　)

A. 血管紧张素Ⅰ转化酶抑制药

B. 血管紧张素Ⅱ受体(AT_1)拮抗药

C. 扩血管药

D. 钙通道阻滞药

E. 非苷类正性肌力药

(二) B型题

A. 地高辛　　B. 洋地黄毒苷　　C. 毒毛花苷C

D. 毛花苷K　　E. 铃兰毒苷

1. 静脉注射后起效最快的药物是(　　)

2. 临床最常用的强心苷是(　　)

A. 硝酸甘油　　B. 硝普钠　　C. 肼屈嗪

D. 卡托普利　　E. 地高辛

3. 能扩张血管可用于治疗心力衰竭的药物是(　　)

4. 能直接扩张动脉而用于治疗心力衰竭的药物是(　　)
5. 主要扩张静脉而用于治疗心力衰竭的药物是(　　)

A. 血管紧张素Ⅰ转化酶抑制药
B. 血管紧张素Ⅱ受体(AT_1)拮抗药
C. 磷酸二酯酶抑制药
D. 钙通道阻滞药
E. β受体阻断药

6. 卡托普利是(　　)
7. 卡维地洛是(　　)
8. 氨氯地平是(　　)

A. 依那普利　　B. 地高辛　　C. 多巴胺
D. 哌唑嗪　　E. 米力农

9. 减轻心脏前后负荷,改善心功能的药物(　　)
10. 防止和逆转心肌重构肥厚的药物(　　)

五、填空题

1. 强心苷不增加正常心脏的搏出量,是因为它还有________,因而限制了心排血量的增加。
2. 强心苷治疗心房颤动的机制是________, 因而可使________减慢。
3. 强心苷对伴有________的心功能不全疗效最佳。
4. 血管紧张素Ⅰ转化酶抑制药广泛用于心力衰竭,其主要目的是________,________,________,________等。
5. 地高辛主要通过________消除,其半衰期大约为________。
6. 洋地黄毒苷主要通过________消除,其半衰期大约为________。
7. 强心苷的不良反应主要有________,________和________三方面。
8. 非苷类正性肌力药包括________,________。

六、判断题

1. 强心苷加强心肌收缩力,增加衰竭心脏的心排出量。(　　)
2. 地高辛可治疗严重二尖瓣狭窄。(　　)
3. 血管紧张素Ⅰ转化酶抑制药能消除或缓解心力衰竭症状,提高运动耐力,改进生活质量。(　　)
4. 几乎所有的心律失常均可见于强心苷中毒。(　　)
5. 强心苷可用于各种原因引起的心衰,但其疗效有很大差异。(　　)
6. 强心苷中毒所引起的缓慢型心律失常,宜补钾,可用阿托品治疗。(　　)
7. β受体阻断药对扩张型心肌病及缺血性CHF,可阻止临床症状恶化、改善心功能、降低猝死及心律失常的发生率。(　　)

七、参考答案

A 型题

1. E　2. E　3. D　4. C　5. C　6. B　7. D　8. A　9. D　10. D
11. E　12. E　13. A　14. E　15. C　16. A　17. E　18. E　19. C　20. B

B 型题

1. C　2. A　3. D　4. C　5. A　6. A　7. E　8. D　9. D　10. A

填空题

1. 血管收缩
2. 抑制房室结传导　心室率
3. 高血压性心衰伴房颤和心室率快
4. 防止和逆转心肌重构肥厚　使心肌耗氧量减少
　扩张血管,降低心脏负荷　扩张冠状动脉,提高心肌供氧量
5. 肾　33~36 小时
6. 肝　5~7 天
7. 心脏毒性反应　胃肠道反应　中枢神经系统反应
8. 儿茶酚胺类　磷酸二酯酶抑制药

判断题

1. √　2. ×　3. √　4. ×　5. √　6. ×　7. √

（艾尼瓦尔·吾买尔　王晓雯）

第二十七章　抗心绞痛药

学 习 目 标

1. 掌握硝酸甘油、普萘洛尔和钙拮抗剂抗心绞痛的作用机制和应用。
2. 熟悉硝酸甘油和普萘洛尔合用治疗心绞痛的药理学作用基础。
3. 了解心绞痛的发生基础及心绞痛的临床分类，药物作用的总机制。

学习重点指导

第一节　概　　述

心绞痛是因冠状动脉供血不足引起的心肌急剧的、暂时的缺血与缺氧综合征，其典型临床表现为阵发性的胸骨后压榨性疼痛并向左上肢放散。

心绞痛的主要病理生理机制是心肌需氧与供氧的平衡失调，导致心肌暂时性缺血缺氧，代谢产物（乳酸、丙酮酸、组胺、类似激肽样多肽、K^+等）聚积心肌组织，刺激心肌自主神经传入纤维末梢引起疼痛。

心绞痛分为三种类型。

（1）劳累性心绞痛：多在体力活动时发病，其典型诱因是劳累或情绪激动。此类心绞痛又分：稳定型心绞痛、初发型心绞痛、恶化型心绞痛。

（2）自发性心绞痛：多发生于安静状态。包括卧位型心绞痛、变异型心绞痛（由冠状动脉痉挛所引起，常在夜间或休息时发生）、中间综合征和梗死后心绞痛。

（3）混合性心绞痛：临床上常将初发型、恶化型及自发性心绞痛称为不稳定型心绞痛。

心绞痛的主要病理生理基础是心肌组织氧的供需失衡，任何引起心肌组织对氧的需求量增加或（和）冠状动脉狭窄、痉挛导致心肌组织供血供氧减少的因素都可成为诱发心绞痛的诱因。

心肌的氧供取决于动、静脉的氧分压差及冠状动脉的血流量。增加氧供应主要依靠增加冠状动脉的血流量。

决定心肌耗氧量的主要因素是心室壁张力、心率和心室收缩力。

降低心肌耗氧量、扩张冠状动脉、改善冠状动脉供血是缓解心绞痛的主要治疗对策。

第二节 硝酸酯类

一、硝酸甘油（nitroglycerin）

1. 药理作用

硝酸甘油的基本作用是松弛平滑肌，以对血管平滑肌的作用最为明显。

（1）对血管的作用：能舒张全身静脉和动脉，包括冠状动脉。但对静脉和冠状动脉的敏感性较动脉强。

（2）对心脏的作用：对心脏无明显的直接作用。对正常人及无心脏功能衰竭的冠心病者，能使每搏及每分钟输出量减少，心率不变或轻度加快；剂量加大，可致降压而引起反射性心率加快。

2. 抗心绞痛作用的机制

（1）降低心肌耗氧量：硝酸甘油使容量血管扩张，能降低前负荷，降低心室舒张末期压力及容量。在较大剂量时也扩张小动脉而降低后负荷，从而降低室壁肌张力及心肌氧耗量。

（2）扩张冠状动脉，增加缺血区血液灌注：

1）硝酸甘油能明显舒张较大的心外膜血管及狭窄的冠状血管以及侧支血管，此作用在冠状动脉痉挛时更为明显，而对阻力血管的舒张作用较弱。

2）硝酸甘油能使冠状动脉血流量重新分配。能增加心内膜下区的血液的灌流量。

3. 舒张血管的作用机制　硝酸酯类药物作为前药在平滑肌细胞及血管内皮细胞中被生物降解产生 NO，通过 NO 拟内源性血管内皮舒张因子而起作用。能激活鸟苷酸环化酶，增加细胞内 cGMP 的含量，激活 cGMP 依赖性蛋白性激酶，降低胞浆中 Ca^{2+} 浓度，促使肌球蛋白轻链去磷酸化，而松弛血管平滑肌。

4. 体内过程　口服后受多方面的影响，生物利用度仅 8%，舌下含化的生物利用度为 80%。硝酸甘油舌下含服可经口腔黏膜迅速吸收，2～5 分钟出现作用。

5. 临床应用

（1）舌下含服硝酸甘油能迅速缓解各种类型心绞痛。

（2）在预计可能发作前用药也可预防发作。

（3）对急性心肌梗死者，多静脉给药，不仅能降低心肌耗氧量、增加缺血区供血，还可抑制血小板聚集和黏附，从而缩小梗死范围。

（4）反复连续使用要限制用量，以免血压过度降低引起心、脑等重要器官灌注压过低，反而加重缺血。

（5）由于硝酸甘油可降低心脏前、后负荷，因此也可用于心力衰竭的治疗。

（6）可舒张肺血管，降低肺血管阻力，改善肺通气，用于急性呼吸衰竭及肺动脉高压的患者。

6. 不良反应及注意事项

（1）多数不良反应是由其血管舒张作用所引起的，如头、面、颈、皮肤血管扩张引起暂时性面颊部皮肤潮红，脑膜血管舒张引起搏动性头痛，眼内血管扩张则可升高眼压等。

(2) 大剂量可出现直立性低血压及晕厥。

(3) 剂量过大可使血压过度下降,冠状动脉灌注压过低,并可反射性兴奋交感神经、增加心率、加强心肌收缩性,反而可使耗氧量增加而加重心绞痛的发作。

(4) 超剂量时还会引起高铁血红蛋白血症,表现为呕吐、发绀等。

(5) 硝酸甘油连续应用两周左右可出现耐受性。

(6) 硝酸甘油产生耐受性的机制

1) 一种为血管平滑肌细胞使硝酸甘油转化为NO发生障碍,有人称之为"血管耐受"。可能在细胞内生成NO的过程中需要—SH,硝酸酯类使细胞内—SH氧化,引起—SH消耗所致。

2) 另一种为非血管机制,也有人称为"伪耐受",可能与硝酸酯类使血管内压力迅速下降,使机体通过代偿,增强交感活性,释放去甲肾上腺素,激活肾素-血管紧张素系统,使钠、水潴留,血容量及体重增加,血液稀释,血细胞比容降低;神经内分泌改变,自由基生成等因素也与耐受性的产生有关。

二、硝酸异山梨酯和单硝酸异山梨酯

1. 硝酸异山梨酯(isosorbide dinitrate)又叫消心痛,其作用及机制与硝酸甘油相似,但作用较弱,起效较慢,作用维持时间较长。

2. 本品经肝代谢生成异山梨-2-单硝酸酯和异山梨醇-5-单硝酸酯,仍具有扩张血管及抗心绞痛的作用。

3. 本品剂量范围个体差异较大,剂量大时易致头痛及低血压等不良反应,缓释剂可减少不良反应。

4. 主要口服,用于心绞痛的预防和心肌梗死后心力衰竭的长期治疗。

第三节 β肾上腺素受体拮抗药

一、抗心绞痛作用

1. 降低心肌耗氧量 普萘洛尔等β受体阻断药通过阻滞β受体,抑制心脏收缩,降低心肌耗氧量,而缓解心绞痛。

2. 改善心肌缺血区的供血 降低心肌耗氧量,增加缺血区血流量。其次,由于减慢心率,使舒张期延长,从而冠脉的灌流时间延长,更有利于血液从心外膜血管流向易缺血的心内膜区。能促进氧合血红蛋白结合氧的解离而增加全身组织包括心肌的供氧。

二、临床应用及注意事项

1. 普萘洛尔、吲哚洛尔、噻吗洛尔及选择性β_1受体拮抗药阿替洛尔、美托洛尔、醋丁洛尔等均可用于心绞痛。尤其是用于对硝酸酯类不敏感或疗效差的稳定型心绞痛,可使发作次数减少,对伴有心律失常及高血压者尤为适用。

2. 对心肌梗死也有效,能缩小梗死区范围,但因可抑制心肌收缩力,故应慎用。

3. 对冠状动脉痉挛诱发的变异型心绞痛不宜应用,因其β受体被阻断,α受体相对占

优势,易导致冠状动脉收缩。

4. 一般宜口服给药,因剂量的个体差异大,应从小剂量开始逐渐增加剂量。

5. 停用 β 受体拮抗药时应逐渐减量,如突然停用可导致心绞痛加剧或诱发心肌梗死。

6. 对心功能不全、支气管哮喘、哮喘既往史及心动过缓者不宜应用。

7. 本类药物禁用于血脂异常的患者。

第四节　钙通道阻滞药

一、抗心绞痛作用及机制

1. 降低心肌耗氧量　阻断钙通道,抑制 Ca^{2+} 内流,使心肌收缩力减弱,心率减慢,降低心肌耗氧量,而缓解心绞痛。

2. 舒张冠状血管　对痉挛状态的血管有显著的解除痉挛作用,增加缺血区血流量。

3. 保护缺血心肌细胞　减轻缺血心肌细胞钙离子超负荷,而保护心肌细胞。

4. 抑制血小板聚集　阻滞 Ca^{2+} 内流,降低血小板内 Ca^{2+} 浓度,抑制血小板聚集。

二、临床应用

1. 钙通道阻滞药因有松弛支气管平滑肌的作用,故更适合心肌缺血伴支气管哮喘的患者。

2. 钙通道阻滞药有强大的扩张冠状动脉作用,变异型心绞痛是最佳适应证。

3. 钙通道阻滞药抑制心肌作用较弱,特别是硝苯地平还具有较强的扩张外周血管、降低外周阻力作用,且血压下降后反射性加强心肌收缩力,可部分抵消对心肌的抑制作用,因而较少诱发心力衰竭。

4. 心肌缺血伴外周血管痉挛性疾病患者禁用 β 受体拮抗药,而钙通道阻滞剂因扩张外周血管恰好适用于此类患者的治疗。

三、常用药物

• **硝苯地平**(nifedipine)

1. 扩张冠状动脉和外周小动脉作用强,抑制血管痉挛效果显著,对变异型心绞痛最有效,对伴有高血压的患者尤为适用。

2. 对稳定型心绞痛也有效,对急性心肌梗死患者能促进侧支循环,缩小梗死区的范围。

3. 可与 β 受体拮抗药合用,以增加疗效。

4. 有报道称硝苯地平可增加发生心肌梗死的危险,应引起重视。

• **地尔硫䓬**(diltiazem)

1. 对变异型、稳定型和不稳定型心绞痛都可应用。

2. 扩张冠状动脉作用较强,对周围血管扩张作用较弱,降压作用小,对伴房室传导阻滞或窦性心动过缓者应慎用,又因其抑制心肌收缩力,对心力衰竭患者也应慎用。

3. 钙通道阻滞药与 β 受体拮抗药联合应用可以治疗心绞痛,特别是硝苯地平与 β 受体拮抗药合用更为安全，两者合用对降低心肌耗氧量起协同作用，β 受体拮抗可消除钙通道阻滞药引起的反射性心动过速，后者可抵消前者收缩血管的作用。

4. 对心绞痛伴高血压及运动时心率显著加快者最为适宜。

5. 普萘洛尔与硝酸酯类合用控制稳定型心绞痛有良好的疗效，但有报道称患者可逐渐发展为不稳定型心绞痛或称梗死前心绞痛，即在动脉粥样硬化的基础上出现痉挛，运动休息时均可发作，此时增加上述药物的剂量很少收效，如用硝苯地平常可得到显著疗效。

第五节 其他抗心绞痛药物

● **卡维地洛**(carvedilol)

1. 为去甲肾上腺素能神经受体阻断药。

2. 因其既能阻断 β_1、β_2 和 α 受体，又具有一定的抗氧化作用，故可用于心绞痛、心功能不全和高血压的治疗。

● **尼可地尔**(nicorandil)

1. 尼可地尔是一新型的血管扩张药，既有释放 NO，增加血管平滑肌细胞内 cGMP 生成的作用，又可激活血管平滑肌细胞膜的 K^+ 通道，促进 K^+ 外流，使细胞膜超极化，抑制 Ca^{2+} 内流。

2. 主要适用于变异型心绞痛，且不易产生耐受性。

● **吗多明**(molsidomine)

1. 吗多明的代谢产物作为 NO 的供体，释放 NO，通过与硝酸酯类相似的作用机制，扩张容量血管及阻力血管，降低心肌耗氧量，改善侧支循环，改善心肌供血。

2. 舌下含服或喷雾吸入用于稳定型心绞痛或心肌梗死伴高充盈压者疗效较好。

● **丹参酮 $Ⅱ_A$ 磺酸钠**

1. 从丹参中提出的脂溶性抗心肌缺血有效成分，制成丹参酮 $Ⅱ_A$ 磺酸钠后为水溶性，可注射使用。

2. 有抗心脑缺血作用，能缩小梗死范围，改善缺血心肌乳酸代谢，抑制血小板聚集、抑制血栓形成。

3. 临床应用丹参酮 $Ⅱ_A$ 磺酸钠或总丹参酮治疗冠心病、心绞痛及急性心肌梗死。

4. 少数病人用后可出现胃肠道不适、血清谷丙转氨酶升高、皮疹等不良反应。

强化训练及参考答案

一、英语单词

1. nitroglycerin
2. isosorbide dinitrate
3. verapamil
4. diltiazem
5. nifedipine
6. diltiazem

7. carvedilol
8. nicorandil
9. angina pectoris
10. angina of effort
11. angina pectoris at rest
12. mixed pattern of angina

二、名词解释

1. 心绞痛 是因冠状动脉供血不足引起的心肌急剧的、暂时的缺血与缺氧综合征，其典型临床表现为阵发性的胸骨后压榨性疼痛并向左上肢放散。
2. 稳定型心绞痛 多在体力活动时发病，其典型诱因是劳累或情绪激动。
3. 变异型心绞痛 由冠状动脉痉挛所引起，常在夜间或休息时发生。

三、问答题

1. 简述硝酸甘油抗心绞痛的药理基础。

答：硝酸甘油抗心绞痛的药理基础包括：①扩张血管，降低前负荷、后负荷，减少心肌耗氧量；②扩张冠状动脉和侧支血管，改善缺血区血流供应；促进心肌血液重新分配，改善心内膜下供血。

2. 普萘洛尔常与硝苯地平合用治疗心绞痛，但一般不宜与维拉帕米合用，为什么？

答：普萘洛尔阻断β受体，抑制心肌收缩力，减慢心率；硝苯地平扩张外周血管，使血压下降。因而可以反射性地使心率加快，故可与普萘洛尔合用。而维拉帕米可直接作用心脏，引起心率轻度减慢，加重对心脏的抑制作用，不可与普萘洛尔合用。

3. 试述β受体阻断药在抗心绞痛方面的临床应用及长期用药停药时应注意逐渐减量的原因。

答：对硝酸酯类不敏感或疗效差的稳定型心绞痛，可减少发作次数，伴有高血压或心律失常者更为适用。对心肌梗死也有效果，缩小梗死范围。长期应用者突然停药可引起反射性心动过速，使心绞痛发作加剧，或诱发心肌梗死。必须于停药前2周内逐渐减量。

4. 试述普萘洛尔与硝酸酯类联合应用抗心绞痛的药理基础。

答：硝酸酯类可扩张小静脉和小动脉，减少回心血量，心室容积下降，降低心室壁张力和外周阻力，降低心肌氧耗量。普萘洛尔通过阻断β受体，抑制心肌收缩力，减慢心率，降低心肌氧耗量。硝酸甘油还可缩减普萘洛尔引起的心室增大和射血时间延长，而普萘洛尔又可减弱硝酸酯类反射性引起的心率加快，所以合用可以达到消除各自的不良反应，并协同降低心肌耗氧量，增强抗心绞痛作用。

5. 简述β受体阻断药抗心绞痛作用原理。

答：(1) 降低心肌耗氧量：普萘洛尔等β受体阻断药通过阻滞β受体，抑制心脏收缩，降低心肌耗氧量，而缓解心绞痛。

(2) 改善心肌缺血区的供血：降低心肌耗氧量，增加缺血区血流量。其次，由于减慢心率，使舒张期延长，从而冠脉的灌流时间延长，更有利于血液从心外膜血管流向易缺血的心内膜区。能促进氧合血红蛋白结合氧的解离而增加全身组织包括心肌的供氧。

6. 试述硝酸酯类与β受体阻断药治疗心绞痛的机制。

答:(1) 硝酸酯类作用机制:①松弛血管平滑肌,减轻心脏前后负荷,降低耗氧量;②扩张冠脉,增加缺血区的血液灌注;③降低左室充盈压,增加心内膜供血,改善左室顺应性;④保护缺血的心肌细胞减轻缺血损伤。⑤不利因素:血压降低可引起反射性心率加快。

(2) β受体阻断药作用机制:①β受体阻断→心率减慢→心收缩力减弱→心肌耗氧量降低;②改善心肌缺血部位的供血:耗氧量降低→血液流向阻力低的缺血区;心率减慢→心舒期延长→血供时间充分;③不利因素:心收缩力减弱→心室容积增大。

7. 分析硝酸甘油和普萘洛尔合用治疗心绞痛的优点及机制,并指出合用时注意事项。

答:(1) 两药合用优点:协同降低氧耗量。

(2) 机制:β受体阻断药普萘洛尔可取消硝酸甘油所致的反射性心率加快及其伴随的心肌耗氧量增加;硝酸甘油可缩小普萘洛尔所致的心室扩大,抵消因室壁张力增高引起的心肌耗氧量增加。

(3) 合用时注意事项:两药都有降压作用,合用时可导致降压作用过强,可能引起冠脉灌注不足。

8. 试述钙拮抗药的抗心绞痛作用机理。

答:(1) 使心肌收缩力减弱,心率减慢,血管舒张,血压下降,减轻心脏负荷,降低心肌耗氧量。

(2) 扩张冠状血管,解除冠脉痉挛,增加冠脉血流量及改善缺血区的供血和供氧。

(3) 保护缺血的心肌细胞,防止心肌缺血时细胞内 Ca^{2+} 超负荷引起的ATP合成障碍。

(4) 抑制血小板聚集,防止动脉硬化斑块的破裂。

四、选择题

(一) A型题

1. 硝酸酯类舒张血管的作用机制是(　　)

A. 直接作用于血管平滑肌　　B. 阻断α受体　　C. 促进前列腺环素形成
D. 释放一氧化氮　　E. 阻滞 Ca^{2+} 通道

2. 常用于防治心绞痛急性发作的药物是(　　)

A. 硝酸甘油　　B. 普萘洛尔　　C. 硝酸异山梨酯
D. 单硝酸异山梨酯　　E. 硝苯地平

3. 下列哪项是减弱硝酸酯类治疗心绞痛的因素(　　)

A. 室壁张力降低　　B. 心室容积缩小　　C. 心室压力降低
D. 心脏体积缩小　　E. 心率加快

4. 硝酸甘油、普萘洛尔治疗心绞痛的共同作用是(　　)

A. 缩小心室容积　　B. 缩小心脏体积　　C. 减慢心率
D. 降低心肌氧耗量　　E. 抑制心肌收缩性

5. 硝酸甘油舒张血管最强的是(　　)

A. 毛细血管括约肌　B. 毛细血管后静脉　C. 小动脉
D. 冠状动脉的侧支血管　E. 冠状动脉阻力血管

6. 下列哪项是减弱 β 受体阻断药治疗心绞痛的因素(　　)
A. 心室容积增大　B. 心率减慢　C. 心肌收缩力减弱
D. 改善缺血区的供应　E. 冠状动脉的灌流时间延长

7. 普萘洛尔、维拉帕米的共同禁忌证是(　　)
A. 轻中度高血压　B. 变异性心绞痛　C. 强心苷中毒时心律失常
D. 甲亢伴窦性心动过速　E. 严重心功能不全

8. 下列哪项是减弱硝苯地平治疗心绞痛的因素(　　)
A. 心室张力降低　B. 心率加快　C. 心室压力减小
D. 改善缺血区的供血　E. 增加侧支血流

9. 具有抗心绞痛和抗心律失常的药物是(　　)
A. 硝酸甘油　B. 普萘洛尔　C. 硝酸异山梨酯
D. 5-单硝酸异山梨酯　E. 硝苯地平

10. 硝酸甘油、维拉帕米治疗心绞痛的共同作用是(　　)
A. 缩小心脏体积　B. 减慢心率　C. 抑制心肌收缩力
D. 降低室壁张力　E. 增加心肌收缩力

11. 关于硝酸甘油与普萘洛尔合用治疗心绞痛,下列叙述哪项不正确的是(　　)
A. 增强疗效　B. 避免心室容积增加　C. 避免心室体积增大
D. 避免心率加快　E. 避免普萘洛尔抑制心脏

12. 普萘洛尔无下列哪项作用(　　)
A. 减弱心肌收缩性　B. 减慢心率　C. 降低室壁张力
D. 降低心肌氧耗　E. 改善缺血区的供应

13. 关于硝酸甘油不良反应的叙述,下列哪项是错误的(　　)
A. 升高眼压　B. 搏动性头疼　C. 心率加快
D. 降低眼压　E. 体位性低血压

(二) B 型题

A. 硝酸甘油　B. 肼屈嗪　C. 哌唑嗪
D. 硝苯地平　E. 硝普钠

1. 扩张动脉和静脉,起效快,维持时间短(　　)
2. 对动脉有明显扩张作用,可引起踝关节水肿(　　)

A. 硝普钠　B. 氢氯噻嗪　C. 肼屈嗪
D. 拉贝洛尔　E. 普萘洛尔

3. 促进 NO 释放,扩张血管的药是(　　)
4. 阻断 α、β 受体,扩张血管的药是(　　)

A. 硝苯地平　B. 硝酸甘油　C. 维拉帕米

D. 地尔硫䓬　　　　E. 普萘洛尔

5. 伴有哮喘的心绞痛病人不宜选用的药物是(　　)
6. 对变异型心绞痛最有效的药物是(　　)

五、填空题

1. 缓解心绞痛的主要治疗对策有________,________。
2. 常用抗心绞痛的钙拮抗药有________,________等。
3. 硝酸甘油的主要临床应用有________,________。
4. 普萘洛尔不能用于________型心绞痛。
5. 硝酸酯类抗心绞痛药物包括________,________和________。

六、判断题

1. 长期使用普萘洛尔,突然停药会加重心绞痛。(　　)
2. β 受体阻断药与维拉帕米合用较为理想,与硝苯地平合用时应注意对心脏的抑制。(　　)
3. 硝酸甘油与卡托普利合用是为了补充巯基,阻止耐受性的产生。(　　)
4. 硝酸甘油用于急性心肌梗死时,剂量要大,速度要快。(　　)
5. 硝酸甘油用于心肌梗死,是因为其不但能降低心肌耗氧量、增加缺血区供血,还可抑制血小板聚集和黏附,从而缩小梗死范围。(　　)

七、参考答案

A 型题

1. D　2. A　3. E　4. D　5. B　6. A　7. E　8. B　9. B　10. D
11. E　12. C　13. D

B 型题

1. E　2. D　3. A　4. D　5. E　6. A

填空题

1. 降低心肌耗氧量　扩张冠状动脉,改善冠状动脉供血
2. 硝苯地平　地尔硫䓬
3. 各种类型心绞痛　急性心肌梗死或心衰
4. 变异型心绞痛
5. 硝酸甘油　单硝酸异山梨酯　硝酸异山梨酯

判断题

1. √　2. ×　3. √　4. ×　5. √

(艾尼瓦尔·吾买尔　王晓雯)

第二十八章　调血脂药与抗动脉粥样硬化药

学习目标

1. 掌握洛伐他汀、辛伐他汀、普伐他汀、氟伐他汀的作用、临床应用、不良反应。

2. 熟悉考来烯胺、考来替泊、吉非贝齐、非诺贝特、环丙贝特的作用、临床应用的作用和应用。

3. 了解烟酸、普罗布考、多烯脂肪酸类的临床用途。

学习重点指导

动脉粥样硬化(atherosclerosis)是心及脑血管疾病的主要病理基础,防治动脉粥样硬化则是防治心脑血管病的重要措施。用于防治动脉粥样硬化的药物称为调血脂药(lipidemic-modulating drugs)和抗动脉粥样硬化药(antiatherosclertic drugs)

第一节　调血脂药

一、主要降低 TC 和 LDL 的药物

• 他汀类

羟甲基戊二酸单酰辅酶 A(HMG-CoA)还原酶是肝细胞合成胆固醇(Ch)过程中的限速酶,催化 HMG-CoA 生成甲羟戊酸(MVA),MVA 是内源性 Ch 合成的关键步骤,抑制 HMG-CoA 还原酶,减少内源性 Ch 的合成。他汀类有抑制 HMG-CoA 还原酶的作用。

他汀类包括:洛伐他汀(lovastatin)、辛伐他汀(simvastatin)、普伐他汀(pravastatin)、阿代他汀及氟伐他汀等。

1. 药理作用

(1) 调血脂作用及作用机制

1) 人体内 Ch 主要由肝合成,在 Ch 合成过程中 HMG-CoA 还原酶使 HMG-CoA 转换为中间产物 MVA。

2) 他汀类与 HMG-CoA 的化学结构相似,且和 HMG-CoA 还原酶的亲和力高出 HMG-CoA 数千倍,对该酶发生竞争性的抑制作用,使 Ch 合成受阻。

(2) 非调血脂作用

1）改善血管内皮功能，提高血管内皮对扩血管物质的反应性。

2）抑制血管平滑肌细胞（VSMCs）的增殖和迁移，促进 VSMCs 凋亡。

3）减少动脉壁巨噬细胞及泡沫细胞的形成，使动脉粥样硬化斑块稳定和缩小。

4）降低血浆 C 反应蛋白，减轻动脉粥样硬化过程的炎性反应。

5）抑制单核细胞、巨噬细胞的黏附和分泌功能。

6）抑制血小板聚集和提高纤溶活性。

2. 临床应用

（1）他汀类主要用于杂合子家族性和非家族性Ⅱa、Ⅱb 和Ⅲ型高脂蛋白血症，也可用于2型糖尿病和肾病综合征引起的高 Ch 血症。

（2）对病情较严重者可与胆汁酸结合树脂合用。

（3）他汀类亦可用于肾病综合征、血管成形术后再狭窄、预防心脑血管急性事件及缓解器官移植后的排异反应和治疗骨质疏松症等。

3. 不良反应及注意事项

（1）他汀类不良反应较少而轻，大剂量应用时患者偶可出现胃肠反应、肌痛、皮肤潮红、头痛等暂时性反应。

（2）偶见有无症状性转氨酶升高、肌酸磷酸激酶（CPK）升高，停药后即可恢复正常。

（3）偶有横纹肌溶解。

（4）孕妇及有活动性肝病（或转氨酶持续升高）者禁用。

● 胆汁酸结合树脂——考来烯胺（cholestyramine）和考来替泊（colestipol）

1. 药理作用

（1）能降低 TC 和 LDL-C，其强度与剂量有关，apo B 也相应降低，但 HDL 几乎无改变。

（2）对 TG 和 VLDL 的影响较小。

2. 作用机制

（1）被结合的胆汁酸失去活性，减少食物中脂类（包括 Ch）的吸收。

（2）阻滞胆汁酸在肠道的重吸收。

（3）由于大量胆汁酸丢失，肝内 Ch 经 7-α 羟化酶的作用转化为胆汁酸。

（4）由于肝细胞中 Ch 减少，导致肝细胞表面 LDL 受体增加或活性增强。

（5）LDL-Ch 经受体进入肝细胞，使血浆 TC 和 LDL-Ch 水平降低。

（6）此过程中的 HMG-CoA 还原酶可有继发活性增加，但不能补偿 Ch 的减少，若与他汀类联合应用，有协同作用。

3. 临床应用

（1）适用于Ⅱa 及Ⅱb 及家族性杂合子高脂蛋白血症，对纯合子家族性高 Ch 血症无效。

（2）对Ⅱb 型高脂蛋白血症者，应与降 TG 和 VLDL 的药物配合应用。

4. 不良反应

（1）由于应用剂量较大，考来烯胺有特殊的臭味和一定的刺激性，少数人用后可能有便秘、腹胀、嗳气和食欲减退等。

（2）偶尔可出现短时的转氨酶升高、高氯酸血症或脂肪痢等。

● 酰基辅酶 A 胆固醇酰基转移酶抑制药——甲亚油酰胺

1. 甲亚油酰胺抑制酰基辅酶 A 胆固醇酰基转移酶（ACAT）阻滞细胞内 Ch 向 CE 的转

化,减少外源性 Ch 的吸收,阻滞 Ch 在肝形成 VLDL,并且阻滞外周组织 CE 的蓄积和泡沫细胞的形成,有利于 Ch 的逆化转运,使血浆及组织 Ch 降低。

2. ACAT 使细胞内 Ch 转化为 CE,促进肝细胞 VLDL 的组成和释放,促进血管壁 Ch 的蓄积,促进小肠 Ch 的吸收,促进巨噬细胞泡沫细胞的形成,因而促进动脉粥样硬化病变的形成过程。

3. 甲亚油酰胺适用于Ⅱ型高脂蛋白血症的患者。

4. 不良反应轻微,可有食欲减退或腹泻等。

二、主要降低 TG 及 VLDL 的药物

● **贝特类**(fibrates)

1. 药理作用

(1) 贝特类既有调血脂作用,也有非调脂作用。能降低血浆 TG、VLDL、TC、LDL。能升高 HDL。

(2) 各种贝特类的作用强度不同,吉非贝齐、非诺贝特和苯扎贝特的作用较强。

(3) 非调脂作用有抗凝血、抗血栓和抗炎性作用等,共同发挥抗动脉粥样硬化的作用。

2. 作用机制

(1) 抑制乙酰辅酶 A 羧化酶,减少脂肪酸从脂肪组织进入肝合成 TG 及 VLDL。

(2) 增强 LPL 的活化,加速 CM 和 VLDL 的分解代谢。

(3) 增加 HDL 的合成,减慢 HDL 的清除,促进 Ch 逆化转运。

(4) 促进 LDL 颗粒的清除。

3. 临床应用

(1) 用于原发性高 TG 血症。

(2) 对Ⅲ型高脂蛋白血症和混合型高脂蛋白血症有较好的疗效。

(2) 亦可用于 2 型糖尿病的高脂蛋白血症的治疗。

4. 不良反应

(1) 主要为消化道反应,如食欲不振、恶心、腹胀等。

(2) 其次为乏力、头痛、失眠、皮疹、阳痿等。

(3) 偶有肌痛、尿素氮增加、转氨酶升高,停药后可恢复。

(4) 氯贝丁酯不良反应较多且严重,可致心律失常、胆囊炎和胆石症,也可增加胃肠道肿瘤的发病率。

(5) 患肝胆疾病者以及孕妇、儿童和肾功不全者禁用。

(6) 贝特类增强口服抗凝药的抗凝活性。

● **烟酸**(nicotinic acid)

1. 药理作用

(1) 烟酸降低血浆 TG 和 VLDL。

(2) 降低 LDL 作用慢而弱。

(3) 烟酸可升高血浆 HDL。

2. 作用机制

(1) 烟酸降低细胞 cAMP 的水平,使脂肪酶的活性降低,脂肪组织中的 TG 不易分解出 FFA,肝合成 TG 的原料不足,减少 VIDL 的合成和释放,也使 LDL 的来源减少。

(2) 烟酸升高 HDL 是由于使 TG 浓度降低导致 HDL 分解代谢减少所致。

(3) HDL 的增加有利于 Ch 的逆行转运,阻止动脉粥样硬化病变的发展。

(4) 烟酸还抑制 TXA_2的生成,增加 PGI_2的生成,发挥抑制血小板聚集和扩张血管的作用。

3. 临床应用

(1) 广谱调血脂药,对Ⅱb 和Ⅳ型最好。

(2) 适用于混合型高脂血症、高 TG 血症、低 HDL 血症及高 LP(a)血症。

4. 不良反应

(1) 由于用量较大,开始常有皮肤潮红及瘙痒等,若与阿司匹林配伍应用,可使反应减轻。

(2) 阿司匹林不仅能缓解烟酸所致的皮肤血管扩张,还能延长其半衰期,并防止烟酸所致的尿酸浓度升高。

(3) 烟酸刺激胃黏膜,可加重或引起消化道溃疡,餐时或餐后服用可以减轻对胃黏膜的刺激。

(4) 长期应用可致皮肤干燥、色素沉着或棘皮症。

(5) 偶有肝功能异常、血尿酸增多、糖耐量降低等,停药后可以恢复。

(6) 溃疡病、糖尿病及肝功能异常者禁用。

三、降低 LP(a)的药物

1. 血浆 LP(a)升高是动脉粥样硬化的独立危险因素,也是经皮穿刺腔内冠状动脉成形术(PTCA)后再狭窄的危险因素。

2. 原因

(1) 一方面 apo(a)与纤溶酶原有高度的相似性,可竞争性地抑制纤溶酶原活化,促进血栓形成。

(2) 一方面可增进单核细胞向内皮的黏附,并参与泡沫细胞的形成。

3. 烟酸、戊四烟酯、烟酸、维生素 E、阿昔莫司、新霉素及多沙唑嗪等可降低血浆 LP(a)。

第二节 抗氧化剂

一、普罗布考(丙丁酚,probucol)

1. 药理作用

(1) 普罗布考为疏水性抗氧化剂,抗氧化作用强,进入体内分布于各脂蛋白,本身被氧化为普罗布考自由基,阻断脂质过氧化,减少脂质过氧化物(LPO)的产生,减缓动脉粥样硬化病变的一系列过程。

(2) 普罗布考能抑制 HMG-CoA 还原酶,使 Ch 合成减少,并能通过受体及非受体途径增加 LDL 的清除,使血浆 LDL-C 水平降低。

(3) 通过提高 Ch 转移蛋白和 apoE 的血浆浓度,使 HDL 颗粒中 Ch 减少,HDL 颗粒变小,提高 HDL 数量和活性,增加 HDL 的转运效率,使 Ch 逆转运清除加快。

2. 作用机制

(1) 抗氧化作用

能抑制 ox-LDL 的生成及其引起的一系列病变过程。如内皮细胞损伤、单核细胞向内皮下游走、清道夫受体摄取 ox-LDL 成泡沫细胞、VSMCs 增殖及迁移等。

(2) 调血脂作用

可使血浆 TC 和 LDL-C 下降;而 HDL-C 及 apo A_1 同时明显下降,对血浆 TG 和 VLDL 一般无影响。

(3) 对动脉粥样硬化病变的影响

较长期应用可使冠心病的发病率降低。已形成的动脉粥样硬化病变停止发展或消退,黄色瘤明显缩小或消除。

3. 临床应用

(1) 用于各型高 Ch 血症,包括纯合子和杂合子家族性高 Ch 血症。

(2) 对继发于肾病综合征或糖尿病的Ⅱ型脂蛋白血症也有效。

4. 不良反应

(1) 不良反应以胃肠道反应为主,如腹泻、腹胀、腹痛、恶心等,偶有嗜酸粒细胞增多、肝功能异常、高尿酸血症、高血糖、血小板减少、肌病、感觉异常等。

(2) Q—T 延长者慎用,不宜与延长 Q—T 的药物同用。

(3) 近期有心肌损伤者禁用。孕妇及小儿禁用。

二、维生素 E

1. 有很强的抗氧化作用。

2. 它本身苯环的羟基失去电子或 H^+,以清除氧自由基和过氧化物或抑制磷脂酶 A_2 和脂氧酶,以减少氧自由基的生成,中断过氧化物和丙二醛(MDA)的生成。

3. 它本身生成的生育醌,可被维生素 C 或氧化还原系统复原,继续发挥作用。

4. 能防止脂蛋白的氧化修饰及其所引起的一系列动脉粥样硬化病变过程,如抑制 VSMCs 增殖和迁移,抑制血小板黏附和聚集,抑制黏附分子的表达和功能,减少白三烯的合成,增加 PGI_2 的释放等。

第三节 多烯脂肪酸类又称多不饱和脂肪酸类(PUFAs)

一、n-3 型多烯脂肪酸-二十碳五烯酸(EPA)和二十二碳六烯酸(DHA)

1. 药理作用与机制

(1) 调血脂作用

1) EPA 和 DHA 有明显的调血脂作用,降低 TG 及 VLDL-TG 的作用较强,并升高 HDL-C,可明显升高 HDL_2,apoAI/apoAⅡ比值明显加大。

2) DHA 能降低 TC 和 LDL-C,而 EPA 作用弱。

3）EPA 和 DHA 的调血脂作用可能与抑制肝合成 TG 和 apoB 并提高 LPL 活性，促进 VLDL 分解有关。

（2）非调血脂作用

1）取代 AA 形成 TXA_3，减弱 TXA_2 促血小板聚集和收缩血管作用；在血管壁形成 PGI_3，PGI_3 仍有 PGI_2 的扩张血管和抗血小板聚集作用。

2）由于抗血小板，抑制 PDGF 的释放，从而抑制 VSMCs 的增殖和迁移。

3）红细胞膜上的 EPA 和 DHA 可增加红细胞的可塑性，改善微循环。

2. 临床应用

（1）适用于高 TG 性高脂血症。

（2）对心肌梗死患者的预后有明显改善。

（3）亦可用于糖尿病并发高脂血症等。

3. 不良反应　一般无不良反应，但若长期或大剂量应用，可使出血时间延长，免疫反应降低。

二、n-6 型多烯脂肪酸

1. n-6 型多烯脂肪酸（n-6 PUFAs）主要来源于植物油，有亚油酸（LA）和 γ-亚麻酸（γ-LNA）。

2. 制剂中的亚油酸和 γ-亚麻酸本身有较弱的调血脂作用，后者在体内有可能转化为二高-γ-亚麻酸，经第 1 系列前列腺素代谢产生 PGE_1，呈现调血脂及抗血小板聚集等效应，用于防治冠心病及心肌梗死等，但作用较弱。

强化训练及参考答案

一、英语单词

1. lipidemic-modulating drugs
2. antiatheroscleric drugs
3. simvastatin
4. lovastatin
5. pravastatin
6. cholestyramine
7. colestipol
8. fibrates
9. nicotinic acid
10. probucol

二、名词解释

1. 抗动脉粥样硬化药（antiatherosclertic drugs）　是一类调节脂质代谢，防治动脉粥样硬化的药物。
2. 高脂血症　凡血浆中 VLDL、IDL、LDL 及 apoB 浓度高于正常值为高脂蛋白血症或高脂血症，易致动脉粥样硬化。
3. 调血脂药　凡能使 LDL、VLDL、TC、TG 及 apoB 降低，或使 HDL、apo A 升高的药物，都有抗动脉粥样硬化作用，称为调血脂药。

三、问答题

1. 试述抗动脉粥样硬化药分类,并举出代表药。

答:(1) 调血脂药:①HMG-COA 还原酶抑制药:美伐他汀。②胆汁酸结合树脂:考米烯胺。③烟酸类:烟酸。④贝特类:吉非贝齐。

(2) 抗氧化剂:普罗布考。

(3) 多烯脂肪酸类:亚油酸。

(4) 保护动脉内皮药:硫酸多糖等。

2. 试述调血脂药的分类、各类的代表药物及其临床应用

答:(1) HMG-COA 还原酶抑制药:洛伐他汀对原发性高胆固醇血症、杂合子家族性高胆固醇血症。

(2) 胆汁酸结合树脂:考米烯胺主要用于Ⅱa 型高脂血症。

(3) 烟酸是一种广谱调血脂药,对Ⅱ、Ⅲ、Ⅳ、Ⅴ型高脂血症均有效,也用于心肌梗死。

(4) 贝特类:吉非贝齐用于Ⅱb、Ⅲ、Ⅳ型高脂血症,尤其对家族性Ⅲ型高脂血症效果更好,也用于消退黄色瘤。

3. 举例说明 HMG-COA 还原酶抑制剂降低血脂的作用机制及其临床应用。

答:HMG-COA 还原酶是体内合成胆固醇的限速酶,HMG-COA 还原酶抑制药美伐他汀在肝脏竞争性抑制 HMG-COA 还原酶活性,使肝脏胆固醇合成明显减少,引起肝脏 LDL 受体表达增强;使血浆 LDL 及 IDL 的消除增加,胆固醇合成减少,也可使肝脏合成 apoB-100 减少,从而使 VLDL 合成减少。临床用于原发性高胆固醇血症、杂合子家族性高胆固醇血症、Ⅲ型高脂蛋白血症以及糖尿病型和肾性高脂血症。

四、选择题

(一) A 型题

1. 下列哪种药物具有抗 LDL 氧化修饰作用(　　)

A. 美伐他汀　　B. 乐伐他汀　　C. 普罗布考

D. 氯贝丁酯　　E. 烟酸

2. 环丙贝特对下列哪型高脂血症效果最好(　　)

A. Ⅱb 型　　B. Ⅲ型　　C. Ⅳ型

D. 家族性Ⅲ型　　E. Ⅱa 型

3. 下列哪种药物能阻断肠道胆固醇的吸收(　　)

A. 烟酸　　B. 考来烯胺　　C. 氯贝丁酯

D. 苯扎贝特　　E. 吉非贝齐

4. 下列哪种药物可激活肝脏中的 7-α 羟化酶(　　)

A. 考来烯胺　　B. 烟酸　　C. 普罗布考

D. 乐伐他汀　　E. 以上都不是

5. 下列哪个不是烟酸的不良反应(　　)

A. 胃肠道反应　　B. 皮肤潮红　　C. 肝功异常

D. 持续便秘　　E. 加重高血糖

6. 调血脂药不包括(　　)
   A. 考来烯胺(消胆胺)　　B. 烟酸　　C. 洋地黄
   D. 美伐他汀　　E. 氯贝丁酯(安妥明)
7. 下列药中能明显提高 HDL 水平的是(　　)
   A. 考来烯胺　　B. 普罗布考　　C. 考来替泊
   D. 烟酸　　E. 亚油酸

(二) B 型题

A. 烟酸　　B. 考来烯胺　　C. 硫酸乙酰肝素
D. 苯扎贝特　　E. 吉非贝齐

1. 久用可引起脂溶性维生素缺乏(　　)
2. 具有抗血栓作用的降血脂药(　　)
3. 具有动脉内皮保护作用的抗动脉粥样硬化药(　　)

五、填空题

1. 可降低血中胆固醇、三酰甘油的不饱和脂肪酸有________,________,________。
2. 用于杂合子家族性和非家族性Ⅱa、Ⅱb 和Ⅲ型高脂蛋白血症药为________。
3. 阻滞胆汁酸肝肠循环的药物是________。
4. 抗动脉粥样硬化药分为________,________,________,________四类。

六、判断题

1. 消胆胺与 HMG-COA 还原酶抑制剂合用,可减弱降脂作用。(　　)
2. 美伐他汀是糖尿病、肾性高脂血症首选的药物。(　　)

七、参考答案

A 型题

1. C　2. D　3. B　4. A　5. D　6. C　7. D

B 型题

1. B　2. D　3. C

填空题

1. n-3 型多烯脂肪酸-二十碳五烯酸(EPA)　二十二碳六烯酸(DHA)　n-6 型多烯脂肪酸
2. 他汀类
3. 胆汁酸结合树脂(考来烯胺)
4. 调血脂药　抗氧化剂　多烯脂肪酸类　黏多糖和多糖类

判断题

1. ×　2. √

(白　杰　王晓雯)

第二十九章　作用于血液及造血器官的药物

学习目标

1. 掌握抗凝血药肝素和华法林的药理作用及其临床应用,不良反应及其防治。
2. 熟悉纤维蛋白溶解药链激酶和尿激酶的药理作用及临床应用。
3. 了解促凝血药(维生素 K)、抗纤维蛋白溶解药(氨甲苯酸、氨甲环酸)、抗血小板药(双嘧达莫、噻氯匹定)药理作用及临床应用,血容量扩张药的药理作用、临床应用和不良反应。

学习重点指导

第一节　抗凝血药

抗凝血药(anticoagulants)是一类干扰凝血因子,阻止血液凝固的药物。主要用于血栓栓塞性疾病的治疗。

复习生理凝血和抗凝血过程的动态平衡:

1. 血液凝固机制:血液通过三条通路发生凝固。

- 内源性凝血系统(内源性激活通路):完全靠血浆内的凝血因子逐步使因子X激活,从而发生凝血的通路。
- 外源性凝血系统(外源性激活通路):即被损伤的血管外组织释放因子Ⅲ所发动的凝血通路。
- 共同通路:即从内或外源性通路激活的因子X开始,到纤维蛋白形成。

2. 血液凝固过程大体分为三阶段:

(1) 因子X被激活为因子X_a。

(2) 凝血酶原在因子X_a、V_a和Ca^{2+}作用下被激活为凝血酶。

(3) 纤维蛋白原在凝血酶作用下转变为纤维蛋白单体,然后聚合成纤维蛋白多聚体,最后在XIII_a和参与下,形成难溶的纤维蛋白凝块。

3. 抗凝物质:抗凝血酶Ⅲ、肝素、抗凝蛋白质等。

4. 纤溶系统激活过程:

(1) 纤溶酶原在纤溶酶原激活物作用下转为纤溶酶。

(2) 纤维蛋白(原)在纤溶酶参与下转为纤维蛋白降解产物,导致血栓溶解。

● **肝素**(heparin)

1. 结构特点　带大量负电荷,呈强酸性。

2. 机制　加强抗凝血酶Ⅲ(ATⅢ)的抗凝活性,从而抑制凝血酶、因子$Ⅸ_a$、$Ⅹ_a$、$Ⅺ_a$、$Ⅻ_a$的活性。抑制血小板聚集,影响凝血过程的多个环节。

3. 特点

(1) 口服不被吸收,静脉、(皮下)给药。

(2) 体内、体外均有强大抗凝作用(肾透析、心脏外科手术、献血、献骨髓)。

(3) 作用迅速强大。

(4) 降脂、抗炎等(少用、因为影响血小板聚集)。

4. 临床应用

(1) 血栓栓塞性疾病,如:深部静脉血栓、肺栓塞、脑栓塞、脑梗死等。

(2) DIC(弥漫性血管内凝血)早期,这是肝素主要适应证,要防止纤维蛋白原及其他凝血因子耗竭而发生继发性出血。

(3) 体外抗凝:各种手术如心血管手术、心导管检查、血液透析、体外循环等。

5. 不良反应

(1) 自发性出血:轻度:停药;重度:缓慢静脉注射硫酸鱼精蛋白解救(强碱性蛋白质,中和)。

(2) 其他:骨质疏松→骨折、过敏、血小板减少等。

● **低分子量肝素**(LMWH)

相对分子量小于6500的肝素,从普通肝素分离或由普通肝素降解后在分离而得。与普通肝素相比具有以下特点:

(1) 抗$Ⅹ_a$>$Ⅱ_a$,抗栓作用强,出血发生率<肝素。

(2) F高,$t_{1/2}$长,体内不易被清除。

(3) 不易引起血小板减少,所以该药将逐步取代肝素。

● **香豆素类**[华法林(warfarin)、双香豆素(dicoumarol)、醋硝香豆素等]

1. 机制　拮抗维生素K,影响Ⅱ、Ⅶ、Ⅸ、Ⅹ的功能活性。

2. 特点　①口服有效;②体内有效、体外无效;③起效慢,作用时间长(先耗竭Ⅱ、Ⅶ、Ⅸ、Ⅹ)。

3. 应用　同肝素,防治血栓栓塞性疾病。

4. 不良反应　自发性出血,可静脉注射维生素K解救;可致畸胎。

5. 药物间相互作用

(1) 血浆蛋白结合率较高的:阿司匹林、保泰松→游离香豆素浓度↑。

(2) 肝药酶诱导剂苯巴比妥、苯妥英钠加速其代谢。

第二节　纤维蛋白溶解药与纤维蛋白溶解抑制药

一、纤维蛋白溶解药(fibrinolytic drugs)

纤维蛋白溶解药:能使纤溶酶原断裂成纤溶酶而促进纤溶,溶解血栓,也称溶栓药(thrombly-tic drugs),用于治疗急性血栓栓塞性疾病,如急性心梗、脑梗的溶栓治疗。但对陈旧血栓无效。

● **链激酶**(streptokinase,SK)

链激酶为第一代溶栓药,从链球菌培养液中提取的蛋白质,有抗原性。

1. 机制　与纤溶酶原结合成纤溶酶原复合物,促使纤溶酶原转变成纤溶酶,水解纤维蛋白,溶解血栓。

2. 不良反应　①出血;②抗原性→过敏。

● **尿激酶**(urokinase,UK)

尿激酶为从人尿或肾细胞组织培养液提取分离的第一代溶栓药,无抗原性。

1. 机制　直接激活纤溶酶原转变成纤溶酶。

2. 本品无抗原性,过敏反应发生率<链激酶。出血发生率与链激酶相当。为目前国内应用最广泛的溶栓药。

● **组织型纤溶酶原激活物**(tissue-type plasminogen activator,t-PA)

t-PA 为第二代溶栓药。优点:对纤溶酶原有选择性,出血发生率相对较少。

尿激酶型纤溶酶原激活物。此类药物为第三代溶栓药。

二、抗纤维蛋白溶解剂(antifibrinolysin)

● **氨甲苯酸**(paminomethylbenzoic acid, PAMBA)、**氨甲环酸**

机制:对抗纤溶酶原激活因子→纤溶酶原不能转变为纤溶酶,从而抑制纤维蛋白的溶解→凝血

第三节　抗血小板药

抗血小板药有抑制血小板黏附、聚集、释放的功能。

一、抑制血小板代谢的药物

● **阿司匹林**(aspirin)

是环氧酶抑制剂。小剂量时抑制血小板中的 COX,使 TXA_2合成减少,但不抑制血管内皮中的环氧酶,故不影响 PGI_2的合成,因此产生抗血小板、扩血管的作用。但大剂量时亦可抑制 PGI_2的合成,故增大剂量,抗血小板作用减弱,不良反应增加。

● **利多格雷**

TXA_2 合成酶抑制剂和 TXA_2 受体阻断剂→PGI_2生成增加。

● **双嘧达莫**(dipyridamole,潘生丁)

该药为磷酸二酯酶抑制剂,也可激活腺苷活性,进而激活腺苷酸环化酶,使 cAMP 浓度升高,发挥抗血小板作用。

二、阻碍 ADP 介导的血小板活化的药物

● **噻氯匹啶**(ticlopidine)

可抑制血小板膜糖蛋白 $GP\,Ⅱ_b/Ⅲ_a$ 受体的变构与纤维蛋白原识别位点的暴露,从而抑制血小板与纤维蛋白原的结合而产生抗血小板聚集作用。

三、凝血酶抑制剂

此类药物与凝血酶作用位点结合,抑制凝血酶的作用。

● **阿加曲斑,水蛭素**

四、血小板膜糖蛋白 $GP\,Ⅱ_b/Ⅲ_a$ 受体拮抗剂

竞争性阻断血小板膜糖蛋白 $GP\,Ⅱ_b/Ⅲ_a$ 受体与纤维蛋白原等配体结合。主要用于急性

心梗和不稳定性心绞痛的治疗。

第四节 促凝血药

• 维生素 K

1. 种类来源

维生素 K_1:植物苜蓿中
维生素 K_2:腐败鱼粉或肠道细菌产生 } 脂溶性,需胆汁协助吸收。

维生素 K_3、K_4:人工合成,水溶性,不需胆汁协助吸收。

2. 作用 参与肝脏合成凝血因子 $Ⅱ_a$、$Ⅶ_a$、$Ⅸ_a$、$Ⅹ_a$。所以,当维生素 K 缺乏时,合成的 $Ⅱ_a$、$Ⅶ_a$、$Ⅸ_a$、$Ⅹ_a$无活性,导致凝血障碍而出血。

3. 应用 用于维生素 K 缺乏或低凝血酶原所致出血。维生素 K 缺乏的原因有:

(1) 维生素 K 吸收利用障碍:因胆汁不足而影响吸收:阻塞性黄疸、胆瘘、慢性腹泻、胃肠广泛手术后患者。

(2) 维生素 K 合成障碍:长期口服广谱抗生素、新生儿出血(缺乏合成维生素 K 的细菌)。

(3) 口服过量香豆素类抗凝药、水杨酸等所致出血。

4. 不良反应 维生素 K 静注过快可致面红、出汗、胸闷、甚至血压剧降,以肌注为主。维生素 K_3 可诱发 G-6-PD(葡萄糖-6-磷酸脱氢酶)缺乏者溶血反应;维生素 K_3、K_4 可致新生儿、早产儿溶血反应。

第五节 抗贫血药及造血细胞生长因子

略。

第六节 血容量扩充剂

• 右旋糖酐(dextran)(葡萄糖聚合物)

包括中、低、小分子量右旋糖酐。

作用:

(1) 扩充血容量(高渗),用于低血容量性休克。

(2) 抗血栓形成:抑制血小板和红细胞聚集,降低血液黏滞性,改善微循环。

(3) 利尿。

强化训练及参考答案

一、英语单词

1. anticoagulants
2. coagulants
3. fibrinolytics and fibrinogenolysis inhibitors
4. antiplatelet drugs
5. drugs used in anemias

二、名词解释

抗凝血药　是通过影响凝血因子，从而阻止血液凝固过程的药物，主要用于血栓栓塞性疾病的预防与治疗。

三、问答题

1. 试述肝素与双香豆素的异同。

答：肝素在体内体外均可抗凝，起效快，持续时间短，口服无效，作用机制主要为激活血浆内AT-Ⅲ；双香豆素只有体内抗凝作用，起效慢，作用持续时间长，可口服，作用机制为竞争性对抗维生素K参与的某些凝血因子的合成。两药均用于防治血栓栓塞性疾病，主要不良反应均为易致自发性出血。

2. 肝素为什么可用于体外抗凝血，而双香豆素则仅用于体内抗凝血？

答：因为肝素可激活抗凝血酶Ⅲ，使已经合成的凝血因子失活，故肝素可用于体内外抗凝血；双香豆素的化学结构与维生素K相似，通过对维生素K的竞争性拮抗作用，阻碍了凝血因子Ⅱ、Ⅶ、Ⅸ、Ⅹ的合成而产生抗凝血作用，由于对体内正在合成的凝血因子起对抗作用，故双香豆素类仅用于体内抗凝血。

3. 肝素过量和香豆素类所致出血用何药解救？为什么？

答：肝素过量所致出血用鱼精蛋白解救，鱼精蛋白分子结构具有强碱性基团，而肝素是一种黏多糖的硫酸酯。强酸性肝素可以和鱼精蛋白结合成稳定的复合物，使肝素失去活性。香豆素类过量所致出血用维生素K解救，因为两者化学结构相似，有竞争性拮抗作用。

4. 试述阿司匹林的抗凝血原理、临床应用及其主要不良反应。

答：原理：可与环氧酶活性部分丝氨酸残基发生不可逆的乙酰化反应，使酶失活，抑制花生四烯酸代谢，减少对血小板有强大促聚集作用的血栓素A_2的产生，使血小板功能抑制。

临床应用：①对急性心肌梗死或不稳定性心绞痛患者。②对一过性脑缺血也可以减少发生率及死亡率。

不良反应：诱发消化性溃疡，加重出血倾向。

5. 香豆素类药物的抗凝血原理，作用特点，主要不良反应及防治。

答：原理：香豆素类化学结构与维生素K相似，通过对维生素K的竞争性拮抗作用，干扰了维生素K参与凝血因子Ⅶ、Ⅸ、Ⅹ、Ⅱ的化学合成过程产生抗凝血作用。

特点：作用缓慢、持久、仅体内抗凝。

用途：主要用于防治血栓性疾病，用途与肝素相似，与肝素相比，香豆素具有口服有效、价廉、起效慢、维持时间长的特点，但剂量不易控制，常采用先用肝素再用香豆素维持的疗法。

不良反应及防治：过量易致出血，应严格控制剂量。严密监察凝血时间，一旦出血立即停药，用维生素K解救。

6. 纤维蛋白溶解抑制剂如何发挥抗凝作用，临床应用及应用时应注意哪些问题？

答：纤维蛋白溶解抑制药，能竞争性地阻止纤维蛋白溶酶原吸附于纤维蛋白上，妨碍纤溶酶的生成而促进凝血。常用的药物有氨基苯酸、氨甲环酸。临床主要用于纤溶亢进所致的出血，如：子宫、甲状腺、前列腺、肝、脾、胰、肺等内脏手术后的异常出血及鼻、喉、口腔局部出血，因为这些脏器中存在大量纤溶酶激活因子。

7. 指出两种脂溶性维生素K，并叙述其止血作用原理及临床应用。

答：脂溶性维生素 K 有 K_1 和 K_2，维生素 K 在还原型辅酶Ⅰ(NADH)存在的条件下被还原成氢醌型维生素 K，继而作为 γ-谷氨酸羟化酶的辅助因子，使凝血因子Ⅱ、Ⅶ、Ⅸ、Ⅹ前体蛋白氨基末端的谷氨酸残基羧化，从而使这些因子具有结合 Ca^{2+} 的活性，使血液凝固。维生素 K 用于：①出血：如梗阻性黄疸、胆瘘及慢性腹泻所致维生素 K 吸收障碍而引起的出血，新生儿出血，长期应用广谱抗生素所致肠道细菌合成维生素 K 减少而引起的出血，大剂量服用香豆素类或水杨酸类药物所致维生素 K 缺乏的出血。

8. 肝素的抗凝血原理、作用特点、用途及主要不良反应和防治。

答：原理：肝素通过与血液内抗凝血酶Ⅲ结合，使凝血因子$Ⅻ_a$、$Ⅺ_a$、$Ⅸ_a$、$Ⅱ_a$失活，并通过对血小板黏附和聚集功能的抑制作用产生凝血作用。

作用特点：体内、体外均有迅速而强大的抗凝血作用，静注后 10 分钟内，血液凝固时间、凝固酶和凝血酶时间均延长。

用途：临床主要用于急性血栓性疾病，播散性血管内凝血以及体外抗凝。

主要的不良反应及防治：过量易致出血，应严格控制剂量，严密监察凝血时间，一旦出血立即停药，用硫酸鱼精蛋白对抗。

四、选择题

(一) A 型题

1. 铁制剂主要用于治疗(　　)
   A. 溶血性贫血　B. 巨幼红细胞性贫血　C. 再生障碍性贫血
   D. 小细胞低色素性贫血　E. 自身免疫性贫血
2. 治疗慢性失血所致贫血宜选用(　　)
   A. 维生素 B_{12}　B. 叶酸　C. 铁剂
   D. 维生素 C　E. 甲酰四氢叶酸钙
3. 妨碍铁剂在肠道吸收的物质是(　　)
   A. 稀盐酸　B. 维生素 C　C. 半胱氨酸
   D. 果糖　E. 鞣酸
4. 肝素过量引起自发性出血的对抗药是(　　)
   A. 鱼精蛋白　B. 维生素 K　C. 垂体后叶素
   D. 氨甲苯酸　E. 右旋糖酐
5. 治疗香豆素类药过量引起的出血宜选用(　　)
   A. 鱼精蛋白　B. 维生素 K　C. 维生素 C
   D. 垂体后叶素　E. 右旋糖酐
6. 治疗尿激酶过量引起的出血宜选用(　　)
   A. 鱼精蛋白　B. 维生素 K　C. 维生素 C
   D. 氨甲苯酸　E. 右旋糖酐
7. 治疗急性肺栓塞宜选用(　　)
   A. 肝素　B. 双香豆素　C. 右旋糖酐
   D. 尿激酶　E. 枸橼酸钠
8. 下列关于肝素的叙述错误的是(　　)
   A. 口服无效　B. 体内外均有效　C. 主要以原形从肾排泄
   D. 可通过胎盘屏障　E. 具有降血脂作用

9. 肝素抗凝作用的主要机制是(　　)
A. 直接灭活凝血因子　B. 激活抗凝血酶Ⅲ　C. 抑制肝合成凝血因子
D. 激活纤溶酶原　E. 与血中 Ca^{2+} 络合
10. 华法林的特点是(　　)
A. 口服无效　B. 作用持续时间较长　C. 起效快
D. 体内外均有效　E. 血浆蛋白结合率低
11. 下列关于铁剂应用时的注意事项错误的是(　　)
A. 为减轻胃肠道反应,宜与抗酸药同时服用
B. 与维生素 C 合用可促进吸收
C. 服用铁剂时不宜喝浓茶
D. 不宜与四环素类同服
E. 血红蛋白恢复正常后,不宜立即停药
12. 香豆素类药抗凝作用机制是(　　)
A. 妨碍肝合成凝血因于Ⅱ、Ⅶ、Ⅸ、Ⅹ　B. 耗竭体内凝血因子
C. 激活血浆中抗凝血酶 m　D. 抑制纤溶酶原变为纤溶酶
E. 抑制凝血酶原转变为凝血酶
13. 乙酰水杨酸抗栓作用的机制最确切的说法是(　　)
A. 抑制磷脂酶 A_2,因而减少 TXA_2 的产生　B. 抑制脂氧酶,因而减少 TXA_2 的产生
C. 抑制环氧酶,因而减少 TXA_2 的产生　D. 抑制 TXA_2 合成酶,因而减少 TXA_2 的产生
E. 以上均不是
14. 氨甲苯酸的作用机制是(　　)
A. 诱导血小板聚集　B. 收缩血管　C. 激活血浆中的凝血因子
D. 抑制抗凝血酶Ⅲ的活性　E. 抑制纤溶酶原激活因子
15. 可降低双香豆素抗凝作用的药物是(　　)
A. 乙酰水杨酸　B. 保泰松　C. 广谱抗生素
D. 苯巴比妥　E. 链激酶
16. 胰腺手术后的出血宜选用的止血药是(　　)
A. 维生素 K　B. 鱼精蛋白　C. 氨甲苯酸
D. 垂体后叶素　E. 以上均不是
17. 苯妥英钠与双香豆素合用,后者作用(　　)
A. 增强　B. 减弱　C. 起效加快
D. 持续时间延长　E. 吸收增加
18. 恶性贫血宜选用(　　)
A. 铁剂　B. 维生素 B_{12}　C. 维生素 B_6
D. 维生素 B_{12}+叶酸　E. 叶酸
19. 治疗甲氨蝶呤所致巨幼红细胞性贫血宜选用(　　)
A. 叶酸　B. 维生素 B_{12}　C. 铁剂
D. 右旋糖酐　E. 甲酰四氢叶酸钙
20. 用于防治静脉血栓的口服药物是(　　)
A. 肝素　B. 华法林　C. 链激酶
D. 枸橼酸钠　E. 尿激酶

21. 最常用于静脉注射给药的抗凝药是( )
A. 醋硝香豆素(新抗凝) B. 华法林 C. 肝素
D. 枸橼酸钠 E. 双嘧达莫
22. 下述哪项不是抗凝血药的禁忌证( )
A. 消化性溃疡 B. 严重高血压 C. 肝肾功能不全
D. 活动性肺结核 E. 心肌梗死
23. 肝素的抗凝作用( )
A. 仅在体内有效 B. 仅在体外有效 C. 体内、体外均有效
D. 仅口服有效 E. 以上都不对
24. 下列关于肝素的描述,正确的是( )
A. 维生素 K 可以对抗
B. 必须口服才有效
C. 溶液中带强正电荷
D. 加速抗凝血酶Ⅲ中和灭活凝血因子$Ⅱ_a$和X_a
E. 仅在体内有作用
25. 长期应用肝素出现的不良反应是( )
A. 便秘 B. 消化性溃疡 C. 视觉模糊
D. 心律失常 E. 骨质疏松
26. 肝素及香豆素类药物均可用于( )
A. 弥散性血管内凝血 B. 防治血栓栓塞性疾病 C. 体外循环
D. 抗高血脂症 E. 脑溢血
27. 可增强双香豆素抗凝作用的药物是( )
A. 广谱抗生素 B. 青霉素 G C. 氯化铵
D. 维生素 C E. 苯巴比妥
28. 华法林的对抗药物是( )
A. 鱼精蛋白 B. 氨甲苯酸 C. 凝血酶
D. 维生素 K E. 烟酸
29. 只用于体外抗凝的抗凝血药是( )
A. 肝素 B. 华法林 C. 新抗凝
D. 枸橼酸钠 E. 尿激酶
30. 治疗纤维蛋白溶解亢进所致出血宜选用( )
A. 鱼精蛋白 B. 维生素 K C. 氨甲苯酸
D. 酚磺乙酸 E. 以上都不是
31. 尿激酶抗凝血作用原理是( )
A. 直接激活纤溶酶原激活酶
B. 直接降解纤维蛋白
C. 促进纤溶酶原激活因子前体转变为激活因子
D. 激活纤溶酶
E. 直接激活纤溶酶原
32. 血液透析患者宜采用的抗凝血药物是( )
A. 枸橼酸钠 B. 华法林 C. 双香豆素

D. 肝素　　E. 双嘧达莫

33. 关于香豆素类抗凝药的特点,下列哪项是错误的(　　)
A. 口服有效
B. 起效缓慢、但作用持久
C. 体内、体外均有抗凝作用
D. 对已合成的凝血因子Ⅱ、Ⅶ、Ⅸ、Ⅹ无对抗作用
E. 剂量必须按凝血酶原时间个体化

34. 男,33岁,嗜烟15年以上,20天来,出现左踝关节以下皮肤温度明显降低,皮肤苍白,足背动脉搏动消失,诊断为左下肢动脉栓塞,用下列哪种药物治疗最好(　　)
A. 口服华法林
B. 肝素静脉给予同时口服华法林
C. 尿激酶左股动脉注射并给予肝素和华法林抗凝治疗
D. 口服阿司匹林
E. 哌替啶止痛、口服阿司匹林

35. 香豆素类药物的作用特点,除外(　　)
A. 起效慢、作用时间长　　B. 合用阿司匹林有协同作用　　C. 体外无抗凝作用
D. 中毒时应该用钙剂解救　　E. 对已形成的凝血因子无抑制作用

36. 维生素K对以下哪种疾病所致的出血无效(　　)
A. 梗阻性黄疸　　B. 新生儿出血　　C. 继发性凝血酶原缺乏
D. 双香豆素过量　　E. 严重肝硬化

37. 下列哪个药不用于治疗血栓栓塞性疾病(　　)
A. 肝素　　B. 双香豆素　　C. 阿司匹林
D. 噻氯匹定　　E. 氨甲苯酸

38. 下列哪一项不是右旋糖酐的药理作用(　　)
A. 补充血容量　　B. 抗休克　　C. 改善微循环
D. 渗透性利尿作用　　E. 降低血压

(二) B型题

A. 新生儿出血　　B. 遗传性出血性疾病　　C. 前列腺手术后出血
D. 冠心病　　E. 缺铁性贫血

1. 氨甲环酸用于(　　)
2. 凝血因子制剂用于(　　)
3. 维生素K用于(　　)

A. 硫酸亚铁　　B. 叶酸　　C. 维生素 B_{12}
D. 甲酰四氢叶酸钙　　E. 右旋糖酐

4. 营养性巨幼红细胞性贫血宜选用(　　)
5. 月经过多所致的贫血宜选用(　　)
6. 恶性贫血宜选用(　　)
7,失血性休克为扩充血容量宜选用(　　)

A. 肝素　　B. 枸橼酸钠　　C. 尿激酶
D. 氨甲苯酸　　E. 华法林

8. 心血管手术抗凝一般选用(　　)
9. 将纤溶酶原激活为纤溶酶的药物是(　　)
10. 纤维蛋白溶解亢进所致出血的止血,应选用(　　)

五、填空题

1. 氨甲苯酸通过________产生止血作用,临床上主要用于________。
2. 体内有效体外无效的抗凝血药是________类,其起效慢是由于________。
3. 抗血小板药物有________、________、________等药物。
4. 维生素 K 的作用主要是________而促进凝血作用。
5. 肝素过量所致出血可用________解救,其原理是________。
6. 巨幼红细胞性贫血可选用________和________治疗;其中可用于神经炎的药物是________,用于治疗神经炎的原理是________。
7. 华法林过量发生出血时可用________对抗。

六、参考答案

A 型题

1. D　2. C　3. E　4. A　5. B　6. D　7. D　8. C　9. B　10. B
11. A　12. A　13. C　14. E　15. D　16. C　17. B　18. D　19. E　20. B
21. C　22. E　23. C　24. D　25. E　26. B　27. A　28. D　29. D　30. C
31. D　32. D　33. C　34. C　35. D　36. E　37. E　38. E

B 型题

1. C　2. B　3. A　4. B　5. A　6. C　7. E　8. A　9. C　10. D

填空题

1. 抑制纤溶原激活过程以减少纤维蛋白溶解　纤维蛋白溶解亢进所致出血
2. 香豆素　待已合成的凝血因子耗竭才能发挥抗凝作用
3. 阿司匹林　双嘧达莫　噻氯匹啶
4. 作为羧化酶的辅酶参与肝脏凝血酶原与凝血因子Ⅱ、Ⅶ、Ⅸ、Ⅹ的合成
5. 鱼精蛋白　可与肝素结合成稳定复合物使肝素失去活性
6. 叶酸　维生素 B_{12}　维生素 B_{12}　促使脂肪酸中间代谢产物甲基丙二酸变成琥珀酸,保持神经髓鞘功能完整性
7. 维生素 K

(康金森　王　烨)

第三十章 影响自体活性物质的药物——组胺及抗组胺药

学 习 目 标

1. 了解组胺的生理作用。
2. 掌握组胺 H_1受体与 H_2受体阻断药的药理作用、临床应用与不良反应。

学习重点指导

组胺及抗组胺药

1. 组胺:来源,H_1、H_2、H_3 受体分布和效应;H_1、H_2 效应与变态反应的关系。
2. 抗组胺药:H_1、H_2、H_3 受体拮抗剂。

一、组胺

1. 药理作用与机制　位于靶细胞膜上组胺受体有 H_1、H_2和 H_3三种亚型。组胺激活 H_1受体,通过 IP_3、DAG 介导产生支气管及胃肠道平滑肌兴奋,毛细血管通透性增加和部分血管扩张作用。2-甲基组胺(2-methylhistamine)是特异的 H_1受体激动剂。组胺激活 H_2受体,由 cAMP 介导产生胃酸分泌、部分血管扩张和心脏的正性频率作用,英普咪定(*impromidine*)是特异的 H_2受体激动剂。近年研究发现中枢及外周神经末梢存在有 H_3受体,参与组胺合成与释放的负反馈调节。在大脑,H_1、H_2受体主要分布于突触后膜,H_3受体主要分布于突触前膜。

组胺的药理作用主要有:

(1) 促进腺体分泌:组胺激动胃壁细胞 H_2受体,激活腺苷酸环化酶,使细胞内 cAMP 水平增加,激活壁细胞顶端囊泡膜上 H^+,K^+-ATP 酶,泵出 H^+,具有强大的刺激胃酸分泌作用。组胺尚可引起人的胃蛋白酶分泌增加。另外,也能促进唾液腺、胰腺和支气管腺体的分泌,但作用较弱。

(2) 兴奋平滑肌:组胺激动平滑肌细胞 H_1受体,使支气管平滑肌收缩,引起呼吸困难,支气管哮喘者对此尤为敏感，而健康人支气管对其敏感性较低。组胺对多种动物胃肠道平滑肌都有兴奋作用，豚鼠回肠最为敏感，可作为组胺生物检定的标本。对子宫平滑肌的作用有种属差异，豚鼠子宫收缩，大鼠子宫松弛，人子宫不敏感。

（3）扩张血管：组胺激动血管平滑肌细胞 H_1、H_2受体，使小动脉、小静脉扩张，外周阻力降低，回心血量减少，引起血压下降。激动 H_1受体可使毛细血管扩张，毛细血管通透性增加，引起局部水肿和全身血液浓缩。注射大剂量组胺，可发生强而持久的血压下降，甚至休克。组胺引起的心率加快是由于反射和组胺对心脏的直接作用引起的，后者主要是通过 H_2 受体介导的。

小剂量组胺皮内注射，可出现“三重反应”：毛细血管扩张出现红斑；毛细血管通透性增加，在红斑上形成丘疹；最后，通过轴索反射致小动脉扩张，丘疹周围形成红晕。麻风病人由于皮肤神经受损，“三重反应”常不完全，可作为麻风病的辅助诊断。

2. 临床应用　主要用于鉴别真假胃酸缺乏症。晨起空腹皮下注射磷酸组胺 0.25～0.5mg，若仍无胃酸分泌，即为真性胃酸缺乏症，见于胃癌病人和恶性贫血。由于五肽胃泌素的应用，组胺的应用日趋减少。

3. 不良反应与注意事项　有颜面潮红、头痛、体位性低血压等。溃疡病、胃肠出血及支气管哮喘患者禁用。

● **倍他司汀**（betahistine，抗眩啶）

此药是组胺 H_1受体激动剂，能导致血管扩张，但不增加毛细血管通透性。本品可促进脑干和迷路的血液循环，纠正内耳血管痉挛，减轻膜迷路积水。尚有抗血小板聚集及血栓形成作用。临床上用于：①内耳眩晕病，能消除眩晕、耳鸣、恶心及头痛等症状，近期治愈率较高；②慢性缺血性脑血管病；③多种原因引起的头痛。

不良反应较小，偶有恶心、头晕、心悸、胃部不适等症状，溃疡病患者慎用。对原有哮喘者、嗜铬细胞瘤患者应避免使用。

二、抗组胺药

（一）H_1受体拮抗剂

1. 第一代：苯海拉明（diphenhydramine）、异丙嗪（promethazine）、氯苯那敏（chlorphenamine）（表 30-1）。

作用：

（1）抗外周组胺 H_1 效应：阻止组胺引起的血管扩张和毛细血管通透性增加。

（2）中枢作用：镇静、嗜睡、抗晕、镇吐等；以苯海拉明、异丙嗪最强。

（3）其他：抗胆碱作用、局麻作用和奎尼丁样作用。

2. 第二代：特非那定（terfenadine）、阿斯咪唑（astemizol）（表 30-1）。

无抗胆碱作用，不能穿透血-脑屏障，不引起镇静和嗜睡。

应用：（1）变态反应性疾病：对组胺引起的皮肤黏膜变态反应效果良好，但对支气管哮喘及过敏性休克几乎无效。

（2）晕动病及呕吐。

3. 不良反应　镇静和嗜睡（第一代）；美克洛嗪可致畸。特非那定可产生心脏毒性。

表 30-1　H_1受体阻断药的药理作用特点的比较

药物	持续时间(h)	镇静催眠	防晕止吐	主要用途	单次剂量(mg)
乙醇胺类					
苯海拉明	4~6	+++	++	皮肤黏膜过敏、晕动病	25~50
茶苯海明	4~6	+++	+++	晕动病	25~50
吩噻嗪类					
异丙嗪	6~12	+++	++	皮肤黏膜过敏、晕动病	12.5~50
乙二胺类					
曲吡那敏	4~6	++		皮肤黏膜过敏	25~50
烷基胺类					
氯苯那敏	4~6	+		皮肤黏膜过敏	4
哌嗪类					
布克立嗪	16~18	+	+++	防晕止吐	25~50
美克洛嗪	12~24	+	+++	防晕止吐	25
哌啶类					
赛庚啶	3	++		过敏/偏头痛(抗 5-HT)	4
苯茚胺	6~8	-(兴奋)	-	皮肤黏膜过敏	25~50
特非那定	12~24	-	-	皮肤黏膜过敏	60
阿司咪唑	10(d)	-	-	皮肤黏膜过敏	10
酮替芬	40	+	-	皮肤黏膜过敏	1
其他类					
氮卓斯汀	50	-	-	支气管哮喘预防,皮肤黏膜过敏	4

(二) H_2受体拮抗剂

● **西咪替丁**(cimetidine)、**雷尼替丁**(ranitidine)、**法莫替丁**(famotidine)、**尼扎替丁**(nizatidine)

1. 作用

(1) 竞争性阻断 H_2受体,抑制组胺及其他原因引起的胃酸分泌。法莫替丁作用最强。

(2) 乙溴替丁除抑制胃酸分泌作用为西咪替丁的 10 倍外,亦可刺激上皮细胞增生,促进溃疡愈合,还可增加和改善黏液分泌质量,对治疗有烟、酒嗜好的溃疡病患者疗效优于雷尼替丁。

2. 应用　①消化性溃疡;②卓-艾综合征;③反流性食管炎。

3. 不良反应　雷尼替丁、法莫替丁、尼扎替丁长期使用耐受良好。西咪替丁不良反应相对较多,如:

① 长期服用,可抑制二氢睾酮与受体结合,造成男性性功能障碍。② 可抑制细胞色素 P-450 肝药酶活性。雷尼替丁这一作用弱,法莫替丁、尼扎替丁无影响。

强化训练及参考答案

一、英语单词

1. histamine
2. diphenhydramine
3. cimetidine

二、名词解释

"三重反应"　小剂量组胺皮内注射,可出现"三重反应":毛细血管扩张出现红斑;毛细血管通透性增加,在红斑上形成丘疹;最后,通过轴索反射致小动脉扩张,丘疹周围形成红晕。麻风病人由于皮肤神经受损,"三重反应"常不完全,可作为麻风病的辅助诊断。

三、问答题

1. H_1受体拮抗药的药理作用及临床应用。

答:H_1受体拮抗药能对抗由组胺引起的呼吸道、消化道及子宫平滑肌收缩,对抗由组胺引起的毛细血管舒张及毛细血管通透性增加,可缓解或消除因组胺释放引起的过敏症状。多数药物有中枢抑制作用和阿托品样作用。可用于皮肤黏膜变态反应性疾病及晕动症呕吐。

2. 举出一个 H_2受体拮抗剂,并简述其临床应用及药理依据。

答:西咪替丁,用于胃及十二指肠溃疡,本药物能阻断 H_2受体,抑制基础胃酸分泌,也抑制组胺、五肽胃泌素、食物引起的胃酸分泌。

四、选择题

(一) A 型题

1. H_1受体阻断作用时间最长的药物是(　　)
   A. 美克洛嗪　　B. 布可立嗪　　C. 苯海拉明
   D. 苯茚胺　　E. 异丙嗪
2. 几无中枢抑制作用的 H_1受体阻断药物是(　　)
   A. 苯海拉明　　B. 氯苯那敏　　C. 特非那定
   D. 异丙嗪　　E. 以上都不是
3. 早期妊娠禁用药物是(　　)
   A. 苯海拉明　　B. 异丙嗪　　C. 美克洛嗪
   D. 氯苯那敏　　E. 以上都不是
4. 有关异丙嗪的药理作用,下列哪一项描述是完全正确的(　　)
   A. 镇静、催眠、抗惊厥　　B. 镇静、抗晕、抗炎　　C. 解热、镇痛、胃肠解痉
   D. 镇静、嗜睡、抗胃酸分泌　　E. 抗晕止吐、轻度扩张支气管
5. 对荨麻疹疗效较好的口服药物是(　　)
   A. 色甘酸钠　　B. 西咪替丁　　C. 肾上腺素
   D. 地西泮(安定)　　E. 氯苯那敏(扑尔敏)
6. 苯海拉明不具备的药理作用是(　　)
   A. 镇静作用　　B. 抗胆碱作用　　C. 减少胃酸分泌作用
   D. 局麻作用　　E. 止吐作用
7. 下列哪项不是西咪替丁的不良反应(　　)
   A. 精神错乱　　B. 内分泌紊乱　　C. 乏力,肌痛

D. 心率加快　　E. 骨髓抑制

8. 苯海拉明最常见的不良反应是(　　)

A. 失眠　　B. 消化道反应　　C. 头痛、头晕

D. 粒细胞减少　　E. 中枢抑制现象

(二) B 型题

A. 组胺　　B. 法莫替丁　　C. 苯海拉明

D. 多潘立酮　　E. 西替利嗪

1. 用于治疗消化性溃疡的药物(　　)
2. 用于麻风病辅助诊断的药物(　　)
3. 中枢抑制作用较强的 H_1 受体阻断剂(　　)
4. 无明显抗胆碱和抗 5-羟色胺作用的 H_1 受体阻断剂(　　)
5. 阻断外周多巴胺受体,发挥止吐作用的药物(　　)

五、填空题

1. H_1 受体阻断药有________、________、________(列举 3 个药名);H_2 受体阻断药有________、________、________(列举 3 个药名)。
2. 止吐作用较强的 H_1 受体阻断药为________和________。

六、判断题

1. 西咪替丁为 H_2 受体阻断药。(　　)
2. H_1 受体阻断剂可用于变态反应性疾病的治疗。(　　)
3. 苯海拉明可完全对抗组胺引起的血管扩张。(　　)
4. 西咪替丁可因阻断 H_2 受体,减少胃酸分泌。(　　)
5. 特非那定和阿司咪唑不通过血脑屏障,无中枢抑制作用。(　　)

七、参考答案

A 型题

1. A　2. C　3. C　4. E　5. E　6. C　7. D　8. E

B 型题

1. B　2. A　3. C　4. E　5. D

填空题

1. 异丙嗪　苯海拉明　氯苯那敏　西米替丁　雷尼替丁　法莫替丁
2. 苯海拉明　异丙嗪

判断题

1. √　2. √　3. ×　4. √　5. √

(康金森　王　烨)

第三十一章　作用于呼吸系统的药物

学习目标

掌握常用平喘药的分类、药理作用及作用机制、临床应用及镇咳药及祛痰药作用特点。

学习重点指导

第一节　平　喘　药

支气管哮喘是指机体对抗原性或非抗原性刺激引起的一种气管-支气管反应性过度增高的疾病。其哮喘发生机制可分两大类：

外源性：过敏原等特异性刺激→抗原→致敏肥大细胞→过敏介质释放；用糖皮质激素类抗炎药及抗过敏药。

内源性：运动、冷空气等非特异性刺激→迷走神经反射兴奋→Ach↑→支气管平滑肌收缩；用支气管舒张药。

1. 基本病理表现

(1) 为嗜酸粒细胞浸润为主的炎细胞浸润。

(2) 可逆性支气管狭窄(支气管痉挛，黏膜下组织水肿、血管通透性增加、腺体分泌亢进、小气道阻塞)。

(3) 气道高反应性(对支气管收缩因素：化学物质、冷空气、运动等敏感性增高)。

2. 药物分类

(1) 支气管舒张药：拟肾上腺素药，茶碱类，M 受体阻断药。

(2) 糖皮质激素类。

(3) 抗过敏平喘药。

一、支气管舒张药

(一) 肾上腺素受体激动药

1. 非选择性 β 受体激动药(心血管作用强)　肾上腺素(Adr)、异丙肾上腺素(ISO)、麻黄碱。

(1) 作用及机制

1）激动支气管平滑肌上 β_2 受体→细胞内 cAMP↑（激活 cAMP 依赖的蛋白激酶/钙泵→细胞内 Ca^{2+}↓→支气管平滑肌松弛；
激动肥大细胞膜上 β_2 受体→抑制肥大细胞脱颗粒→过敏介质释放↓→抑制毛细血管通透性。

2）肾上腺素激动 α 受体→呼吸道黏膜血管收缩→减轻黏膜充血水肿→改善通气功能。

3）长期应用→支气管平滑肌细胞膜 β_2 受体↓→疗效↓→哮喘反跳（应交替使用）。

• **肾上腺素**（adrenaline）：为 α、β_1、β_2-R 激动剂，平喘作用强大，但选择性低，副作用多，仅用皮下注射，用于哮喘急性发作。

• **麻黄碱**（ephedrine）：为 α、β_1、β_2-R 激动剂，促进 NA 的释放。作用缓慢、温和、持久，口服有效。用于轻症哮喘、喘息性气管炎、预防哮喘发作。

• **异丙肾上腺素**（isoproterenol，喘息定）：为 β_1、β_2-R 激动剂，作用强大，气雾吸入或注射给药，用于哮喘急性发作。

2. 选择性 β_2受体激动剂（选择性高、疗效较好、副作用少、是控制哮喘症状的首选药）

• **沙丁胺醇**（salbutamol，舒喘灵）

（1）特点：①口服易吸收（不被 COMT，MAO 破坏）；②对呼吸道有高选择性；③作用强而持久，对心脏兴奋作用轻，安全。

（2）应用：用于各型支气管哮喘及伴有支气管痉挛的各种支气管肺疾病。

（3）不良反应

1）头晕、恶心、肌颤、心悸、高血压，对心脏病、高血压、糖尿病患者慎用。

2）β 受体激动剂过量→促进 K^+内流、Na^+外流→低血钾。

3）合用其他拟肾上腺素药，可作用增强→毒性反应发生。

（二）茶碱类（theophylline）（氨茶碱、胆茶碱）

1. 作用及机制

（1）松弛支气管平滑肌：①高浓度可抑制 PDE→cAMP 增加→平滑肌舒张；②促进内源性 Adr、NA 释放，间接扩张支气管平滑肌；③拮抗腺苷：阻断腺苷受体、对抗内源性腺苷引起的支气管收缩。

（2）增强膈肌收缩力：改善呼吸功能。兴奋呼吸中枢，呼吸加深但频率不变。

（3）强心作用：适于心力衰竭时的哮喘（心脏性哮喘）。

（4）近年发现有抗炎作用：抑制肥大细胞、嗜酸性粒细胞等功能。

2. 临床用途　急慢性哮喘，急性：IV 立即发挥药效，慢性：PO 预防。持续状态：配伍合用，疗效↑。可直肠给药。

3. 不良反应　安全范围小，选择性低。中毒表现：

（1）胃肠道反应。

（2）中枢兴奋。

（3）静脉注射过快：心动过速、心律失常、惊厥、昏迷、呼吸心跳停止。其药动学个体差异大，定期监测血药浓度。

• **氨茶碱**（aminophylline）：茶碱与乙二胺形成的复盐，水溶解度较茶碱大 20 倍，可做成注射剂。本品碱性较强，口服易致胃肠道刺激症状，低浓度缓慢注射。儿童对其敏感性较成人高，应慎用。

（三）抗胆碱药（M 胆碱受体阻断药）

● **异丙托胺**（ipratropium bromide）：是阿托品的异丙基衍生物，为季铵盐，口服后不易吸收，采用气雾吸入给药。本品对支气管平滑肌具有较高的选择性，不良反应较少，不影响痰液分泌和痰液粘稠度，对伴有迷走神经功能亢进的哮喘和喘息性支气管炎患者有较好疗效。

二、抗炎性平喘药

糖皮质激素

糖皮质激素为目前治疗哮喘的重要抗炎药物，是治疗哮喘持续状态或危重发作的重要抢救药物。近年来，主要以吸入方式在呼吸道局部应用该类药物，显示强大的局部抗炎作用，而全身性不良反应轻微。

1. 作用机制　①阻断炎症前转录因子激活；②抑制参与哮喘的炎症细胞。

糖皮质激素能进入靶细胞内与其受体结合成复合物，然后进入细胞核内，直接与敏感基因上的糖皮质激素反应素（GRES）结合，调节炎症相关基因的转录，阻断炎症介质对炎症前转录因子[激活蛋白 1（AP-1）、核因子 κB（NF-κB）]的激活作用。抑制某些炎症相关蛋白（如细胞因子类、诱生型 NOS，PLA_2，COX 等）的表达，还可增强某些抗炎症蛋白（脂皮素、β_2受体、血管皮素等）的表达，进而表现抗炎效应。

糖皮质激素对参与哮喘的炎症细胞均有抑制作用，因而能降低气道反应性。抑制巨噬细胞释放介质，减少肥大细胞的数量，抑制血管内皮细胞黏附分子表达，抑制嗜酸性粒细胞的黏附和跨内皮细胞移行，减少淋巴细胞数量并抑制淋巴因子释放，抑制中性粒细胞的游走功能，抑制气道黏膜柱状细胞释放淋巴因子。

2. 临床用途

（1）全身用药

1）哮喘危急发作病例，对 β 受体动药合用 IV 氨茶碱治疗后疗效不明显者。

2）慢性哮喘病例应用其他平喘药疗效不显著者。

对糖皮质激素抵抗型哮喘疗效差，可选用环孢素、竹桃霉素、氨甲蝶啶或金制剂。

（2）不良反应：长期全身应用抑制下丘脑-垂体-肾上腺皮质的功能→严重全身性不良反应（恶心呕吐、食欲↓、肌无力、低血压、低血糖）。

（3）局部用药

● **倍氯米松**（beclomethasone）：局部抗炎作用强，气雾吸入平喘效果好，无全身不良反应，长期应用也不抑制肾上腺皮质功能。但起效慢，不适用于急性发作（气雾吸入后，一般在 10 天后支气管阻力降低作用才达高峰）。也不适用于哮喘持续状态（不能吸入足够的气雾量）。

不良反应：口腔真菌感染（鹅口疮）、声音嘶哑（用药后漱口）。

三、抗过敏平喘药

● **色甘酸钠**（cromolyn sodium，咽泰）

1. 作用　该药无直接扩张支气管平滑肌和对抗过敏介质的作用，亦无抗炎作用，但能稳定肥大细胞膜,抑制过敏介质释放。

2 机制

(1) 稳定肥大细胞膜。阻止钙离子内流,从而阻止肥大细胞脱颗粒。

(2) 直接抑制引起气管痉挛的某些反射。防止 SO_2、冷空气、运动等刺激引起的支气管痉挛及哮喘。

(3) 抑制非特异性支气管高反应性。抑制哮喘者对上述非特异性刺激的高敏感性。

3. 应用　本品用于支气管哮喘的预防性治疗,对已发作的哮喘无效。用后不能立即控制发作,需在接触哮喘诱因前 7~10 天用药(如花粉症病人可在花粉季节来临前 7~10 天)。

4. 不良反应　局部刺激(少数病人吸入药后有咽部和气管的刺激症状);诱发哮喘。必要时可同时吸入 β 受体激动药加以防治。

● **酮替芬**(ketotifen):同色甘酸钠,抑制炎症介质的释放,还有 H_1 受体阻断作用,新型抗组胺药,PO 可吸收。嗜睡、疲倦、头晕、口干,损伤肝功能。

第二节　镇　咳　药

咳嗽反射是一个完整的反射弧,镇咳药按其作用机制可分为两类:

{中枢性镇咳药:抑制咳嗽中枢。
外周性镇咳药:抑制咳嗽反射感受器、传入或传出神经任何一环节。

一、中枢性镇咳药

● **可待因**(codeine):属阿片生物碱类,又称甲基吗啡,选择性抑制延脑咳嗽中枢,有镇咳、镇痛作用,镇咳剂量不抑制呼吸,成瘾性较吗啡小,但仍应控制,主要用于剧烈的无痰干咳及中等疼痛的镇痛。过量抑制呼吸中枢、烦躁不安等兴奋症状,久用成瘾。

● **右美沙芬**(dextromethorphan):非成瘾性中枢镇咳药,强度与可待因类似,无镇痛作用,镇咳剂量不抑制呼吸,中毒量有呼吸抑制作用。

● **喷托维林**(pentoxyverine):选择性抑制咳嗽中枢,并有阿托品样作用和局麻样作用,适用于上呼吸道炎症引起的干咳。无成瘾性。青光眼患者禁用。

二、外周性镇咳药

● **苯丙哌林**(benproperine):兼有中枢和外周双重镇咳作用,强于可待因 2~4 倍,可用于各种原因引起的刺激性干咳。较理想的镇咳药。

● **苯佐那酯**(benzonatate):局麻药丁卡因的衍生物,有较强的局部麻醉作用,主要用于支气管炎、胸膜炎、干咳。

第三节　祛　痰　药

祛痰药主要分为两大类:

{痰液稀释药:增加痰液中水分量,稀释痰液,恶心祛痰药属于此类。
黏痰溶解药:降低痰液黏稠度,使痰液容易排出。

一、痰液稀释药

• **氯化铵**(ammonium chloride):口服刺激胃黏膜,轻度恶心,反射性引起呼吸道腺体分泌↑,祛痰合剂的组成成分。

• **愈创木酚甘油醚**:祛痰加较弱的抗菌防腐作用。

二、黏痰溶解药

• **乙酰半胱氨酸**(acetylcysteine):可使黏痰中的二硫键断裂从而降低痰的粘滞性,易于咳出。

• **溴己新**(bromhexine):裂解黏痰中的黏多糖,使痰液变稀。

强化训练及参考答案

一、英语单词

1. antiasthmatic drugs
2. antitussives
3. expectorants

二、名词解释

1. 平喘药　能缓解喘息症状的药物。
2. 镇咳药　能作用于咳嗽反射中枢或末梢部位,抑制咳嗽反射的药物。
3. 祛痰药　指能增加呼吸道分泌、稀释痰液或降低其黏稠度,使痰易于咳出的药物。

三、问答题

1. 简述异丙肾上腺素的不良反应和禁忌证。

答:不良反应有:心悸、肌震颤、头痛、头晕、反复用药可产生耐受性,大剂量可致心律失常,严重者造成心室纤颤。冠心病、心肌炎、甲亢患者禁用。

2. 简述色甘酸钠的平喘原理和临床应用。

答:色甘酸钠可稳定肺组织肥大细胞膜,阻止钙离子内流,从而抑制过敏反应过程中肥大细胞脱颗粒和过敏介质释放,使黏膜局部渗出,水肿减轻而缓解哮喘症状。临床上主要用于预防哮喘发作,对过敏性哮喘疗效最好,亦可用于过敏性鼻炎、溃疡性结肠炎。

3. 简述沙丁胺醇的药理作用、作用特点及临床应用。

答:沙丁胺醇通过选择性激动 β_2受体,使支气管平滑肌扩张,产生平喘作用,平喘作用特点是作用强而持久,口服有效,临床用于支气管哮喘和喘息性支气管炎,口服用于预防发作,气雾吸入用于制止发作。

4. *N*-乙酰半胱氨酸是如何产生祛痰作用的?有何临床应用?

答:*N*-乙酰半胱氨酸分子—SH 能使痰中黏蛋白多肽键中的—S—S 断裂,降低痰黏度使其易于咳出,还可以使脓痰中的 DNA 断裂使脓痰溶解,临床用于黏痰阻塞引起的呼吸困难,亦常用于手术时或术后黏痰阻塞气道,使痰变稀,便于吸引排痰。

5. 简述氨茶碱的抗喘作用机制、临床应用及不良反应。

答：氨茶碱的抗喘作用主要是通过促进肾上腺素释放，然后激动 β_2受体，使 cAMP 增加，支气管平滑肌松弛，此外，氨茶碱还可以增加呼吸肌的收缩力，减少呼吸肌疲劳，临床上主要用于急慢性哮喘及其他慢性阻塞性肺疾病，主要不良反应包括局部刺激中枢神经系统兴奋及循环系统症状等。

6. 喷托维林和苯佐那酯在镇咳机制上有何异同？各有何临床应用？

答：两者均有局麻作用，喷托维林通过阿托品样作用和局麻作用扩张支气管平滑肌并抑制呼吸道黏膜感受器，并具有选择性抑制咳嗽中枢的作用，苯佐那酯局麻作用较强，能抑制肺牵张感受器，阻断咳嗽反射的传入冲动，无中枢镇咳作用，喷托维林用于上呼吸道感染引起的无痰干咳阵咳，也可用于支气管镜、喉镜检查前的预防咳嗽。

7. 祛痰药分几类？每类的代表药及其作用。

答：祛痰药分为两大类：

(1) 刺激性祛痰药，代表药为氯化铵，本类药物能刺激胃黏膜，反射性增加呼吸道腺体分泌。痰液被稀释而易于咳出。

(2) 黏痰溶解药：代表药为乙酰半胱氨酸，本类药物与痰液接触后，直接裂解痰中黏性成分，使痰液黏度降低而易于咳出。

8. 举例说明镇咳药的分类及作用机制。

答：根据镇咳药作用的不同环节，镇咳药可分为中枢性及末梢性两大类，中枢镇咳药是能选择性抑制咳嗽中枢的药物，对各种原因引起的咳嗽都有缓解作用，但这类镇咳药也常影响延脑中其他中枢而引起各种不良反应。其又分为成瘾性与非成瘾性两大类。末梢性镇咳药又称外周性镇咳药，能抑制咳嗽反射弧中的感受器，传入神经或传出神经任一环节而镇咳，因此，包括范围很广。

9. 常用的抗喘药分为几类？每类的代表药及主要作用机制是什么？

答：常用抗喘药分为六大类：①异丙肾上腺素等拟肾上腺药，主要作用机制为激动支气管平滑肌上的 β_2受体，使支气管平滑肌松弛，同时激动肥大细胞膜上的 β 受体，抑制过敏介质的释放。②茶碱类：代表药为氨茶碱，主要通过促进肾上腺素的释放，此外，尚可增加呼吸肌的收缩力。③M 胆碱受体阻断剂，通过阻断 M 受体而松弛支气管平滑肌，代表药为异丙托溴铵。④肾上腺皮质激素类，代表药为丙酸倍氯米松，主要作用与其抗炎作用有关，并能增加 β_2受体的数量，抑制 COMT 的活性和儿茶酚胺的摄取，提高血中儿茶酚胺水平。⑤肥大细胞膜稳定药，代表药为色甘酸钠，作用机制为稳定肥大细胞膜，抑制过敏介质释放。

四、选择题

(一) A 型题

1. 氨茶碱抗喘的主要机制是(　　)

A. 抑制磷酸二酯酶　　B. 激活磷酸二酯酶　　C. 促进肾上腺素释放

D. 激活腺苷酸环化酶　　E. 抑制鸟苷酸环化酶

2. 色甘酸钠预防哮喘发作的机制是(　　)

A. 稳定肥大细胞的细胞膜,抑制过敏介质释放
B. 直接松弛支气管平滑肌
C. 对抗组胺、白三烯等过敏介质
D. 具有较强的抗炎作用
E. 阻止抗原与抗体结合

3. 丙酸倍氯米松治疗哮喘时的主要优点是(　　)
A. 抗喘作用强　B. 不抑制肾上腺皮质功能　C. 起效迅速
D. 局部抗炎作用强　E. 以上均不是

4. 伴有冠心病的支气管哮喘发作者宜选用(　　)
A. 异丙肾上腺素　B. 沙丁胺醇　C. 色甘酸钠
D. 地塞米松　E. 氨茶碱

5. 乙酰半胱氨酸的祛痰作用机制是(　　)
A. 使痰液生成减少
B. 扩张支气管使痰液易咯出
C. 增强呼吸道纤毛运动,促使痰液排出
D. 裂解痰中黏性成分,使痰黏稠度降低而易咯出
E. 使呼吸道腺体分泌增加,痰液被稀释而易咯出

6. 预防支气管哮喘发作宜选用(　　)
A. 麻黄碱　B. 异丙肾上腺素　C. 地塞米松
D. 肾上腺素　E. 阿托品

7. 预防过敏性哮喘最好选用(　　)
A. 麻黄碱　B. 氨茶碱　C. 色甘酸钠
D. 沙丁胺醇　E. 肾上腺素

8. 不宜与乙酰半胱氨酸混合应用的药物是(　　)
A. 青霉素　B. 氨茶碱　C. 肾上腺素
D. 氯化铵　E. 氟哌酸

9. 下列关于祛痰药的叙述错误的是(　　)
A. 抑制黏多糖合成,使痰液变稀
B. 增加呼吸道分泌,稀释痰液
C. 裂解痰中黏多糖,使痰液变稀
D. 能间接起到镇咳和抗喘作用
E. 扩张支气管,使痰易咯出

10. 非成瘾性中枢性镇咳药是(　　)
A. 可待因　B. 苯佐那酯　C. 喷托维林
D. 溴己新　E. 普诺地嗪

11. 对多痰的咳嗽,宜选用的镇咳药是(　　)
A. 可待因　B. 乙酰半胱氨酸　C. 氯化铵
D. 苯佐那酯　E. 喷托维林

12. 可待因主要用于(　　)
A. 长期慢性咳嗽　B. 多痰的咳嗽　C. 剧烈的干咳
D. 支气管哮喘　E. 头痛

13. 常用于抗喘的 M 受体阻断剂是(　　)
A. 阿托品　B. 后马托品　C. 异丙托溴铵
D. 丙胺太林　E. 山莨菪碱

14. 不能控制哮喘发作症状的药物是(　　)
A. 地塞米松　B. 色甘酸钠　C. 异丙肾上腺素
D. 氨茶碱　E. 硝苯地平

15. 异丙肾上腺素治疗支气管哮喘常见的不良反应是(　　)
A. 直立性低血压　B. 心动过缓　C. 血压明显升高
D. 心动过速　E. 恶心、呕吐

16. 哮喘急性发作首选(　　)
A. 倍氯米松吸入　B. 色甘酸钠吸入　C. 沙丁胺醇吸入
D. 氨茶碱口服　E. 麻黄碱口服

17. 裂解痰中黏多糖和抑制酸性糖蛋白合成的药物是(　　)
A. *N*-乙酰半胱氨酸　B. 氯化铵　C. 溴己新
D. 喷托维林　E. 氯哌斯汀(氯哌啶)

18. 沙丁胺醇抗喘作用特点包括,除外(　　)
A. 疗效与异丙肾上腺素相似
B. 对心血管的不良反应轻
C. 作用持续时间长
D. 皮下注射可延长其作用时间
E. 口服有效

19. 氨茶碱的主要不良反应包括,除外(　　)
A. 局部刺激　B. 中枢兴奋　C. 血压升高
D. 安全范围小　E. 心率加快、心律失常

20. 支气管哮喘急性发作时选用,除外(　　)
A. 异丙肾上腺素　B. 倍氯米松　C. 沙丁胺醇
D. 异丙阿托品　E. 肾上腺素

(二) B 型题

A. 稳定肥大细胞膜　B. 阻断 M 受体　C. 抗炎、增加 β_2受体数量
D. 选择性激动 β 受体　E. 促进肾上腺素释放

1. 沙丁胺醇的抗喘作用机制是(　　)
2. 色甘酸钠的抗喘作用机制是(　　)
3. 氨茶碱的抗喘作用机制是(　　)
4. 异丙托溴铵的抗喘作用机制是(　　)
5. 丙酸倍氯米松的抗喘作用机制是(　　)

A. 可待因　　B. 乙酰半胱氨酸　　C. 色甘酸钠
D. 氯化铵　　E. 苯佐那酯

6. 刺激性祛痰药是(　　)
7. 黏痰溶解药是(　　)
8. 中枢性镇咳药是(　　)
9. 外周性镇咳药是(　　)

五、填空题

1. 支气管哮喘发作时可用________,预防时可用________。
2. 苯丙哌林是________镇咳药,既能抑制________又能抑制________反射,并对平滑肌具有________作用。
3. 克伦特罗为________,松弛支气管平滑肌的作用比沙丁胺醇________。

六、参考答案

A 型题

1. C　2. A　3. B　4. E　5. D　6. A　7. C　8. A　9. E　10. C
11. E　12. C　13. C　14. B　15. D　16. C　17. C　18. D　19. C　20. B

B 型题

1. D　2. A　3. E　4. B　5. C　6. D　7. B　8. A　9. E

填空题

1. 异丙肾上腺素或肾上腺素　麻黄碱或氨茶碱
2. 非成瘾性　咳嗽中枢　迷走　解痉
3. 强效选择性 β_2 受体激动药　强

(康金森　王　烨)

第三十二章 作用于消化系统的药物

学习目标

1. 熟悉抗消化性溃疡药的分类。
2. 掌握抗消化性溃疡药作用机制与临床应用和不良反应。

学习重点指导

第一节 抗消化性溃疡药

消化性溃疡(peptic ulcer),指发生于胃和十二指肠球部的溃疡,是一种慢性消化系统疾病。

1. 消化性溃疡的病理 攻击因子与防御因子失衡。

{攻击因子包括①胃酸、胃蛋白酶的消化作用;②幽门螺杆菌感染。
防御因子包括①胃黏液、碳酸氢盐屏障;②前列腺素的保护作用。

2. 临床分型

{Ⅰ型:胃的高部位保护因子的削弱。
Ⅱ型:胃的幽门及十二指肠胃酸分泌↑。

3. 药物干预和分型

{抑制、抵御攻击因子:抗酸药、胃酸分泌抑制剂、抗幽门螺旋杆菌药。
增强防御因子:胃黏膜保护药。

一、抗酸药(antacids)

• 氢氧化镁、氢氧化铝、碳酸钙、碳酸氢钠、三硅酸镁等。

1. 作用及机制 中和胃酸降低胃蛋白酶活性。
2. 应用 ①消化性溃疡;②反流性食管炎;③卓-艾(Zollinger-Ellison)综合征。

几种抗酸药特点见表 32-1。

表 32-1 几种抗酸药的特点

药物	起效	作用强度	持续时间	吸收	产气	腹泻	便秘	黏膜保护
碳酸钙	快	强	久	−	+	−	+	−
氢氧化镁	快	强	久	−	−	+	−	−
碳酸氢钠	快	强	短	+	+	−	−	−
氢氧化铝	慢	强	久	−	−	−	+	+
三硅酸镁	慢	弱	久	−	−	+	−	+

二、抑制胃酸分泌药

由胃壁细胞分泌的胃酸是诱发消化性溃疡的主要因素。

H_2组胺受体
M 胆碱受体
促胃液素受体 } ——→激活质子泵——→胃酸分泌。

(一) H_2受体阻断药

• **西米替丁**(cimetidine)、**雷尼替丁**(ranitidine)、**法莫替丁**(famotidine)

1. 药理作用　抑制基础胃酸、夜间胃酸分泌,也抑制由组胺、五肽胃泌素、乙酰胆碱、食物等多种原因引起的胃酸分泌。

2. 临床应用　治疗各型消化性溃疡。

(二) M 胆碱受体阻断药

• **哌仑西平**(pirenzepine)

特点　选择性阻断引起胃酸分泌的 M_1受体,副作用少。

(三) 胃壁细胞 H^+泵抑制药

质子泵抑制剂与质子泵特异结合,使之失活,从而达到明显的抑酸作用,是新型的抗消化性溃疡最有效的药物。

• **奥美拉唑**(omeprazole)(洛赛克)

1. 作用及机制　不可逆抑制 H-K-ATP 酶活性,抑制 H^+的泵出,每日产酸减少 95% 以上,在酸性环境下生成亚磺酰胺分子与酶-SH 基形成双硫键结合形成酶抑制剂复合物,使之失活,抑制基础胃酸与最大胃酸分泌。尚可抑制幽门螺旋杆菌。

2. 应用

(1) 消化性溃疡:疗效同 H_2受体阻断药。

(2) 反流性食道炎:优于 H_2受体阻断药。

(3) 卓-艾氏综合征。

3. 不良反应　消化道、中枢神经、白细胞减少等。为肝药酶抑制剂。

(四) 胃泌素受体阻断药

• **丙谷胺**(proglumide)

特点　竞争性抑制胃泌素受体,减少胃酸分泌。对胃黏膜有保护和收敛作用。对消化性溃疡疗效较差，现已少用。

三、增强胃黏膜屏障功能的药物

(一) 前列腺素衍生物

● **米索前列醇**(misoprostol)

1. 作用

(1) 提高胃黏液和 HCO_3^- 盐分泌，细胞保护作用。

(2) 抑制胃酸、胃蛋白酶分泌，对抗乙酰水杨酸引起的胃出血、溃疡。

2. 应用　预防、治疗胃和十二指肠溃疡；使用非甾体抗炎药患者。

3. 不良反应　轻，腹痛、腹泻、子宫收缩，可引起流产。

(二) 硫糖铝(sucralfate)

1. 作用　在胃酸中分解为氢氧化铝和硫酸蔗糖复合物，前者以凝胶形式中和酸，后者为黏稠多聚体覆盖于病灶溃疡面形成保护膜。

2. 应用　消化性溃疡，反流性食道炎，慢性胃炎。

(三) 枸橼酸铋钾(bismuth potassium citrate)、胶体铋

● **思密达**(十六角蒙脱石)

1. 作用　抑制胃蛋白酶活性、增加黏液分泌、覆盖溃疡面，促进幽门螺旋杆菌脱落杀菌。

2. 应用　消化性溃疡，慢性(浅表性/萎缩性)胃炎。

3. 不良反应　舌、牙、粪发黑，肾功能损害。

四、抗幽门螺杆菌药

研究发现幽门螺杆菌与溃疡病发生密切相关，抗菌药可促进溃疡愈合和减少复发。

临床常以 2~3 种联用(1+2)。

(1) 抗溃疡病药：质子泵抑制剂(奥美拉唑)、铋剂(枸橼酸铋钾)、硫糖铝。

(2) 抗生素：阿莫仙、四环素、呋喃唑酮、甲红霉素、甲硝唑等。

联合抗幽门螺旋杆菌药：
- 奥美拉唑+阿莫西林+甲硝唑
- 奥美拉唑+克拉霉素+阿莫西林
- 四环素+甲硝唑+枸橼酸铋钾

第二节　消化功能调节药(自学)

一、助消化药

胃蛋白酶、胰酶、乳酶生

二、止吐药与胃肠促动药

呕吐刺激可经前庭神经、延脑催吐化学感受区(CTZ)经孤束核到达延脑呕吐中枢，经复杂调整过程产生呕吐反射(药物、癌症化疗、胃肠道疾病、晕动病、内耳眩晕症、外科手术后、

早孕期）。

（一）5-HT_3受体阻断药

● **昂丹司群**（ondansetron）

5-HT_3是一个重要的催吐信号和递质，肿瘤放疗、化疗→小肠释放 5-HT_3→激动 5-HT_3受体→呕吐中枢→呕吐。

1. 作用及机制　拮抗中枢神经系统和胃肠道 5-HT_3 受体，阻断 5-HT 介导的呕吐刺激沿迷走神经的传导和 CTZ 和呕吐中枢的感应抑制呕吐。

2. 应用　抗癌药（顺铂）或外科手术引起的呕吐。锥体外系反应少，轻度头痛、便秘。适用于年轻病人。

（二）H_1受体阻断药

苯海拉明、异丙嗪等：抑制前庭功能，预防治晕动病、内耳眩晕症等引起的呕吐。抗过敏、镇静。

（三）M 胆碱受体阻断药

东莨菪碱（hyoscine）：抗晕动病。

（四）多巴胺受体阻断剂

1. 氯丙嗪　长期大剂量应用可引起锥体外系反应和高泌乳素血症。

2. 促胃肠动力药　甲氧氯普胺（metoclopramide，胃复安）：通过阻断延脑 CTZ 的 D_2受体产生中枢性止吐作用和阻断胃肠道多巴胺受体，促进上消化道运动，加速胃的排空，防止内容物反流。

主要用于胃肠功能失调所致的恶心呕吐，预防妊娠呕吐。

长期大剂量应用可引起锥体外系反应。

3. 多潘立酮（吗丁啉）　只阻断胃肠道多巴胺受体，对脑内多巴胺受体无阻断作用，故无锥体外系反应。

三、止泻药与吸附药

1. 阿片制剂　用于严重的非细菌感染性腹泻。

2. 地芬诺酯（diphenoxylate，苯乙哌啶）　哌替丁类似物，不良反应轻，但大剂量长期应用可成瘾。

3. 洛哌丁胺　同地芬诺酯类似。

4. 收敛剂和吸附药　鞣酸蛋白、次碳酸铋和药用炭等。

四、泻药

1. 容积性泻药　甲基纤维素、羧甲基纤维素、亲水性胶质（琼脂）。

2. 渗透性泻药　硫酸镁、枸橼酸镁、磷酸钠、乳果糖、甘油、山梨醇等。

3. 刺激性接触性泻药

（1）二苯甲烷衍生物：酚酞（果导）。

（2）蒽醌类：大黄、蕃泻叶，用于急慢性便秘。

（3）蓖麻油等：作用强，不作一般便秘治疗，用于 X 线检查前等。

4. 润滑性泻药　液状石蜡、甘油(50%,开塞露)。

五、利胆药

1. 促胆汁分泌药　去氢胆酸。
2. 溶胆石药　鹅去氧胆酸,熊去氧胆酸。
3. 促进胆囊排空的药物　硫酸镁(口服或灌肠)。

强化训练及参考答案

一、英语单词

antacids

二、名词解释

质子泵抑制药　胃 H^+-K^+-ATP 酶称质子泵,凡能通过抑制此酶活性而抑制胃酸分泌的药物称为质子泵抑制药。

三、问答题

1. 泻药分几类?举出每一类的代表药。

答:(1) 容积性泻药:硫酸镁、硫酸钠、乳果糖、食物纤维素。
(2) 接触性(刺激性)泻药:大黄、酚酞、蓖麻油。
(3) 润滑性泻药:液状石蜡、甘油。

2. 举出一个 H_2受体拮抗剂,并简述其临床应用及药理依据和主要不良反应。

答:西咪替丁,用于胃及十二指肠溃疡,本药物能阻断 H_2受体,抑制基础胃酸分泌,也抑制组胺、五肽胃泌素、食物引起的胃酸分泌,主要不良反应有头疼、头晕、乏力、腹泻、皮疹等,大剂量可致精神紊乱、有抗雄激素样作用,静注可致心律失常。

3. 试述奥美拉唑的作用特点及临床应用。

答:奥美拉唑的作用特点如下:①是胃黏膜 H^+-K^+-ATP 酶抑制剂;②可抑制基础胃酸分泌;③具有降低幽门螺杆菌作用;④作用强而持久,因而可促进溃疡愈合,主要用于治疗 H_2受体阻断药无效的胃和十二指肠溃疡。

4. 试述硫酸镁的药理作用及临床应用。

答:①导泻作用:口服后产生很强的泻下作用,其原理是:由于 Mg^{2+}很少吸收,在肠腔内形成高渗,致使肠腔内保持大量水分,刺激结肠而导泻,另外还可引起十二指肠缩胆囊素分泌,缩胆囊素可促进肠腺体分泌及促进肠蠕动,主要用于急性便秘,促进肠内毒物或驱虫药的排出。②利胆作用:口服后刺激十二指肠黏膜,反射性使胆囊收缩,胆总管括约肌扩张,促进胆囊排空,产生利胆作用,主要用于胆囊炎、胆石症。③抗惊厥作用:镁离子具有中枢抑制作用,能抑制终板部位乙酰胆碱的释放,使骨骼肌疏松,注射给药主要用于癫痫、破伤风引起的惊厥,此外,镁离子还可直接松弛外周血管平滑肌,抑制心肌收缩,所以注射给药可用于高血压危象或癫痫伴有高血压患者。

5. 试述抗消化性溃疡病药有哪几类？它们各自的作用机制。

答：(1) 抗酸药：作用及机制：中和胃酸，降低胃蛋白酶活性。

(2) 抑制胃酸分泌药：M 胆碱受体阻断剂，H_2组胺受体阻断剂，胃液素受体阻断剂，胃壁细胞 H^+泵抑制药。

(3) 黏膜保护药。

(4) 抗幽门螺杆菌药。

四、选择题

(一) A 型题

1. 西咪替丁抑制胃酸分泌的机制是(　　)
   A. 阻断 M 受体　B. 保护胃黏膜　C. 阻断 H_1受体
   D. 促进 PCE_2合成　E. 阻断 H_2受体
2. 硫糖铝治疗消化道溃疡的机制是(　　)
   A. 中和胃酸　B. 抑制胃酸分泌　C. 抑制 H^+-K^+-ATP 酶
   D. 保护溃疡黏膜　E. 抑制胃蛋白酶活性
3. 下列关于氢氧化铝的叙述不正确的是(　　)
   A. 抗胃酸作用较强，生效较慢
   B. 口服后生成的 $AlCl_3$有收敛作用
   C. 与三硅酸镁合用作用增强
   D. 久用可引起便秘
   E. 不影响四环素、铁制剂吸收
4. 下列关于碳酸氢钠不正确的应用是(　　)
   A. 促进阿司匹林在胃中的吸收
   B. 较少用于中和胃酸
   C. 促进苯巴比妥从尿中排泄
   D. 增强庆大霉素的抗菌作用
   E. 碱化尿液防止磺胺类药析出结晶
5. 可用于急性功能性腹泻的止泻药是(　　)
   A. 地芬诺酯(苯乙哌啶)　B. 药用碳　C. 次碳酸铋
   D. 洛哌丁胺　E. 口服鞣酸蛋白
6. 多潘立酮(吗丁啉)可阻断下列哪一受体而止吐(　　)
   A. M 胆碱受体　B. 胃泌素受体　C. H_1受体
   D. 多巴胺受体　E. 5-HT_3 受体
7. 奥美拉唑属于以下哪一类药物(　　)
   A. H_2受体阻断药　B. M 受体阻断药　C. H^+-K^+-ATP 酶抑制药
   D. H_1受体阻断药　E. 助消化药
8. 哌仑西平属于哪一类药(　　)
   A. H_1受体阻断药　B. H_2受体阻断药　C. H^+-K^+-ATP 酶抑制药

D. M 受体阻断药 E. 解痉药

9. 习惯性便秘患者可选用( )

A. 硫酸镁 B. 酚酞 C. 阿片酊

D. 液状石蜡 E. 乳果糖

10. 慢性便秘可选用( )

A. 硫酸镁 B. 乳果糖 C. 酚酞

D. 硫酸钠 E. 大黄

11. 下列哪一个药物可竞争性阻断胃泌素受体而减少胃酸分泌( )

A. 哌仑西平 B. 西咪替丁 C. 丙谷胺

D. 洛赛克 E. 硫糖铝

12. 治疗酸中毒(酸血症)应选用( )

A. 氢氧化铝 B. 三硅酸镁 C. 碳酸氢钠

D. 碳酸钙 E. 硫酸镁

13. 乳酶生是( )

A. 酶制剂 B. 活的乳酸杆菌制剂 C. 抗酸药

D. 营养剂 E. 解痉药

14. 下列不属于抗酸药的是( )

A. 三硅酸镁 B. 硫酸镁 C. 氢氧化铝

D. 碳酸氢钠 E. 碳酸钙

15. 下列哪一药物没有抗幽门螺杆菌的作用( )

A. 甲硝唑 B. 溴丙胺太林(普鲁本辛) C. 四环素

D. 氨苄西林 E. 羟氨苄青霉素(阿莫西林)

16. 硫酸镁没有下列哪一项作用( )

A. 导泻作用 B. 利胆作用 C. 抗惊厥作用

D. 抗癫痫作用 E. 降压作用

(二) B 型题

A. 酚酞 B. 硫酸镁 C. 液状石蜡

D. 甘油栓剂 E. 大黄

1. 口服后不被吸收,软化粪便导泻( )
2. 口服后刺激结肠引起排便( )
3. 泻下作用强并有利胆作用的药( )
4. 泻下作用持久,便碱性,尿呈红色( )

A. 碳酸氢钠 B. 氢氧化铝 C. 三硅酸镁

D. 西咪替丁 E. 奥美拉唑

5. 胃酸质子泵抑制剂( )
6. 对十二指肠溃疡疗效好的药( )
7. 溶解度低,作用弱可引起腹泻的药( )

8. 作用较强,可引起便秘的药(　　)
9. 作用强、快、短暂,可致碱血症(　　)

五、填空题

1. 奥美拉唑抑制胃酸分泌作用最强,它通过抑制________产生作用,主要用于________。
2. 哌仑西平阻断胃壁细胞的________受体,奥美拉唑阻断胃壁细胞的________酶,两药都能抑制________,两药都可治疗________。
3. 止吐作用较强的 H_1 受体阻断药为________和________。
4. 容积性泻药包括________、________、________。
5. 硫酸镁口服具有________作用,用于________;三硅酸镁是________药,可用于治疗________。
6. 去氢胆酸是________剂,可用于________;药用炭是________,可用于________。

六、参考答案

A 型题

1. E　2. D　3. E　4. A　5. A　6. D　7. C　8. D　9. B　10. E
11. C　12. C　13. B　14. B　15. B　16. D

B 型题

1. C　2. E　3. B　4. A　5. E　6. D　7. C　8. B　9. A

填空题

1. H^+-K^+-ATP 酶　消化道溃疡
2. M_1　H^+- K^+-ATP　胃酸分泌　胃、十二指肠溃疡
3. 苯海拉明　异丙嗪
4. 乳果糖　硫酸镁　食物纤维素
5. 下泻　导泻　抗酸　消化性溃疡
6. 利胆　胆汁淤滞及排除胆石　吸附药　止泻

(康金森　王　烨)

第三十三章　子宫平滑肌兴奋药和抑制药

略。

第三十四章　性激素类药及避孕药

略。

第三十五章　肾上腺皮质激素类药物

学习目标

1. 掌握糖皮质激素的药理作用与机制、临床应用、不良反应和用法。
2. 熟悉糖皮质激素的分泌调节、生理作用、体内过程。
3. 了解糖皮质激素类药物的分类。

学习重点指导

第一节　糖皮质激素

一、药理作用及作用机制

(一) 对代谢的影响

1. 糖代谢　肝、肌糖原↑,血糖↑。

原因：

（1）促进糖原异生，氨基酸、中间代谢产物转为糖原。

（2）抑制葡萄糖分解成 CO_2 过程，有利于丙酮酸、乳酸合成葡萄糖。

（3）抑制机体细胞摄取葡萄糖。

2. 蛋白质代谢 肝外组织蛋白质分解↑ 肝外组织蛋白质合成↓ } 负氮平衡

长期大量使用：儿童生长减慢，肌肉萎缩无力，皮肤变薄，骨质疏松，淋巴组织萎缩与伤口愈合不良。

3. 脂肪代谢 脂肪分解↑，脂肪合成↓。

长期使用：激活四肢皮下脂酶，使皮下脂肪↓，使脂肪重新分布，形成向心性肥胖。

原因：胰岛素分泌↑，使脂肪沉积，四肢脂肪组织对胰岛素不敏感。

4. 水盐代谢

长期使用：Na^+ 重吸收↑，k^+、H^+ 分泌↑→钠潴留，碱中毒，细胞外液增加；增加肾小球滤过率和拮抗抗利尿素，故尚可利尿。Ca^{2+}、磷排泄↑，肠内 Ca^{2+} 吸收↓→骨质脱钙。

（二）允许作用

糖皮质激素对有些组织细胞无直接活性，但可给其他激素发挥作用创造条件，称为允许作用。

（三）抗炎作用

1. 特点

（1）对各种原因（物理、化学、生物、免疫等）所致炎症均有效。

（2）对炎症的各个不同阶段均有强大抗炎作用。炎症初期，可增高血管紧张性、降低毛细血管通透性，减轻充血水肿；同时抑制白细胞浸润极其活性，减少多种炎症因子释放。炎症后期，可抑制毛细血管和纤维母细胞的增生，延缓肉芽组织生成，防止粘连及瘢痕形成，减轻后遗症。同时可降低机体的防御功能，导致感染扩散、阻碍创口愈合。

2. 机制

（1）基因效应：糖皮质激素受体（GR）介导：

糖皮质激素（GCS）与胞浆内 GR 结合→热休克蛋白 90 被解离→GCS-GR 复合物活化→进入核内与靶基因启动子序列的糖皮质激素反应成分（GRE）和负性糖皮质激素反应成分（nGRE）结合→相应转录增加或减少→改变介质相关蛋白质水平。

（2）对炎症抑制蛋白及某些靶酶的影响

1）抑制炎性介质的产生与释放（PGE_2，PGI_2，LTX_4）：增加淋巴细胞合成脂皮素（lipocortin-1）→抑制 PLA_2 导致 PGs（扩管）与 LTs（趋化）生成减少。

2）诱导血管紧张素转化酶（ACE）→降解缓激肽。

3）抑制一氧化氮合酶（NO synthase，NOS）的活性，使由 NO 所致血浆渗出、水肿形成、组织损伤减轻。

4）抑制细胞因子的产生：GCS 抑制多种炎性细胞因子（IL-1，2，5，6，8；TNF，GM-CSF）等的分泌。

细胞因子的作用机制（慢性炎症）：促进白细胞的渗出、黏附、内皮细胞、嗜中性细胞及巨噬细胞活化、血管通透性↑，成纤维细胞增生，刺激 LC 增殖、分化并影响其生物效应。

5）抑制黏附因子的产生（ICAM-1，E-选择素等）：从转录水平直接抑制黏附分子的产生及影响细胞因子反应性作用。

6）对炎症细胞凋亡的影响：细胞增殖相关基因（C-myc，C-myb）表达下调→特异性核酸内切酶表达增高→细胞凋亡。

（四）免疫抑制作用与抗过敏作用

1. 免疫抑制作用机制　诱导淋巴细胞DNA降解；对淋巴细胞物质代谢的影响：抑制DNA、RNA蛋白质的合成；减少LC中RNA聚合酶活力和ATP的生成；诱导淋巴细胞凋亡（T、B淋巴细胞）；抑制核转录因子NF-κB活性（NF-κB过度激活可导致多种炎性细胞因子生成，与移植排斥反应、炎症等疾病密切相关）。

2. 抗过敏作用机制　抑制抗原-抗体反应引起肥大细胞脱颗粒释放组胺、5-羟色胺、过敏性慢反应物质、缓激肽等。

（五）抗毒抗休克作用

作用机制：扩张痉挛收缩的血管，心肌收缩力增加，心排血量增加；抑制炎性因子产生，降低血管对缩血管物质敏感性——扩管，改善微循环；稳定溶酶体膜，减少心肌抑制因子MDF的形成（MDF可使心肌收缩力下降，心排血量减少，内脏血管收缩）；提高机体对细菌内毒素的耐受力。

（六）其他作用

1. 退热作用　抑制体温中枢对致热源的反应、稳定溶酶体膜、减少内源性致热源的释放。

2. 血液与造血系统　红细胞、血红蛋白增加；血小板增多，提高纤维蛋白原浓度，缩短凝血时间；提高中性白细胞数量，但其功能下降；LC、嗜酸粒细胞数量减少。

3. 中枢神经系统　影响情绪、行为，提高兴奋性；可表现为欣快、失眠、激动，诱发精神失常。大剂量：儿童惊厥、癫痫。

4. 消化系统　胃酸↑，胃蛋白酶↑→促进消化，提高食欲；大剂量诱发、加重溃疡。

5. 骨骼　骨质脱钙，骨质疏松。

二、体内过程

1. 90%以上与血浆蛋白结合，77%与皮质激素转运蛋白（CBG）结合，15%与白蛋白结合。肝、肾疾病时CBG合成减少，游离型皮质激素增多。

2. 可的松与泼尼松须在肝内分别转化为氢化可的松与泼尼松龙而生效；严重肝功能不全者须给予氢化可的松与泼尼松龙。

三、临床应用

1. 替代疗法

（1）急慢性肾上腺皮质机能减退症（肾上腺危象）。

（2）脑垂体前叶机能减退症。

（3）肾上腺次全切除。

2. 严重感染或炎症（合用足量抗生素）

（1）严重急性感染，伴毒血症。

（2）防止某些炎症后遗症。

3. 自身免疫性疾病及过敏性疾病　风湿、类风湿性疾病，其他自身免疫性疾病，枯草热、血清热/血管神经性水肿、过敏性鼻炎、支气管哮喘、过敏性休克等过敏性疾病。

4. 抗休克治疗

(1) 感染中毒性休克：合用足量抗生素，及早、短时、大剂量突击治疗。

(2) 过敏性休克：为次选药，可与首选药肾上腺素合用。

(3) 心源性休克：须结合病因治疗。低血容量性休克，补液、补电解质等效果不佳时，合用超大剂量皮质激素。

5. 血液病　急淋、再障、粒细胞减少症、血小板减少症和过敏性紫癜等。

6. 局部应用　皮肤病：皮炎、湿疹，肛门瘙痒等；眼部疾病：结膜炎、角膜炎、虹膜炎。

四、不良反应

(一) 长期大量应用引起

严重程度取决于用量与疗程，1 周以上可产生不良反应。

1. 类肾上腺皮质功能亢进征(医源性)

(1) 表现：肌萎缩、皮肤变薄、满月脸、水牛背、多毛、浮肿、高血压、低血钾、糖尿、动脉硬化。

(2) 措施：低盐、低糖、高蛋白饮食、补钾。

2. 诱发或加重感染、延缓伤口愈合 如病毒、霉菌、结核病灶。

(1) 原因：① 抑制机体防御功能；②无抗菌作用。

(2) 措施：与抗菌药合用。

3. 诱发或加重溃疡

(1) 表现："甾体激素溃疡"，表浅、多发、幽门前窦部，症状少，呈隐匿性，出血、穿孔率高。

(2) 原因：胃酸、胃蛋白酶↑，黏液↓，阻碍组织修复，抑制 PG 保护胃壁。

(3) 措施：①加用抗胆碱药或抗酸药；②不宜与阿司匹林、吲哚美辛、保泰松合用；③溃疡病禁用。

4. 骨质疏松　儿童、绝经期妇女多见。

(1) 原因：①抑制骨基质蛋白质合成；②钙、磷排泄↑，抑制肠内钙吸收；③增强骨细胞对甲状旁腺的敏感性。

(2) 措施：补钙、维生素 D。

5. 其他　欣快、激动、失眠。精神病、癫痫病禁用。眼压↑，白内障，须监护眼压。

原因：前房角小梁网结构的胶原束肿胀→房水回流受阻

(二) 停药反应

1. 医源性肾上腺皮质功能不全

(1) 表现：恶心、呕吐、食欲不振、肌无力、低血糖、低血压，应激时易发生(外伤、感染、出血、手术)。

(2) 原因：负反馈，肾上腺皮质功能减退、萎缩。

(3) 措施：①不可突然停药，应缓慢减量。②隔日疗法或减少每日维持量。③遇应激时，及时给予激素。

2. 反跳现象　长期用药因减量太快或突然停药致原病复发或加重。

原因：①对激素产生依赖。②病情未控制。

3. 停药症状　长期用药因减量太快或突然停药出现一些原来没有的症状。如肌痛、肌强直、关节痛、疲乏无力、消沉、发热。

五、禁忌证

严重精神病和癫痫、活动性消化性溃疡、骨折、创伤修复期、角膜溃疡、肾上腺皮质功能亢进、严重高血压、糖尿病、孕妇、抗菌药不能控制的感染等。

六、用法

1. 大剂量突击疗法　静脉注射，<3~5 天，可突然停药。

用于危重病人抢救，如中毒性感染、休克(超大剂量)。

2. 一般剂量长期疗法　口服数月，最小维持量，不可突然停药。

用于反复发作的慢性疾病，如结缔组织病、支气管哮喘、白血病、恶性淋巴瘤。

3. 隔日疗法　将一日或两日的总药量在隔日早晨一次给予。

中效：泼尼松或泼尼松龙。

依据：昼夜节律性。

4. 补充疗法(小剂量替代疗法)　阿狄森病。

5. 局部　眼病、皮肤病。

第二节　盐皮质激素

醛固酮　去氧皮质酮

作用：促进远曲小管对 Na^+、Cl^-重吸收

促进 K^+、H^+分泌

应用：肾上腺皮质减退症，维持水、电解质平衡。

}保 Na^+排 K^+

强化训练与参考答案

一、英语单词

1. glucocorticoids
2. transcortin
3. cortisone
4. hytrocortison
5. prednisone
6. prednisolone
7. dexamethasone
8. glucocorticoid response element
9. negative glucocorticoid response element
10. glucocorticoid receptor
11. inflammation suppression
12. immunosuppression
13. anti-shock
14. replacement therapy

二、名词解释

1. 反跳现象　长期用药因减量太快或突然停药致原病复发或加重。

2. 停药症状　长期用药因减量太快或突然停药出现一些原来没有的症状。如肌痛、肌强直、关节痛、疲乏无力、消沉、发热。
3. 隔日疗法　将一日或两日的总药量在隔日早晨一次给予。以减轻医源性肾上腺皮质功能不全。
4. 医源性肾上腺皮质功能不全　由于长期大量使用糖皮质激素,发生下丘脑-垂体-肾上腺皮质轴负反馈调节,致肾上腺皮质功能减退、萎缩。1~2 年才恢复。

三、问答题

1. 应用糖皮质激素后或突然停药,产生反跳现象的原因是什么?

答:(1) 患者对激素产生了依赖性。

(2) 病情尚未完全控制。

2. 简述糖皮质激素抗休克的作用机制。

答:(1) 使痉挛的血管扩张和加强心脏收缩。

(2) 降低血管对某些缩血管活性物质的敏感性。

(3) 稳定溶酶体膜,减少心肌抑制因子的形成。

(4) 提高机体对细菌内毒素的耐受力。

3. 长期服用激素因减量过快或突然停药可引起哪些反应?其原因是什么?

答:(1) 类肾上腺皮质功能不全。

(2) 遇到应激情况可发生肾上腺危象。

原因:由于皮质激素的反馈抑制脑垂体前叶对 ACTH 的分泌可引起肾上腺皮质萎缩→肾上腺皮质功能不全。

应激时外源性激素未补充→肾上腺危象。

4. 论述糖皮质激素的药理作用。

答:(1) 抗炎作用。

(2) 免疫抑制作用。

(3) 抗休克。

(4) 其他:血液与造血系统;中枢神经系统;消化系统。

5. 论述糖皮质激素的抗炎作用及作用机制。

答:糖皮质激素能对抗各种原因引起的炎症。炎症早期改善红、肿、热、痛症状,炎症晚期抑制毛细血管及纤维母细胞增生,防止粘连及疤痕形成。

作用机制:糖皮质激素与靶细胞浆内糖皮质激素受体结合,Hsp90 解离,活化的 GCS-GR 复合物进入核内与糖皮质激素反应成分或负性糖皮质激素反应成分相结合,转录增加或减少,影响蛋白质合成。细胞因子的转录减少,炎症介质减少,一氧化氮合酶减少。

6. 糖皮质激素有哪些主要不良反应?

答:(1) 长期用药引起的不良反应:

1) 类肾上腺素功能亢进症。

2) 诱发或加重感染。

3) 消化系统并发症(诱发或加重溃疡)。

4）心血管系统并发症。

5）骨质疏松。

（2）停药反应：

1）类肾上腺皮质功能不全

2）反跳现象

7. 糖皮质激素通过哪些环节产生免疫抑制作用？

答：（1）抑制巨噬细胞对抗原的吞噬和处理。

（2）血中的淋巴细胞移行，血中淋巴细胞减少。

（3）小剂量抑制细胞免疫。

（4）大剂量干扰体液免疫。

8. 试述糖皮质激素主要的临床用途。

答：（1）替代疗法。

（2）严重感染或炎症：严重急性感染；防治某些炎症后遗症。

（3）自身免疫性疾病及过敏性疾病：自身免疫性疾病；过敏性疾病。

（4）抗休克治疗。

（5）血液病。

（6）局部应用。

9. 糖皮质激素可治疗哪些感染性疾病及应用注意事项？

答：（1）严重急性感染：在应用有效抗菌药物同时治疗细菌引起严重感染；病毒性感染一般不用激素；对严重传染性肝炎等可用，缓解症状。

（2）防治某些炎症后遗症：结核性脑炎等特殊部位的炎症，为防止疤痕、挛缩、粘连、应早期应用；非特异性眼炎，迅速消炎止痛，防止角膜混浊及疤痕粘连的发生。

10. 简述糖皮质激素禁忌证。

答：严重精神病和癫痫；严重高血压；糖尿病；活动性消化性溃疡病；抗菌药不能控制的感染；创伤修复期；新近胃肠吻合术。

四、选择题

（一）A 型题

1. 糖皮质激素可通过增加下列哪种物质抑制合成白三烯（　　）

A. 磷脂酶 A_2　　B. 脂皮素　　C. 前列腺素

D. 血小板活化因子　　E. 白细胞介素

2. 糖皮质激素可抑制巨噬细胞中的 NOS（一氧化氮合酶）故可发挥（　　）

A. 免疫抑制作用　　B. 抗休克作用　　C. 抗炎作用

D. 刺激骨髓造血功能　　E. 血小板增多

3. 糖皮质激素对血液和造血系统的主要作用是（　　）

A. 使红细胞增加　　B. 使中性粒细胞增加　　C. 使血小板增加

D. 刺激骨髓造血功能　　E. 提高纤维蛋白原浓度

4. 长期应用泼尼松停药后，肾上腺皮质功能恢复约需（　　）

A. 停药后立即恢复 B. 1周 C. 1个月
D. 2个月 E. 3~5个月

5. 下列哪种情况禁用糖皮质激素(　　)
A. 虹膜炎 B. 角膜炎 C. 视网膜炎
D. 角膜溃疡 E. 视神经炎

6. 治疗伴高血压的慢性活动性风湿性关节首选(　　)
A. 泼尼松龙 B. 泼尼松 C. 地塞米松
D. 阿司匹林 E. 保泰松

7. 活化的糖皮质激素——糖皮质激素受体复合物进入核内,与靶的基因的启动子序列的何种成分相结合(　　)
A. 介质蛋白 B. 转录因子 C. 糖皮质激素反应成分
D. 热休克蛋白 E. 一氧化氮合成酶

8. 糖皮质激素治疗严重急性感染的主要目的是(　　)
A. 减轻炎症反应 B. 减轻后遗症 C. 增强机体抵抗力
D. 增强机体应激症 E. 缓解症状,帮助患者度过危险期

9. 糖皮质激素抗毒作用的机制是(　　)
A. 提高机体对细菌内毒素的耐受力
B. 中和细菌内毒素
C. 中和细菌外毒素
D. 稳定溶酶体膜
E. 直接对抗毒素对机体的损害

10. 糖皮质激素不适合用于下列哪种疾病的治疗(　　)
A. 严重哮喘 B. 过敏性休克 C. 血管神经性水肿
D. 感染中毒性休克 E. 结核病伴有高血压

11. 女,25岁,平素易患咽炎及扁桃体炎,近来不规则低烧3月,膝及踝关节红肿热痛明显,小腿有散在红斑,心肺(-),WBC高于正常,患慢性迁延性肝炎多年,不宜使用的药物是(　　)
A. 氢化可的松 B. 泼尼松 C. 泼尼松龙
D. 阿司匹林 E. 布洛芬

12. 关于糖皮质激素的应用,下列哪项是错误的(　　)
A. 水痘和带状疱疹
B. 风湿和类风湿性关节炎
C. 血小板减少症和再生障碍性贫血
D. 过敏性休克和心源性休克
E. 中毒性肺炎,重症伤寒和急性粟粒型肺结核

13. 下列糖皮质激素类药物中抗炎作用最强者是(　　)
A. 可的松 B. 泼尼龙 C. 泼尼松
D. 氢化可的松 E. 地塞米松

14. 肾上腺皮质激素隔日疗法用于某些慢性病治疗(　　)

A. 将一日总药量在隔日中午一次给予
B. 将两日总药量在隔日下午4:00一次给予
C. 将两日总药量在隔日早上一次给予
D. 隔日疗法已选可的松制剂为佳
E. 隔日疗法以选氢化可的松制剂为佳

15. 长期大量使用糖皮质激素可引起哪些不良反应(　　)
A. 高血钾　B. 低血钾　C. 低血糖
D. 高血钙　E. 水钠潴留

16. 糖皮质激素诱发和加重感染的主要原因是(　　)
A. 病人对激素不敏感
B. 激素用量不足
C. 激素能直接促进病原微生物繁殖
D. 激素抑制免疫反应,降低机体抵抗力
E. 使用激素时未能应用有效抗菌药物

17. 一般说来,下列哪项不是糖皮质激素的禁忌证(　　)
A. 急性粟粒性肺结核　B. 糖尿病　C. 水痘
D. 活动性消化性溃疡　E. 孕妇

18. 感染中毒性休克用糖皮质激素治疗应采用(　　)
A. 大剂量肌肉注射
B. 小剂量反复静脉点滴给药
C. 大剂量突击静脉给药
D. 一次负荷量肌肉注射给药,然后静脉点滴维持给药
E. 小剂量快速静脉注射

19. 糖皮质激素的抗炎特点为(　　)
A. 对细菌感染性炎症有效　B. 对化学性炎症有效　C. 对免疫性炎症有效
D. 对物理性炎症有效　E. 对各种原因所致的炎症均有效

(二) B型题

A. 醛固酮　B. 泼尼松
C. 氢化可的松　D. 地塞米松

1. 抗炎作用强,几无钠潴留作用的激素是(　　)
2. 抗炎作用较强,有弱钠潴留作用的激素是(　　)
3. 几无抗炎作用,水钠潴留作用强的激素是(　　)

A. 甲泼尼松龙　B. 地塞米松
C. 曲安西龙　D. 美替拉酮

4. 短效糖皮质激素是(　　)
5. 中效糖皮质激素是(　　)
6. 长效糖皮质激素是(　　)

A. 过敏性休克　　B. 湿疹　　C. 慢性肾上腺皮质功能不全
D. 肾病综合征　　E. 重症心功能不全

7. 大剂量糖皮质激素突击疗法用于(　　)
8. 小剂量肾上腺皮质激素补充治疗用于(　　)
9. 糖皮质激素隔日疗法用于(　　)

五、填空题

1. 糖皮质激素抗休克机制是________,________,________,________,________。
2. 糖皮质激素与糖代谢、蛋白质代谢、水盐代谢相关的不良反应分别是________,________,________,________,________,________。
3. 糖皮质激素的禁忌证包括________,________,________,________,________。

六、判断题

1. 糖皮质激素使血中粒细胞增多,抗感染能力增强,因此用于治疗严重感染。(　　)
2. 结核性脑膜炎,在用抗结核药同时加用糖皮质激素是为了避免发生严重的后遗症。(　　)
3. 长期用糖皮质激素发生类肾上腺皮质功能亢进症,此时实际上肾上腺皮质萎缩,分泌激素减少。(　　)
4. 皮质激素抑制剂可代替外科的肾上腺皮质切除术。(　　)
5. 糖皮质激素类药物治疗自身免疫性疾病及过敏性疾病是因为其在治疗量时可以抑制抗体发生。(　　)

七、参考答案

A 型题

1. B　2. C　3. D　4. E　5. D　6. D　7. C　8. E　9. A　10. E
11. B　12. A　13. E　14. C　15. E　16. D　17. A　18. C　19. E

B 型题

1. D　2. B　3. A　4. A　5. C　6. B　7. A　8. C　9. D

填空题

1. 扩张痉挛收缩的血管　降低血管对缩血管物质的敏感性　稳定溶酶体膜　减少心肌抑制因子　提高对细菌内毒素的耐受力
2. 高血糖　骨质疏松　肌肉萎缩　伤口愈合延缓　高血压　低血钾
3. 严重精神病　活动性消化性溃疡　骨折、创伤修复期、角膜溃疡　严重高血压、糖尿病　抗菌药物不能控制的感染

判断题

1. ×　2. √　3. √　4. √　5. ×

(白　丽　胡　坚)

第三十六章 甲状腺激素及抗甲状腺药

学习目标

1. 掌握抗甲状腺药分类、作用及机制、应用及应用注意事项。
2. 熟悉甲状腺激素的作用、应用。

学习重点指导

第一节 甲状腺激素 Thyroid Hormones

一、T_4(四碘甲状腺原氨酸,即甲状腺素)、T_3(三碘甲状腺原氨酸)

T_3、T_4 的合成、储存、分泌见图 36-1、图 36-2。

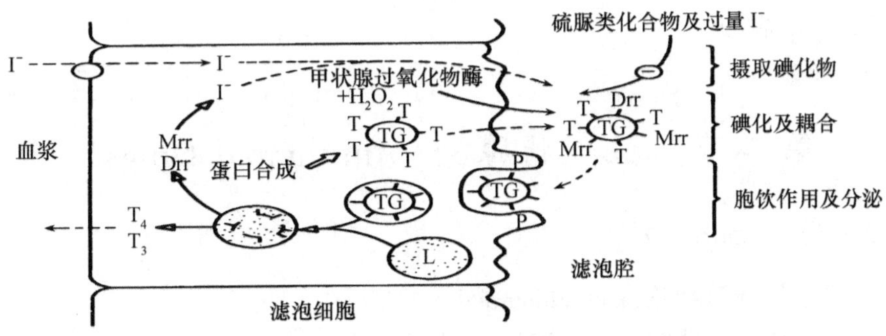

图 36-1 甲状腺激素的合成和分泌以及药物作用部位示意图
TG:甲状腺球蛋白;L:溶酶体;P:伪足

二、药理作用和作用机制

T_4大约占分泌总量的 90% 以上,在外周组织脱碘酶作用下,约 36% T_4转为 T_3,T_3的生物活性是 T_4 的大约 5 倍。

1. 维持生长发育　因其可调节生长介素、上皮生长因子、神经生长因子的合成和分泌,幼儿缺乏致呆小病(克汀病)。

2. 促进代谢和产热。

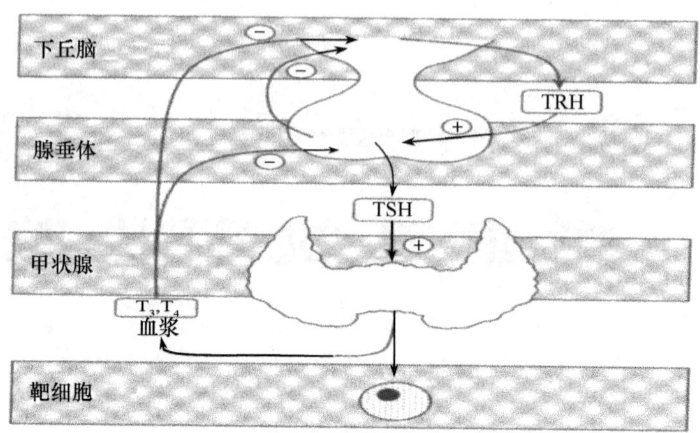

图 36-2 下丘脑及脑垂体对甲状腺功能的调节

3. 提高机体交感-肾上腺素系统的感受性。

4. 水代谢 促进淋巴循环。甲低时,发生黏液性水肿。

5. 机制

(1) 基因机制:核受体介导促进 mRNA 的转录,加速新蛋白质和各种酶的生成。

(2) 非基因机制:通过核糖体、线粒体和细胞膜上的受体介导,影响转录后过程、能量代谢及膜转运功能,增加葡萄糖、氨基酸摄入,细胞活性加强。

三、临床应用

1. 呆小病。

2. 黏液性水肿:昏迷者立即注射大量 T_3,苏醒后改口服。

3. 单纯性甲状腺肿。

4. T_3抑制试验。

第二节 抗甲状腺药(Antithyroid Drugs)

一、硫脲类(thioureas)

硫氧嘧啶类:甲硫氧嘧啶(methlthiouracil, MTU)

丙硫氧嘧啶(propylthiouracil, PTU)

咪唑类:甲巯咪唑(thimazole)又称他巴唑。

卡比马唑(Carbimazole),又称甲亢平。

1. 药理作用及作用机制

(1) 抑制甲状腺素的合成。

(2) 丙硫氧嘧啶阻碍 T_4 转化为 T_3→ 血中 T_3↓。

(3) 免疫抑制作用→抑制甲状腺刺激性免疫球蛋白生成。

(4) 特点:起效慢、2~3 周起效;1~3 月,基础代谢率恢复正常,对已合成的甲状腺激素无效。

2. 临床应用

(1) 甲状腺功能亢进(甲亢)内科治疗。

(2) 甲状腺术前准备:先服硫脲类 2~3 月→术前 7~10 天加用碘化物,使腺体缩小、变韧,以利手术并使出血减少。

(3) 甲状腺危象治疗:用丙硫氧嘧啶大剂量;同时用大剂量碘剂<1 周。综合措施:冬眠合剂、β 受体阻断药等。

3. 不良反应

(1) 消化道反应:厌食、呕吐、腹痛、腹泻等,罕见黄疸性肝炎。

(2) 甲状腺肿和甲状腺功能减退。

(3) 粒细胞缺乏症:最严重不良反应,发生率成人约 12%,儿童约 25%,以丙硫氧嘧啶为显著。应定期检查血象。

二、碘及碘化物

常用复方碘溶液又称卢戈液(Lugol's solution)含碘 5%、碘化钾 10%。

1. 药理作用

小剂量:防治单纯性甲状腺肿,早期患者疗效显著。

大剂量:甲亢的术前准备;甲状腺危象治疗。

(1) 抑制蛋白水解酶的活性,抑制甲状腺激素释放 T_3、T_4↓。

(2) 迅即导致 T_3、T_4 合成↓。

特点:强、快,1~2 天起效,10~15 天达最大效应;但易复发。

2. 临床应用

(1) 防治碘缺乏:1996 年起实行全民补碘。

(2) 术前准备:7~10 天前加碘。

(3) 甲状腺危象:加入 10% 葡萄糖溶液中静滴。

服用复方碘,不超过 2 周,同服硫脲类。连续应用发生脱逸→碘摄取↓→胞内碘浓度↓。失去抑制甲状腺素合成效应→复发或加剧。所以不能单独用于甲亢内科治疗。

3. 不良反应

(1) 过敏:静滴时,做碘过敏试验。

(2) 诱发甲状腺功能紊乱:不长期用。

(3) 可通过胎盘、乳汁排出,孕妇及乳母慎用。

三、放射性碘

• **放射性碘**(Radioactive Iodine)

^{131}I:常用;$t_{1/2}$ 8 天,56 天消除 99% 以上。

β 射线:99%,射程 2mm,只限于实质细胞内。

γ 射线:1%,判断甲状腺摄碘功能、甲状腺腺体定位。

临床应用:

(1) 甲亢:不宜手术、术后复发、其他药无效或过敏者,1 个月见效。

(2) 甲状腺摄碘功能检查。

四、β 受体阻断药

机制

(1) 阻断 β 受体,改善交感神经活性增强症状。

(2) 抑制 T_4 转为 T_3。应用甲亢及甲状腺危象的辅助治疗药物；甲亢术前准备，与硫脲类合用疗效更好。

强化训练与参考答案

一、英语单词

1. T_3
2. T_4
3. antithyroid drugs
4. thyroid-stimulating hormone(TSH)
5. hyperthidism
6. thyroperoxidase
7. iodine
8. liquor iodine Co
9. radioiodine

二、问答题

1. 甲状腺危象可用何药物治疗，并论述其理论依据。

答：甲状腺危象可用丙硫氧嘧啶，其可抑制 T_4、T_3 合成和抑制 T_4 转化为 T_3，为首选。加用大剂量碘剂，可抑制 T_4、T_3 释放。β 受体阻断药普萘洛尔降低周围组织对甲状腺激素的反应，可作辅助治疗。

2. 论述丙基硫氧嘧啶与碘制剂临床应用的异同点。

答：丙硫氧嘧啶主要用于内科治疗甲亢，在重症甲亢、甲亢危象时列为首选。

相同：用于手术前准备，丙硫氧嘧啶在手术前服用，使甲状腺功能恢复或接近正常，然后于术前两周加服碘剂。甲状腺危象治疗大剂量丙硫氧嘧啶+大剂量碘剂。

不同：大剂量碘不能单独用于甲亢内科治疗，丙硫氧嘧啶可以用于甲亢的内科治疗。

3. 治疗甲亢的药物有哪些？为什么(作用机制)？

答：(1) 硫脲类药物：抑制甲状腺激素合成；丙硫氧嘧啶抑制外周 T_4 转化为 T_3；轻度抑制免疫球蛋白的生成。

(2) 碘及碘化物：小剂量碘用于单纯性甲状腺肿；大剂量碘抑制甲状腺素的释放及合成。

(3) 放射性碘：^{131}I 可被甲状腺摄取产生 β 射线，破坏甲状腺实质。

(4) β 受体拮抗药：β 受体阻断作用改善甲亢症状，抑制外周 T_4 转化为 T_3。

4. 简述甲状腺激素的临床用途。

答：主要用于甲状腺功能低下的替代补充疗法。

(1) 呆小病。

(2) 黏液性水肿。

(3) 单纯性甲状腺肿。

5. 简述放射性碘的临床用途。

答：甲亢的治疗；甲状腺功能的检查。

6. 大剂量碘于甲状腺手术前用药的意义何在？

答：大剂量碘抑制甲状腺激素的释放，防止术后甲状腺危象。使甲状腺组织退化，血管减少，腺体缩小变韧利于手术及减少出血。

7. 常用的硫脲类药物有哪些？简述其作用原理及机制。

答：有甲硫氧嘧啶、丙硫氧嘧啶、甲巯咪唑、卡比马唑。硫脲类药物抑制过氧化物酶导致甲状腺激素合成减少，对已合成甲状腺激素无效。丙硫氧嘧啶尚可抑制 T_4 转化为 T_3，并具有轻度免疫抑制作用，对病因有一定疗效。

用途：内科药物治疗；甲亢术前准备；甲状腺危象。

三、选择题

（一）A 型题

1. 下列哪种疾病禁用甲状腺激素（　　）
   A. 克汀病　B. 呆小病　C. 甲状腺危象
   D. 黏液性水肿　E. 单纯性甲状腺肿
2. 碘化物不能单纯用于甲亢内科治疗的原因是（　　）
   A. 使甲状腺组织退化　B. 使腺体增大、肥大　C. 使甲状腺功能减退
   D. 使甲状腺功能亢进　E. 失去抑制激素合成的效应
3. 不属于硫脲类的药物是（　　）
   A. 甲硫氧嘧啶　B. 丙硫氧嘧啶　C. 甲巯咪唑
   D. 卡比吗唑　E. 格列齐特
4. 丙硫氧嘧啶治疗甲亢的严重不良反应是（　　）
   A. 瘙痒　B. 药疹　C. 粒细胞缺乏症
   D. 关节痛　E. 咽痛、喉水肿
5. 能抑制外周组织的 T_4 转变成 T_3 的抗甲状腺药是（　　）
   A. 甲硫氧嘧啶　B. 丙硫氧嘧啶　C. 他巴唑
   D. 卡比马唑　E. 大剂量碘剂
6. 女，41 岁，患甲状腺功能亢进症 3 年，经多方治疗病情仍难控制，需行甲状腺部分切除术，正确的术前准备包括（　　）
   A. 术前两周给予丙硫氧嘧啶+普萘洛尔
   B. 术前两周给予丙硫氧嘧啶+小剂量碘剂
   C. 术前两周给予丙硫氧嘧啶+大剂量碘剂
   D. 术前两周给予丙硫氧嘧啶
   E. 术前两周给予卡比马唑
7. 治疗呆小病的主要药物是（　　）
   A. 他巴唑　B. 卡比马唑　C. 丙硫氧嘧啶
   D. 甲状腺素　E. 小剂量碘剂
8. 小剂量碘主要用于（　　）
   A. 呆小病　B. 黏液性水肿　C. 单纯性甲状腺肿
   D. 抑制甲状腺素的释放　E. 甲状腺功能检查
9. 治疗黏液性水肿的主要药物是（　　）
   A. 他巴唑　B. 丙硫氧嘧啶　C. 甲状腺素
   D. 小剂量碘剂　E. 卡比马唑

10. 诱发甲状腺功能紊乱的药物是(　　)
A. 甲硫氧嘧啶　B. 碘化物　C. 三碘甲状腺原氨酸
D. 卡比马唑　E. 普萘洛尔

11. 关于 T_3 和 T_4 下列叙述正确的是哪项(　　)
A. T_3 的血浆蛋白结合率高于 T_4　B. T_3 起效快,作用强
C. T_3 起效慢,作用弱　D. T_3 起效快,持续时间长
E. T_3 起效慢,持续时间短

(二) B 型题

A. 可导致甲状腺功能低下
B. 可导致血管神经性水肿,上呼吸道水肿及喉头水肿
C. 可导致粒细胞缺乏症
D. 可诱发心绞痛和心肌梗死
E. 可导致肝功能损害

1. 甲状腺素(　　)　2. 卡比马唑(　　)
3. 放射性碘(　　)　4. 大剂量碘剂(　　)

四、填空题

硫氧嘧啶类可以抑制________酶,抑制甲状腺素的________,大剂量碘化物抑制________酶,抑制甲状腺素的________。

五、判断题

1. 甲亢患者术前两周加用大剂量碘制剂,目的是使甲状腺变小、变硬、血管增生减少,利于手术。(　　)
2. 放射性碘(^{131}I)被甲状腺摄取后,可产生 γ 射线,破坏甲状腺组织。(　　)
3. 硫氧嘧啶药物口服吸收迅速,生物利用度高,血浆蛋白结合率高,分布广,易进入乳汁和通过胎盘。(　　)

六、参考答案

A 型题

1. C　2. E　3. E　4. C　5. B　6. C　7. D　8. C　9. C　10. B
11. B

B 型题

1. D　2. C　3. A　4. B

填空题

过氧化物酶　生物合成　蛋白水解酶　释放

判断题

1. √　2. ×　3. √

(白　丽　胡　坚)

第三十七章　胰岛素及口服降血糖药

学习目标

掌握胰岛素和口服降糖药的作用及作用原理、临床应用和应用注意事项。

学习重点指导

第一节　胰　岛　素

● **胰岛素**(insulin)

糖尿病:胰岛素分泌绝对或相对不足;胰岛高血糖素过多,属于代谢紊乱性疾病。

胰岛素来源:由β细胞分泌,为51个氨基酸的小分子蛋白质,由A、B链以二硫键成共价键相连。多由猪、牛胰岛提取。也可通过DNA重组技术利用大肠杆菌获得。

1. 药理作用　调节血糖;促进合成代谢。

(1) 糖代谢

1) 促进组织对糖的转运与摄取。

2) 加速糖元合成,抑制分解。

3) 加速糖的氧化。

4) 抑制糖元分解和异生。

(2) 脂代谢

1) 促进脂肪酸的转运。

2) 抑制分解,减少游离脂肪酸和酮体生成。

3) 促进脂肪合成。

(3) 蛋白质代谢:促进氨基酸转运和核酸、蛋白质合成,抑制分解。

(4) 加快心率,加强心肌收缩力和减少肾血流量。

2. 作用机制　胰岛素受体由两个α,两个β亚单位构成,为跨膜糖蛋白 。

胰岛素与膜外的α亚基结合后引起跨膜β亚基的自身磷酸化,进而激活其上的酪氨酸蛋白激酶(TPK),并导致细胞内其他活性蛋白的连续磷酸化反应,最终产生细胞效应。

3. 体内过程　口服无效。一般皮下注射,正规胰岛素尚可静滴,余不能。为延长作用时间,用碱性蛋白与之结合,再用少量锌使之稳定,注射后→沉淀→缓慢释放吸收。

4. 临床应用

(1) 重症糖尿病(1型)。

(2) 非胰岛素依赖型糖尿病(2 型)。

(3) 发生各种急性或严重并发症者。

(4) 合并重度感染、消耗性疾病。

(5) 细胞内低 K^+ 者;防治心梗、心肌缺血等的心律失常。

5. 不良反应

(1) 过敏:牛胰岛素发生率较高。

(2) 低血糖:短效类常见。

(3) 耐受性(胰岛素抵抗):

原因复杂:①血中抗胰岛素物质↑,血中大量游离脂肪酸,皮质激素↑,酮体妨碍了组织对葡萄糖的摄取和利用。②产生抗胰岛素受体抗体。③受体数量变化(受体下调)。④靶细胞膜上葡萄糖转运系统失灵。

(4) 注射部位皮下脂肪萎缩或增生。

第二节　口服降血糖药(oral hypoglycemic drugs)

一、胰岛素增敏药

罗格列酮(rosiglitazone)、环格列酮(pioglitazone)、吡格列酮(ciglitazone)、恩格列酮(englitazone)

• 罗格列酮(rosiglitazone)

1. 药理作用　胰岛素增敏药增加肌肉及脂肪组织对胰岛素的敏感性而发挥降糖作用,也可改善胰岛 β 细胞功能。其作用靶点是激活过氧化物酶增殖体受体 γ(PPARγ)。

(1) 增加脂肪细胞数量,改善对胰岛素的敏感性。

(2) 保护酪氨酸蛋白激酶活性,增强胰岛素信号传递。

(3) 恩格列酮可增加胰岛素受体数量。

(4) 抑制肿瘤坏死因子的表达。

(5) 改善 β 细胞功能。

(6) 增加基础葡萄糖的摄取和转运。

2. 临床应用　用于有胰岛素抵抗者和 2 型糖尿病患者,可与其他口服降糖药合用。6~12周产生最大效应。

3. 不良反应　活动性肝病或转氨酶明显↑者禁用。应经常监测肝功能。

二、磺酰脲类

第一代:甲苯磺丁脲(tolbutamide D860)、氯磺丙脲(chlorpropamide)。

第二代:格列本脲(gliburide)、格列吡嗪(glipizide)、格列美脲(glimepiride),作用可增加数十至上百倍。

第三代:格列齐特(gliclazide),尚有抗血小板作用。

1. 药理作用和作用机制　胰岛 β 细胞上有磺酰脲受体,D(药物)+R(受体)→DR(药物受体复合物)→阻滞 ATP 敏感钾通道,阻止钾外流→膜去极化钙通道开放→钙内流↑→触发胞吐作用→胰岛素释放↑。

(1) 降血糖作用:对正常人及胰岛功能尚未完全丧失者均有效。

1）刺激胰岛 β 细胞释放胰岛素。

2）降低血清糖原水平。

3）增加胰岛素受体数目和亲和力，增加靶细胞对胰岛素的敏感性。

（2）抗利尿作用：格列本脲和氯磺丙脲能促进抗利尿素分泌，对尿崩症有效。

2. 临床应用

（1）糖尿病：胰岛功能尚存的 2 型糖尿病病人且单用饮食控制无效者。

（2）尿崩症：只用氯磺丙脲。

3. 不良反应

（1）消化道不适、肝损害。

（2）粒细胞减少。

（3）持久性低血糖：氯磺丙脲多见。

三、双胍类

● **甲福明**（metformin，二甲双胍）、**苯乙福明**（phenformin，苯乙双胍）

1. 作用和机制

（1）减少食物吸收葡萄糖。

（2）减少糖原异生。

（3）促进组织摄取葡萄糖。

（4）减少高血糖素的释放。

2. 临床应用　轻度 2 型糖尿病，尤为有胰岛素耐受的肥胖者。与磺酰脲类合用于中、重度病人。

3. 不良反应　发生率高、少用。

（1）乳酸型酸中毒。

（2）消化道不适；低血糖。

（3）严格掌握适用证并限制用量，不超过 75mg/日。

四、α-葡萄糖苷酶抑制药

● **阿卡波糖**（acarbose）、**伏格列波糖**、**米格列醇**

1. 作用　弱。抑制小肠中各种 α-葡萄糖苷酶的活性→淀粉分解为葡萄糖的速度减慢，吸收延缓，同时不增加胰岛素分泌。

2. 应用

（1）轻 2 型在饮食治疗基础上加用。

（2）采用磺酰脲类治疗，餐后高血糖控制不理想的 2 型者。

（3）胰岛素治疗而血糖波动大的 1 型者。

五、餐时血糖调节药

● **瑞格列奈**（repaglinide）

1. 特点　快，15 分钟起效，1 小时达峰值，$t_{1/2}$ 1 小时。餐前用药。

2. 应用　2 型和老年患者，但 18 岁以下，75 岁以上不用。

强化训练与参考答案

一、英语单词

1. diabetes mellitus
2. insulin
3. oral hypoglycemic agents
4. insulin sensitizer
5. thiazolidinediones
6. sulfonylureas
7. biguanides

二、名词解释

1. 过氧化物酶增殖体受体 γ(PPARγ) 与调节胰岛素反应性基因的转录有关,被激活后可改善胰岛素抵抗。
2. 胰岛素抵抗　细胞发生受体前异常,受体水平变化,受体后异常导致胰岛素敏感的靶器官对胰岛素反应性下降。

三、问答题

1. 简述胰岛素增敏剂的药理学特点。

答:激活过氧化物酶增殖体受体 4,调节胰岛素反应性基因的转录。可通过改善细胞的胰岛素受体前异常,受体水平变化,受体后异常减轻胰岛素反应性下降。

2. 简述磺酰脲类降糖药的临床应用及其药理作用依据。

答:用于胰岛素功能尚未完全丧失的轻中度糖尿病患者,理论依据是刺激部分尚完好的 β 细胞释放胰岛素,用于胰岛素抵抗型患者,刺激内源性胰岛素释放并增强其作用,氯磺丙脲用于尿崩症,因其能促进抗利尿激素分泌并增强抗利尿激素的作用。

3. 为什么老年糖尿病人不宜用氯磺丙脲。

答:因为氯磺丙脲半衰期长、排泄慢,引起粒细胞减少和胆汁郁积性黄疸和肝损害,引起持久性的低血糖特别是老人及肝、肾功能不良者易发生。

4. 简述胰岛素的主要不良反应。

答:血糖过低;过敏反应,胰岛素抵抗性(耐受性)。

5. 胰岛素和口服降糖药降低血糖的机制和特点有何不同?

答:胰岛素主要通过两个方面降低血糖:①使血糖去路增加,促进葡萄糖进入肌肉和脂肪细胞,促进葡萄糖分解和氧化,促进糖原合成,葡萄糖转为脂肪。②使血糖来源减少,抑制糖原分解和糖原异生,降糖作用强,用于重症糖尿病。

口服降糖药:磺酰脲类主要是刺激 β 细胞释放内源性胰岛素而降血糖。作用比较弱,但可口服,用于轻中度糖尿病。

6. 胰岛素的药理作用是什么? 有何临床用途?

答:加速葡萄糖的氧化和酵解,促进糖原合成,抑制分解和异生,降低血糖。增加脂肪合成,抑制分解,减少游离脂肪酸和酮体的生成。促进蛋白质合成,抑制分解增加氨基酸转录。用于:治疗重症糖尿病及其严重并发症,口服降糖药无效的糖尿病患者。

7. 胰岛素抵抗性的主要原因是什么? 有何防治措施?

答:急性胰岛素抵抗性多因并发感染、创伤或有其他应激状态时血中拮抗胰岛素的物质增多,或因酮症酸中毒时血中酮体和脂肪酸增多及 pH 降低妨碍胰岛素作用,需针对诱发进行处理,并短时间内增加胰岛素的用量。慢性型胰岛素抵抗性的主要原因是体内生成了胰岛素受体的抗体,体内拮抗胰岛素物质增多,胰岛素受体数目和亲和力减少,胰岛素受体基因异常。

防治胰岛素抵抗性的措施是选用抗原性小的胰岛素制剂,尽量避免间断使用胰岛素,避免高胰岛素血症和血糖波动,换用不同种属动物提取的胰岛素或胰岛素制剂,加服口服降糖药。

四、选择题

(一) A 型题

1. 一般不引起乳酸血症的应用较广的双胍类药物是(　　)
   A. 苯乙福明　B. 甲福明　C. 氯磺丙脲
   D. 甲苯磺丁脲　E. 瑞格列奈
2. 降低磺酰脲类的降糖作用的药物是(　　)
   A. 甲福明　B. 青霉素　C. 保泰松
   D. 糖皮质激素　E. 磺胺类
3. 磺酰脲类药物中引起持久低血糖反应的药物是(　　)
   A. 甲苯磺丁胺　B. 氯磺丙脲　C. 格列本脲
   D. 格列吡嗪　E. 其他新型磺酰脲类
4. 下列药物中降糖作用最强的是(　　)
   A. 甲苯磺丁胺　B. 氯磺丙脲　C. 格列本脲
   D. 氢化可的松　E. 氢氯噻嗪
5. 磺酰脲类降血糖药物的主要作用机制是(　　)
   A. 促进葡萄糖降解　B. 拮抗高血糖素的作用
   C. 妨碍葡萄糖的肠道吸收　D. 刺激胰岛 β 细胞释放胰岛素
   E. 增强肌肉组织糖的无氧酵解
6. 既可用于 2 型糖尿病的治疗又可用于尿崩症的治疗的药物是(　　)
   A. 垂体后叶素　B. 氢氯噻嗪　C. 甲苯磺丁脲
   D. 氯磺丙脲　E. 格列本脲
7. 苯乙福明(苯乙双胍)的严重不良反应是(　　)
   A. 精神错乱　B. 眩晕　C. 嗜睡
   D. 乳酸血症　E. 粒细胞减少
8. 肝、肾功能不良的老年糖尿病人使用后可导致持久性低血糖反应,所以不宜用的口服药物是(　　)
   A. 氯磺丙脲　B. 格列喹酮　C. 二甲双胍
   D. 苯乙双胍　E. 正规胰岛素
9. 不促进胰岛素释放,不加重肥胖的降糖药物为(　　)
   A. 甲福明　B. 甲苯磺丁脲　C. 格列本脲
   D. 格列吡嗪　E. 氯磺丙脲
10. 有严重肝病的糖尿病人禁用的降糖药是(　　)
    A. 结晶锌胰岛素　B. 氯磺丙脲　C. 甲苯磺丁脲

D. 格列齐特　　E. 以上都不是

11. 关于罗格列酮不正确的叙述是(　　)
    A. 降低 2 型糖尿病患者三酰甘油
    B. 改善胰岛 β 细胞功能
    C. 抑制血小板聚集
    D. 防治 2 型糖尿病患者血管并发症
    E. 升高血浆胰岛素

(二) B 型题

A. 糖皮质激素　　B. 水杨酸钠　　C. 磺脲类

1. 与磺脲类降血糖药物竞争蛋白结合的药物(　　)
2. 拮抗胰岛素作用的药物(　　)
3. 常用的口服降糖药(　　)

A. 胰岛素　　B. 甲苯磺丁脲　　C. 双胍类(甲福明)

4. 用于胰岛素功能尚存的非胰岛素依赖型糖尿病(　　)
5. 用于轻症糖尿病伴有肥胖,单用饮食控制不好者(　　)
6. 胰岛素依赖性糖尿病(　　)

五、填空题

1. 胰岛素的主要不良反应为________、________和________。
2. 胰岛素产生慢性耐受性的主要原因有________、________和________。

六、判断题

1. 甲苯磺丁脲可用于胰岛素功能完全丧失的糖尿病患者。(　　)
2. 胰岛素可用于糖尿病并发酮症酸中毒及合并严重感染者。(　　)

七、参考答案

A 型题

1. B　2. D　3. B　4. C　5. D　6. D　7. D　8. A　9. A　10. B
11. E

B 型题

1. B　2. A　3. C　4. B　5. C　6. A

填空题

1. 血糖过低　过敏反应　胰岛素耐受性
2. 体内产生胰岛素抗体　体内拮抗胰岛素物质增多　胰岛素受体数目和亲和力下降

判断题

1. ×　2. √

(白　丽　胡　坚)

第三十八章　抗菌药物概论

学 习 目 标

1. 掌握化疗指数、抗微生物药物、抗菌谱（窄谱和广谱）、抗菌活性(抑菌药和杀菌药)、耐药性的定义。
2. 熟悉药物的抗菌作用机制。
3. 了解耐药性的分类及发生机制;抗菌药物的合理应用。

学习重点指导

第一节　抗菌药物的基本概念

抗菌药物是一类对病原菌具有抑制和杀灭作用,用于防治细菌性感染的药物。仅有抑制病原菌生长繁殖而无杀灭作用的药物,称之为抑菌药,例如四环素。不仅能抑制病原菌生长繁殖而且具有杀灭病原菌作用的药物,称之为杀菌药,例如青霉素。每种抗菌药都有一定的抗菌范围,称之为抗菌谱。

抗菌药物抑制和杀灭病原菌的能力,通常称之为抗菌活性。采用体内体外两种方法来测定,在体外试验中,能够抑制培养基内细菌生长的最低浓度称之为最低抑菌浓度(MIC)。能够杀灭培养基内细菌生长的最低浓度称之为最低杀菌浓度(MBC)。

对病原菌和其他病原性微生物、寄生虫及癌细胞所致疾病的药物治疗统称为化学治疗学,又称之为化疗。包括:抗微生物药(antimiczobial drug)、抗寄生虫药(antiparasitic drug),抗癌药(anticancer drug)等。化疗药物的评价,常以动物半数死亡剂量或半数致死量与病原体感染动物半数有效治疗量或半数有效量之比即 LD_{50}/ED_{50}或 LD_{5}/ED_{95}表示,这一比例关系称之为化疗指数（chemotherapeutic index, CI)。化疗指数越大,表明该药的治疗效果越大,对机体的毒性越小,但化疗指数大的药物并绝对安全。在应用化疗药物治疗病原体所致疾病的过程中,应注意机体、病原体和药物之间的相互关系。

第二节　抗菌作用机制

一 、抑制细胞壁的合成

细菌细胞壁的基础成分是胞壁的黏肽,有多种抗菌药物影响细菌的细胞壁生物合成的不同环节,而起到抑菌、杀菌的作用。

1. 胞浆内黏肽前体的形成可被磷霉素与环丝氨酸所阻碍。

2. 胞浆膜阶段,可被万古霉素和杆菌肽所阻碍。

3. 青霉素和头孢菌素抑制转肽反应,阻碍黏肽的最终合成。

以上抗菌药物作用后,可导致细菌的胞壁缺损,而受菌体的高渗压影响,水分由外界不断渗入,致使细胞膨胀、变形,在自溶酶的作用下,细菌破裂溶解而死亡。

二、影响细菌胞浆膜通透性

细菌胞浆膜具有渗透屏障和运输物质的功能。多肽类抗菌药具有表面活性作用,能选择性地与 G^- 菌胞浆膜磷脂结合;而多烯类抗真菌药则与真菌胞浆膜固醇类物质结合;从而使胞浆膜的通透性增加,菌体内的重要成分如蛋白质、氨基酸、核苷酸、磷脂等外漏,导致细菌死亡。

三、抑制细菌核酸合成

1. 影响叶酸代谢　磺胺类与甲氧卞啶可分别抑制抑制二氢叶酸合成酶和二氢叶酸还原酶,使四氢叶酸不能生成而阻止核酸合成。

2. 抑制核酸合成　喹诺酮类:抑制 DNA 回旋酶 → 复制受阻 → DNA 合成↓;利福平:抑制依赖 DNA 的 RNA 多聚酶 → 转录受阻 → mRNA↓。

四、抑制细菌蛋白质的合成

氨基苷类 → 影响蛋白质合成全过程

四环素类 → 通过与 30S 核糖体亚基结合

氯霉素类、林可霉素类、大环内酯类→ 通过与 50S 核糖体亚基结合

第三节　抗菌药物的耐药性

1. 耐药性(resistance)的定义　细菌对药物的敏感性较低或不敏感,致使药物疗效低或无效。可分为固有耐药和获得耐药。

2. 细菌对药物耐药的机制

(1) 产生灭活酶。

(2) 改变药物靶位结构。

(3) 降低胞浆膜通透性。

(4) 改变代谢途径。

第四节　抗菌药物应用的基本原则

抗菌药物的合理应用要考虑机体、病原微生物和药物三者之间的关系,注重调动机体的防御机能,减少或避免药物的不良反应,有效控制病原微生物的耐药性。

在临床应用中,要注意以下几方面:

(1) 严格根据适应证选药。

(2) 治疗方案个体化。

(3) 选用适当的剂量和疗程。

(4) 尽量避免局部用药。

(5) 防止二重感染:二重感染是指长期应用广谱抗菌药,使敏感菌受到抑制,而不敏感菌乘机大量繁殖,造成新的感染。临床上主要以继发真菌感染和耐药菌感染最常见,给治疗带来困难。因此,抗菌药应首选对敏感菌有高度选择性的窄谱抗菌药,对混合感染需用广谱抗菌药时,应注意疗程并采取相应的预防措施。

(6) 注意联合用药的指征。

(7) 严格控制预防用药。

(8) 树立综合治疗观念。

强化训练与参考答案

一、英语单词

1. antimicrobial drugs
2. antibacterial drugs
3. antifungal drugs
4. antiviral drugs
5. antibacterial spectrum
6. antibacterial activity
7. chemotherapeutic index
8. post-antibiotic elfect

二、名词解释

1. 化学疗法　对病原菌和其他病原微生物、寄生虫及癌细胞所致疾病的药物治疗统称为化学治疗或称化学疗法。
2. 化学治疗药物　是指对微生物感染、寄生虫病及恶性肿瘤有防治作用的化学药物。
3. 化疗指数　动物半数致死量和治疗感染动物的半数有效量之比。
4. 最小抑菌浓度　抑制培养基内细菌生长的最低浓度。
5. 最小杀菌浓度　杀灭培养基内细菌的最低浓度。
6. 抗菌后效应(post-antibiotic elfect)　当血药浓度已低于最小抑菌浓度或细菌停止接触抗生素后,对幸存细菌的恢复生长仍有抑制效应。
7. 耐药性　长期或反复使用抗菌药,细菌对药物的敏感性降低甚至消失。

三、问答题

1. 简述细菌的耐药性有几种方式?

答:(1)细菌产生灭活抗菌药物的酶。

(2) 细菌体内抗菌药物原始靶位结构改变。

(3) 细菌胞浆膜通透性发生改变。

(4) 细菌代谢途径的改变:细菌对磺胺耐药是其底物对氨基苯甲酸增加或改变对代谢物的需要途径。

2. 论述抗菌药物的抗菌作用机制。

答:(1) 抑制细菌细胞壁的合成:细菌的细胞壁可保持细菌的外形,抵抗胞内外较大渗透压差,使自身免受渗透压改变的损害,维持细菌的正常功能。抗菌药物可作用于菌体的细胞壁的不同环节抑制其形成,如青霉素影响其交叉联结,阻碍黏肽最终形成,导致细菌的细胞壁缺损,水分由外界渗入菌体,致使细胞膨胀、变形、在自溶酶影响下,细菌破裂溶解而死亡。

(2) 影响胞浆膜的通透性:细菌的胞膜属于半透膜,具有渗透屏障和运输物质的功能。如多黏菌素 B 可作用于革兰阴性细菌的磷脂,引起细菌胞浆膜通透性增加,使菌体内重要物质如:蛋白质、核酸、氨基酸等外泄,导致细菌死亡。

(3) 影响胞浆内生命物质的合成:①抑制细菌核酸合成:影响叶酸代谢,抑制核酸的合成。②抑制细菌蛋白质的合成:影响蛋白质合成全过程作用核蛋白体 30S 亚基,作用核蛋白体 50S 亚基。

3. 抗菌药物联合应用时,应注意哪些方面以便明确其适用的指征。

答:抗菌药物联合应用时,要十分注意联合用药较之单一用药需有更明确的指征,如:

(1)未明确病原菌的细菌性严重感染。

(2) 单一抗菌药物不能控制的严重混合感染。

(3) 单一抗菌药物不能控制的心内膜炎或败血症。

(4) 较长期用药细菌有可能产生耐药者,如结核病治疗。

(5) 两性霉素 B 和氟胞嘧啶联合用于治疗深部真菌的感染时,使前者毒性减小。

(6) 为了更好地控制中枢神经系统或骨组织等感染,可合用易渗入这些组织的抗菌药。如青霉素治疗金葡球菌引起的骨髓炎时,可合用克林霉素、喹诺酮类抗生素等。

4. 有哪些抗菌药物可作用于细菌的细胞壁?它们的作用环节分别是什么?

答:有多种抗菌药物影响细菌的细胞壁生物合成的不同环节,而起到抑菌、杀菌的作用。

(1) 胞浆内黏肽前体的形成可被磷霉素与环丝氨酸所阻碍。

(2) 胞浆膜阶段,可被万古霉素和杆菌肽所阻碍。

(3) 青霉素和头孢菌素抑制转肽反应,阻碍黏肽的最终合成。

以上抗菌药物作用后,可导致细菌的胞壁缺损,而受菌体的高渗压影响,水分由外界不断渗入,致使细胞膨胀、变形,在自溶酶的作用下,细菌破裂溶解而死亡。

四、选择题

(一) A 型题

1. 细菌的耐药性是指(　　)

A. 长期或反复使用抗菌药,病人对药物的敏感性降低

B. 长期或反复使用抗菌药,细菌对药物的敏感性降低甚至消失

C. 病人对抗菌药产生依赖性

D. 细菌对抗菌药产生依赖性

E. 以上都不是

2. 抗菌活性是指(　　)

A. 药物的抗菌范围　　B. 药物的抗菌浓度　　C. 药物的理化活性

D. 药物的抗菌能力　E. 药物的治疗指数

3. 抗菌谱是指(　　)

A. 抗菌药物杀灭细菌的程度　B. 抗菌药物的抗菌能力　C. 抗菌药物的抗菌范围

D. 抗菌药物的治疗效果　E. 抗菌药物的适应证

4. 化疗指数最大的抗菌药物是(　　)

A. 红霉素　B. 氯霉素　C. 青霉素

D. 庆大霉素　E. 四环素

5. 评价一种化疗药物的临床价值,主要采用下列哪项指标(　　)

A. 抗菌谱　B. 抗菌活性　C. 最低抑菌浓度

D. 最低杀菌浓度　E. 化疗指数

6. 可获协同作用的药物组合是(　　)

A. 青霉素+红霉素　B. 青霉素+氯霉素　C. 青霉素+四环素

D. 青霉素+庆大霉素　E. 青霉素+磺胺

7. 青霉素 G 与四环素合用的效果是(　　)

A. 增强　B. 相加　C. 无关

D. 拮抗　E. 毒性增加

8. 下列有关化疗指数(CI)叙述错误的是(　　)

A. CI 反映药物的安全性

B. CI 高的药物比 CI 低的药物使用更安全

C. 青霉素是化疗指数最大的抗菌药物之一

D. CI 反映药物安全性和有效性

E. 可用 LD_{50}/ED_{50} 或 LD_5/ED_{95} 比例关系来衡量

9. 下列有关抗菌药作用机制的叙述哪项是错误的(　　)

A. β-内酰胺类抗生素抑制细胞壁合成

B. 环丙沙星抑制 DNA 螺旋酶,阻碍 DNA 合成致细菌死亡

C. 利福平抑制 DNA 多聚酶

D. 氨基苷类作用于蛋白质合成的多个环节

E. 多黏菌素影响细胞膜通透性而抗菌

10. 评价一种化疗药物的疗效和毒性,主要采用下列哪项指标(　　)

A. 抗菌谱　B. 抗菌活性　C. 最低抑菌浓度

D. 最低杀菌浓度　E. 化疗指数

(二) B 型题

A. 四环素　B. 青霉素　C. MIC

D. MBC　E. CI

1. 具有杀灭细菌的作用药物(　　)

2. 抑制细菌培养基内细菌生长的最低浓度(　　)

3. 杀灭细菌培养基内细菌的最低浓度(　　)

五、填空题

化疗药物包括抗微生物药、抗寄生虫药及抗________药。

六、判断题

1. 化疗药物抗菌活性越强,则其抗菌作用的范围也越广。(　　)
2. 磷霉素阻止 *N*-乙酰胞壁酸的形成,从而使细菌的细胞壁受损。(　　)

七、参考答案

A 型题

1. B　2. D　3. C　4. C　5. E　6. D　7. D　8. B　9. C　10. E

B 型题

1. B　2. C　3. D

填空题

抗恶性肿瘤药

判断题

1. ×　2. √

（新华·那比　李琳琳）

第三十九章　β-内酰胺类抗生素

学习目标

1. 掌握β-内酰胺类抗菌机制，青霉素类、头孢菌素类药物的抗菌谱、临床应用和不良反应。

2. 熟悉半合成青霉素的特点。

3. 了解四代头孢菌素的特点。

学习重点指导

第一节　分类、抗菌作用机制和耐药机制

一、β-内酰胺类抗生素的定义和分类

1. 抗生素的定义　是微生物产生的一种具有抑制或杀死其他微生物作用的代谢产物。

2. β-内酰胺类抗生素的定义　化学结构中具有β-内酰胺环和一个带"S"的杂环的抗生素。

3. β-内酰胺类抗生素分类

主要包括：青霉素类、头孢菌素类抗生素、其他β-内酰胺类、β-内酰胺酶抑制剂。

二、抗菌作用机制

各种β-内酰胺类抗生素的作用机制是作用于青霉素类结合蛋白，抑制细菌细胞壁的合成，使细菌细胞壁缺损，外环境水分渗入，菌体膨胀裂解，同时借助细菌自溶酶溶解而产生抗菌作用。

特点：

1. 革兰阳性菌细胞壁黏肽含量高(60%~95%)，其外层为磷壁酸，青霉素易通过，且革兰阳性菌胞浆内渗透压高。所以青霉素对革兰阳性菌作用强。革兰阴性菌细胞壁黏肽含量低(10%)，其外层为脂蛋白磷脂和脂多糖，青霉素不易通过，且革兰阴性菌胞浆内渗透压低，青霉素对革兰阴性菌作用弱。

2. 繁殖期细菌需要合成大量的黏肽，青霉素对繁殖期细菌作用强。

3. 对人体的毒性小　由于哺乳动物细胞无细胞壁，不受β-内酰胺类抗生素的影响。

三、耐药机制

细菌对β-内酰胺类抗生素产生耐药的机制有下列几种：

1. 产生水解酶　耐药细菌能产生青霉素酶、头孢菌素β-内酰胺酶，使β-内酰胺类抗生素水解，β-内酰胺环裂开而失去抗菌活性发生耐药。

2. β-内酰胺酶可与β-内酰胺类抗生素迅速结合，使药物停留在胞浆膜外间隙中，不能到达靶位发挥抗菌作用。

3. 青霉素结合蛋白的组成和功能变化　耐药菌株降低PBPs与β-内酰胺类抗生素结合的亲和力，也是最为常见的耐药机制之一。

4. 改变细菌膜通透性　已知革兰阴性菌的胞壁外膜是阻止β-内酰胺类抗生素进入菌体的第一道屏障，研究证实药物是通过胞壁外膜的非特性与特异性两种通道进入菌体，通道是由外膜孔道蛋白组成通道蛋白。当菌株发生突变，造成蛋白通道的丢失。

5. 自溶酶缺少　青霉素类抗生素对某些金黄色葡萄球菌具有通常的抑菌作用，但杀菌作用差，称细菌对青霉素类抗生素的耐受性，这是由于β-内酰胺类抗生素通过与PBPs结合，阻断细菌自溶酶内源性抑制剂的释放，而使细菌溶解死亡，当细菌当细菌缺少自溶酶，细菌对青霉素类抗生素耐受时，对头孢菌素类亦耐受。

第二节　青霉素类

青霉素类：包括天然青霉素（青霉素G）及半合成青霉素。

一、窄谱青霉素G

青霉素主核的化学结构为由6-氨基青霉烷酸（6-aminopenicillanic acid, 6-APA）与侧链R—CO—组成。

● **青霉素G**（penicillin G）

又称苄青霉素（benzylpenicillin）。常用其钠盐或钾盐，易溶于水但不稳定，遇酸、碱、醇和金属离子易被破坏，且不耐热易分解失效，并可生成具有抗原性的产物，故临床应用时需临时配制新鲜水溶液后及时使用。

1. 抗菌谱

（1）革兰阳性球菌：青霉素G对大多数革兰阳性球菌如溶血性链球菌、肺炎球菌、草绿色链球菌、不产生β-内酰胺酶的金葡菌及多数表葡球菌等作用强，但对肠球菌的作用较差。

（2）革兰阳性杆菌：如白喉杆菌、炭疽杆菌及革兰阳性厌氧杆菌如产气荚膜杆菌、破伤风杆菌等均对青霉素G敏感。

（3）革兰阴性菌：脑膜炎球菌和淋球菌对青霉素G亦敏感，前者罕见耐药，但对后者敏感的已日益减少。

（4）螺旋体：梅毒螺旋体、钩端螺旋体、回归热螺旋体。

（5）放线杆菌。

2. 临床应用

(1) 敏感的革兰阳性球菌、革兰阴性球菌、螺旋体所致感染的首选治疗药,如溶血性链球菌引起的咽炎、扁桃体炎、丹毒、蜂窝组织炎、猩红热、败血症等。草绿色链球菌引起的心内膜炎。肺炎球菌所致的大叶肺炎、中耳炎等。预防感染性心内膜炎发生的首选用药。

(2) 脑膜炎球菌引起的流行性脑膜炎,但耐药株治疗后易复发。淋球菌虽耐药较普遍,但对不产酶的菌株,青霉素仍有效。

(3) 青霉素还可作为放线菌病、梅毒、回归热、钩端螺旋体病的首选用药及亦可与抗毒素伍用治疗破伤风及白喉患者。

3. 不良反应

(1) 过敏反应:青霉素的过敏反应是各类抗生素中最高的,为0.7%~10%,Ⅰ、Ⅱ、Ⅲ、Ⅳ型过敏反应均可出现。

Ⅰ型过敏性休克少见但严重,发生率为0.004%~0.015%,一旦发生,50%的病人可在5分钟内,甚至给药当时死亡。用药期间应做好急救准备,过敏性休克首选肾上腺素。合用氢化可的松、H_1受体阻断药等。

过敏性休克的主要预防措施:

1) 仔细询问过敏史,对青霉素过敏应禁用。

2) 确定选用青霉素必须做皮肤过敏试验:初次注射或24小时后或更换批号时均做皮肤过敏试验,反应阳性者(+)禁用。

3) 青霉素必须现配现用,久置后其降解产物易致敏。

4) 凡在门诊注射青霉素G者,注射后须观察30分钟方可离去。

5) 静滴时最好选用灭菌NS稀释,若选用5%青霉素G溶液溶解时,应在2小时内滴完为宜。

6) 使用青霉素G的注射器,不得用于注射其他药物。

7) 避免饥饿时注射,也避免局部应用青霉素G。

8) 用药期间应做好急救准备,如肾上腺素注射液、氢化可的松等药物及注射器材。

过敏性休克的抢救措施:

1) 立即注射肾上腺素,作为首选药;轻者可皮下或肌内注射(0.5~1.0mg);重者可静脉注射。

2) 吸氧、人工呼吸。

3) 必要时加用:糖皮质激素或H_1受体阻断药。

4) 静滴升压药。

(2) 赫氏反应:青霉素G在治疗梅毒或钩端螺旋体病时,可有症状加剧现象,一般发生于开始治疗后的6~8小时,于12~24小时消失,表现为全身不适、寒战、发热、咽痛、肌痛、心跳加快等,同时可有病变加重现象,可危及生命。

(3)肌注局部可发生周围神经炎;鞘内注射和全身大剂量应用可引起青霉素激惹现象。

二、半合成青霉素的抗菌作用特点

青霉素虽具有杀菌力强、毒性低等优点,但其有抗菌谱较窄、易被胃酸破坏(不能口服)、易耐药(不耐酶)等缺点,为克服青霉素G的缺点,以青霉素的主核6-APA为基础,通过改变化学结构得到多种半合成青霉素,根据其不同特点,可分:

1. 耐酸青霉素类　包括青霉素V(penicillin V,苯氧甲青霉素)。特点:耐酸可以口服,但不耐酶,抗菌谱与青霉素G相同,抗菌活性较青霉素G弱,故不宜用于严重感染。

2. 耐酶青霉素类　常用的有苯唑西林(oxacillin)、双氯西林(dicloxacillin)。特点:耐酸可以口服,耐酶,对革兰阳性细菌的作用不及青霉素G,主要用于耐青霉素G的金葡菌感染以及需长期用药的慢性感染。

3. 广谱青霉素类　包括氨苄西林(ampicillin)、阿莫西林(amoxycillin)。特点:

(1) 广谱,对革兰阳性和革兰阴性细菌均有杀菌作用,但对革兰阳性菌的作用略逊于青霉素G,对绿脓杆菌无效。对革兰阴性细菌的作用类似与氯霉素,对厌氧菌也有作用。

(2) 耐酸,可口服阿莫西林,口服血药浓度高于氨苄西林。

(3) 不耐酶,而对耐药金葡菌感染无效。

用途:氨苄西林主要用于伤寒、副伤寒,也可用于尿路和呼吸道感染。阿莫西林对慢性支气管炎的疗效优于氨苄西林。

4. 抗绿脓杆菌广谱青霉素类　包括羧苄西林(carbenicillin)、阿莫西林(amoxycillin)。

特点:

(1) 广谱对革兰阳性菌的作用类似于氨苄西林,对革兰阴性细菌作用较强且广,包括绿脓杆菌、变形杆菌及厌氧菌。

(2) 不耐酸,仅能注射给药。

(3) 不耐酶。

用途:主要用于治疗绿脓杆菌、大肠杆菌及其他肠杆菌科细菌所致的感染。

第三节　头孢菌素类抗生素

一、第一代头孢菌素

• **头孢噻吩**(cefalothin)、**头孢噻啶**(cefaoridine)、**头孢氨苄**(cefalexin)、**头孢唑啉**(cefazolin)

主要特点:

1. 革兰阳性菌作用强,抗菌谱类似于青霉素,对革兰阴性菌作用弱,但对大肠杆菌、奇异变形杆菌、肺炎杆菌、沙门氏菌、痢疾杆菌有一定抗菌活性。

2. 对金葡菌产生的β-内酰胺酶较稳定,但对其他β-内酰胺酶不稳定。

3. 有一定的肾毒性,其中头孢噻吩最重,头孢拉定最轻。

主要用于耐青霉素G金葡菌感染。

二、第二代头孢菌素

• **头孢孟多**(cefamandole)、**头孢呋辛**(cefuroxime,西力欣)、**头孢克洛**(cefaclor)、**头孢尼西**(cefonicid)。

主要特点:

1. 对革兰阳性菌作用与第一代相仿或稍逊,对多数革兰阴性菌作用明显增强,部分对厌氧菌高效，但对某些肠杆菌科细菌作用差，对绿脓杆菌无效。

2. 对革兰阴性菌产生的 β-内酰胺酶稳定。

3. 肾毒性较第一代有所降低。

常用以治疗大肠杆菌、克雷伯菌、肠杆菌、吲哚阳性变形杆菌等敏感菌所致的肺炎、胆道感染和其他组织器官感染。

三、第三代头孢菌素

● **头孢噻肟**（cefotaxime）、**头孢哌酮**（cefoperazone，先锋必）、**头孢曲松**（ceftriaxone）、**头孢他定**（ceftazidime）

主要特点：

1. 对革兰阳性菌的抗菌活性不及第一、二代，对革兰阴性菌包括肠杆菌属和绿脓杆菌及厌氧菌如脆弱拟杆菌均有较强的作用，对流感杆菌、淋球菌亦有良好的抗菌活性；

2. 血浆半衰期长，体内分布广，组织穿透力强，有一定量渗入脑脊液。

3. 对多种 β-内酰胺酶有较高的稳定性。

4. 基本无肾毒性。

主要用于多种革兰阳性、革兰阴性菌所致的尿路感染及危及生命的败血症、脑膜炎（包括新生儿脑膜炎和肠杆菌科细菌所致成人脑膜炎）、骨髓炎、肺炎等，头孢他定是目前临床用于抗绿脓杆菌最强的抗生素。

四、第四代头孢菌素

● **头孢吡肟**（cefepime）、**头孢匹罗**（cefpirome）、**头孢利定**（cefelidin）

主要特点：

1. 对革兰阳性菌的抗菌作用增强，对革兰阴性菌作用优于第三代，其中头孢克定对绿脓杆菌作用较头孢他啶强。

2. 对多种 β-内酰胺酶稳定。

3. 临床用于治疗敏感菌所致的败血症和脑膜炎等严重感染。

强化训练与参考答案

一、英语单词

1. carbenicillin
2. amoxycillin
3. oxacillin
4. cefalothin
5. cefaoridine
6. cefalexin
7. cefazol
8. cefamandole
9. cefuroxime
10. cefaclor
11. cefonicid
12. cefotaxime
13. cefoperazone
14. ceftriaxone
15. ceftazidime
16. cefepime
17. cefpirome
18. cefelidin

二、名词解释

1. 抗生素　是微生物产生的一种具有抑制或杀死其他微生物作用的代谢产物。
2. β-内酰胺类抗生素　是指其化学结构中具有一个 β-内酰胺环的一类抗生素。
3. 青霉素结合蛋白　位于细菌胞浆膜上的特殊蛋白,是 β-内酰胺类抗生素作用的靶点。
4. 牵制机制　β-内酰胺酶与某些抗生素产生牢固结合,使这些抗生素滞留在细菌的细胞膜外间隙中,而不能达到靶点发生抗菌作用,此种 β-内酰胺酶的非水解机制的耐药性称"牵制机制"。
5. 赫氏反应　青霉素 G 在治疗梅毒或钩端螺旋体病时,可有症状加剧现象,称赫氏反应。

三、问答题

1. 分别简述第一、第二、第三代头孢菌素各有哪些不良反应。

答:头孢菌素类抗生素毒性低,常见有过敏反应,静脉给药可发生静脉炎,发热等。口服制剂可引起胃肠反应。

第一代中,头孢噻吩、头孢唑啉大剂量有潜在肾毒性。

第二代中,头孢孟多大剂量可出现低凝血酶原血症和双硫仑样反应。

第三代头孢菌素偶见二重感染或肠球菌、绿脓杆菌和念珠菌增殖现象,头孢哌酮大剂量应用时,也可出现低凝血酶原血症和双硫仑样反应。

2. 论述 β-内酰胺类抗生素产生的耐药性机制。

答:细菌对 β-内酰胺类抗生素产生的耐药性的机制可概括为:

(1) 产生水解酶:细菌能产生 β-内酰胺酶,使 β-内酰胺类抗生素水解,β-内酰胺环裂开而失去活性出现耐药。

(2) 酶与药物牢固结合:广谱青霉素和第二、三代头孢菌素对革兰阴性菌产生的 β-内酰胺酶是稳定的,不被水解而裂环,但 β-内酰胺酶可与此类抗生素牢固结合并使其滞留于细胞外间隙中而不能到达靶点(PBPs)产生抗菌作用。

(3) PBPs 的改变:耐甲氧西林金葡菌具有多重耐药性就是由于 PBPs 的改变。

(4) 胞壁和外膜通透性改变:革兰阴性菌的脂蛋白外膜是限制 β-内酰胺酶类抗生素进入菌体的屏障,由于进入菌体药物的孔道蛋白的改变,也可产生药物的耐药性。

(5) 自溶酶减少:由于细菌缺少自溶酶,使青霉素类抗生素产生耐药。

3. 论述第三代头孢菌素的特点并列举两药名。

答:举例:头孢噻肟、头孢哌酮(先锋必)。

主要特点:

(1) 对革兰阳性菌的抗菌活性不及第一、二代,对革兰阴性菌包括肠杆菌属和绿脓杆菌及厌氧菌如脆弱拟杆菌均有较强的作用,对流感杆菌、淋球菌亦有良好的抗菌活性。

(2) 血浆半衰期长,体内分布广,组织穿透力强,有一定量渗入脑脊液。

(3) 对多种 β-内酰胺酶有较高的稳定性。

(4) 基本无肾毒性。

主要用于多种革兰阳性、革兰阴性菌所致的尿路感染及危及生命的败血症、脑膜炎(包括新生儿脑膜炎和肠杆菌科细菌所致成人脑膜炎)、骨髓炎、肺炎等,头孢他定是目前临床用于抗绿脓杆菌最强的抗生素。

4. 简述青霉素G优缺点,人工半合成青霉素有何特点。

答:青霉素G具有杀菌力强,毒性低等优点,主要抗菌谱是对革兰阳性菌有作用,其抗菌谱较窄,不耐酸、不能口服,金葡菌易产生耐药性及引起过敏反应等缺点。

人工半合成的青霉素类通过对药物进行化学结构的改造,克服了上述缺点。根据作用不同特点,可分为耐酸、耐酶、广谱、抗绿脓杆菌、抗革兰阴性菌等不同品种。

耐酸类:可口服,抗菌谱与青霉素G相同,但作用弱。

耐酶类:耐酶,对耐药的葡萄球菌有效,广谱类。耐酸可口服,广谱:对革兰阳性和革兰阴性细菌均有杀菌作用。

抗铜绿假单孢菌广谱类:对铜绿假单孢菌有效。

5. 论述青霉素的抗菌谱、临床应用及主要不良反应。

答:抗菌谱:

(1) 革兰阳性球菌:青霉素G对大多数革兰阳性球菌如溶血性链球菌、肺炎球菌、草绿色链球菌、不产生β-内酰胺酶的金葡菌及多数表葡球菌等作用强,但对肠球菌的作用较差。

(2) 革兰阳性杆菌:如白喉杆菌、炭疽杆菌及革兰阳性厌氧杆菌如产气荚膜杆菌、破伤风杆菌等均对青霉素G敏感。

(3) 革兰阴性菌:脑膜炎球菌和淋球菌对青霉素G亦敏感,前者罕见耐药,但对后者敏感的已日益减少。

(4) 螺旋体:梅毒螺旋体、钩端螺旋体、回归热螺旋体和放线杆菌。

青霉素主要用于上述敏感菌引起感染的治疗,如:咽炎、扁桃体炎、猩红热、蜂窝组织炎、败血症、心内膜炎、回归热、大叶肺炎、中耳炎、脑膜炎、放线菌病、梅毒、破伤风、白喉等。

主要不良反应是局部刺激、高血钾、高血钠、过敏反应特别是过敏性休克反应引起高度重视。

四、选择题

(一) A型题

1. 青霉素G最适合治疗下列哪种疾病( )

   A. 伤寒、副伤寒杆菌引起感染

   B. 肺炎杆菌引起的感染

   C. 炭疽杆菌及革兰阴性厌氧菌引起感染

   D. 产气荚膜杆菌引起感染

   E. 肠球菌引起感染

2. 主要由于克拉维酸具有下列哪种特点使之与阿莫西林等配伍应用( )

   A. 抗菌谱广

   B. 是广谱β-内酰胺酶抑制剂

   C. 可与阿莫西林竞争肾小管分泌

D. 可使阿莫西林口服吸收更好

E. 可使阿莫西林用量减少、毒性降低

3. 对耐青霉素的金黄色葡萄球菌感染可用(　　)

A. 苯唑西林、头孢氨苄、庆大霉素

B. 多黏菌素、红霉素、头孢氨苄

C. 氨苄西林、红霉素、林可霉素

D. 头孢氨苄、红霉素、四环素

E. 羟苄西林、庆大霉素、头孢氨苄

4. 阿莫西林与氨苄西林比较特点是(　　)

A. 血浆蛋白结合率阿莫西林比氨苄西林高

B. 阿莫西林抗绿脓杆菌作用强于氨苄西林

C. 胃肠道吸收无差别

D. 抗菌活性较氨苄西林强

E. 对慢性支气管炎疗效优于氨苄西林

5. 下列何药在胆汁中浓度最高(　　)

A. 头孢氨苄　B. 头孢克洛　C. 头孢曲松

D. 头孢哌酮　E. 头孢呋辛

6. 下列何药半衰期最长

A. 头孢哌酮　B. 头孢曲松　C. 头孢氨苄

D. 头孢唑啉　E. 头孢孟多

7. 指出下列青霉素G耐药菌株比较多的细菌是(　　)

A. 溶血性链球菌　B. 肺炎球菌　C. 金黄性葡萄球菌

D. 白喉杆菌　E. 脑膜炎球菌

8. 耐青霉素酶的半合成青霉素是(　　)

A. 苯唑西林　B. 氨苄西林　C. 阿莫西林

D. 羟苄西林　E. 哌拉西林

9. 头孢菌素类抗菌作用部位是(　　)

A. 细菌细胞膜黏肽合成所需酶

B. 细菌DNA合成所需酶

C. 细菌蛋白合成所需酶

D. 叶酸合成所需酶

E. 细菌细胞壁黏肽合成所需酶

10. 抗绿脓杆菌最强的头孢菌素是(　　)

A. 头孢哌酮　B. 头孢他定　C. 头孢孟多

D. 头孢噻吩　E. 头孢氨苄

11. 头孢菌素类抗菌作用位点是(　　)

A. 二氢叶酸合成酶　B. 移位酶　C. 核蛋白体50S亚基

D. 二氢叶酸还原酶　E. PBPs

12. 青霉素最适于治疗下列哪种感染(　　)
A. 溶血性链球菌　B. 肺炎杆菌　C. 绿脓杆菌
D. 变形杆菌　E. 以上都不是
13. 具有一定肾毒性β-内酰胺抗生素是(　　)
A. 青霉素G　B. 耐酶青霉素类　C. 半合成广谱青霉素类
D. 第一代头孢菌素类　E. 第三代头孢菌素类
14. 青霉素治疗何种疾病时可引起赫氏反应(　　)
A. 大叶性肺炎　B. 梅毒或钩端螺旋体病　C. 草绿色链球菌心内膜炎
D. 回归热　E. 破伤风
15. 青霉素类药物共同特点是(　　)
A. 主要用于革兰阳性细菌感染　B. 耐酸　C. 耐β-内酰胺酶
D. 抑制骨髓造血功能　E. 相互有交叉变态反应,可致过敏性休克
16. 早产女婴,5天发烧昏迷入院,皮肤黄染,囟门饱满,病理反射阳性,脑脊液有大量中性粒细胞,应首选(　　)
A. 青霉素G　B. 氯霉素　C. 磺胺嘧啶
D. 头孢哌酮　E. 庆大霉素
17. 女性,26岁,大面积烧伤并绿脓杆菌感染选用羟苄西林治疗,应注意不能与下列何药混合注射(　　)
A. 头孢他唑　B. 庆大霉素　C. 磺胺嘧啶
D. 青霉素　E. 红霉素
18. 关于氨苄西林的叙述,下列哪项是错误的(　　)
A. 对绿脓杆菌无效　B. 对伤寒杆菌无效　C. 对耐药金葡菌无效
D. 对革兰阴性菌作用较强　E. 耐酸可口服
19. 关于头孢曲松的叙述,下列哪项是错误的(　　)
A. 对肾脏基本无毒性
B. 对革兰阳性菌作用强
C. 分布于眼部房水、前列腺浓度高
D. 对β-内酰胺酶有较高稳定性
E. 半衰期短
20. 青霉素类药物中,对绿脓杆菌无效的药物是(　　)
A. 阿莫西林　B. 羧苄西林　C. 呋布西林
D. 替卡西林　E. 哌拉西林
21. 抗菌药物的作用机制哪项是错误的(　　)
A. 青霉素抑制转肽酶的活性阻碍细胞壁的合成
B. 多黏菌素选择性与细菌细胞壁的磷脂结合使细菌细胞壁的通透性增加
C. 磺胺类抑制细菌蛋白质的合成
D. 喹诺酮类抑制DNA回旋酶的活性
E. 氨基糖苷类抑制细菌蛋白质的合成

22. 主要由于舒巴坦具有下列哪种特点使之与氨苄西林等配伍应用(　　)
   A. 抗菌谱广
   B. 是广谱 β-内酰胺酶抑制剂
   C. 可与阿莫西林竞争肾小管分泌
   D. 可使阿莫西林口服吸收更好
   E. 可使阿莫西林用量减少、毒性降低

(二)B 型题

A. 头孢氨苄　　B. 头孢他定　　C. 氨曲南
D. 克拉霉素　　E. 青霉素

1. 绿脓杆菌感染宜用(　　)
2. 有一定肾脏毒性的是(　　)

A. 氨曲南　　B. 克拉维酸钾　　C. 青霉素
D. 双氯西林　　E. 头孢唑啉

3. 对青霉素过敏患者的革兰阴性菌感染宜用(　　)
4. 属广谱 β-内酰胺酶抑制剂(　　)

五、填空题

1. 女性,50 岁患耐青霉素的金葡菌性心内膜炎,青霉素皮试阴性,既往有慢性肾盂肾炎病史,应首选的青霉素类是________。
2. 男性,30 岁,农民,高烧,胸痛,吐铁锈色痰,右肺下叶实变,入院后,医生使用青霉素 G 静脉点滴。5 分钟后,患者突然感到呼吸十分困难,测血压 60/40mmHg,脉速,四肢冰冷,这时应首选________药物抢救。

六、参考答案

A 型题

1. D　2. B　3. E　4. E　5. D　6. B　7. C　8. A　9. E　10. B
11. E　12. A　13. D　14. B　15. E　16. A　17. B　18. B　19. E　20. A
21. C　22B

B 型题

1. B　2. A　3. A　4. B

填空题

1. 耐酶青霉素类
2. 肾上腺素

(新华 · 那比　李琳琳)

第四十章　大环内酯类、林可霉素类及多肽类抗生素

学习目标

1. 掌握大环内酯类抗生素的抗菌谱、作用机制、临床应用和主要不良反应。
2. 掌握红霉素、林可霉素、万古霉素的抗菌谱、作用机制和临床应用。
3. 了解其他多肽类药物,阿米卡星、妥布霉素等作用特点。

学习重点指导

第一节　大环内酯类抗生素

大环内酯类抗生素是一类具有14~16碳内酯环共同化学结构的抗菌药。早期的红霉素治疗呼吸道、皮肤软组织等感染,疗效确切,亦无严重的不良反应,但抗菌谱仍相对较窄,生物利用度低,因此临床应用受限。

近年新开发的大环内酯类抗生素抗菌活性增高,对支原体、衣原体的作用也明显增强,且不易被胃酸破坏,生物利用度高,血药浓度高,半衰期延长,不良反应也相应减少。本类药物抗菌机制是与细菌核蛋白体的50S亚基结合,抑制转肽作用和mRNA的移位,从而阻碍细菌的蛋白质合成。本类药物间存在着不完全交叉耐药性。

一、红霉素(erythromycin)

1. 抗菌谱

(1) 革兰阳性菌:如金葡菌、肺炎球菌、白喉杆菌。

(2) 革兰阴性菌:如脑膜炎球菌、布氏杆菌及军团菌。

(3) 厌氧菌(除脆弱拟杆菌和梭杆菌属以外)。

(4) 螺旋体、肺炎支原体及螺杆菌、立克次体属、衣原体属。

2. 临床应用

(1) 耐青霉素的轻、中度金葡菌感染及对青霉素过敏的患者。

(2) 其他革兰阳性球菌感染。炭疽、气性坏疽、放线菌病、梅毒等。

(3) 军团菌病、弯曲杆菌所致败血症或肠炎、支原体肺炎、沙眼衣原体所致的婴儿肺炎及结肠炎、白喉带菌者的首选药。

3. 不良反应　少见。可出现胃肠反应,严重者可引起伪膜性肠炎,静注可发生血栓性静脉炎。

二、乙酰螺旋霉素(acetylspiramycin)

抗菌谱和抗菌活性与红霉素相似,临床主要用于防治革兰阳性菌所致的呼吸道和软组织感染,亦可用于军团菌病、弓形虫病的治疗。

三、吉他霉素(kitasamycin)

抗菌谱与红霉素相似,但抗菌活性不如红霉素,临床主要用于耐青霉素或红霉素的革兰阳性菌感染,还可用于百日咳、白喉、猩红热、胆道感染及支原体肺炎等的治疗。

四、麦迪霉素(medecamycin)与麦白霉素(meleumycin)

抗菌谱与红霉素相仿,但抗菌作用略差,主要作为红霉素的替代品,用于敏感菌引起的呼吸道、皮肤和软组织、胆道等部位的感染。米欧卡霉素为二乙酰麦迪霉素,口服吸收好,血药浓度高,作用时间长,味不苦,适于儿童应用。

五、交沙霉素(josamycin)

抗菌谱、抗菌活性与红霉素相似,对部分耐红霉素的金葡菌仍有效。临床用于支原体肺炎及敏感菌所引起的呼吸道感染、皮肤软组织感染等的治疗。

六、阿奇霉素(azithromycin)

阿奇霉素抗菌谱与红霉素相仿,对肺炎支原体的作用是大环内酯类中最强的,用于呼吸道感染的治疗,也适用于沙眼衣原体和脲原体引起的泌尿道感染的治疗。

七、罗红霉素(roxithromycin)

罗红霉素对革兰阳性和厌氧菌的作用与红霉素相近,对肺炎支原体、衣原体有较强的作用,临床适用于上、下呼吸道感染及皮肤软组织感染治疗,也可用作非淋球菌性尿道炎的治疗。

八、克拉霉素(clarithromycin)

克拉霉素对革兰阳性、嗜肺军团菌、肺炎衣原体的作用是大环内酯类中最强者,对沙眼衣原体、肺炎支原体和流感杆菌、厌氧菌的作用亦强于红霉素。主要用于呼吸道感染、泌尿生殖系统感染及皮肤软组织感染的治疗。

第二节　林可霉素类抗生素

林可霉素(lincomycin)与克林霉素(clindamycin)具有相同的抗菌谱,但克林霉素抗菌作用更强,口服吸收好,且毒性较低,临床常用。

1. 抗菌谱

(1) 革兰阳性菌：如耐青霉素G金葡菌、链球菌、肺炎球菌和白喉杆菌等。

(2) 厌氧菌包括脆弱拟杆菌。

(3) 人型支原体、沙眼衣原体、恶性疟原虫和弓形虫。

2. 抗菌机制　与核蛋白体50S亚基结合，抑制肽酰基转移酶的活性，使肽链延伸受阻而抑制细菌蛋白质合成。

3. 临床应用

(1) 用于对β-内酰胺类抗生素无效或对青霉素过敏的金葡菌感染，特别是由金葡菌所致的急、慢性骨髓炎及关节感染(本类药物在骨组织中的浓度很高)。

(2) 各种厌氧菌或与需氧菌的混合感染。

4. 不良反应　可引起伪膜性肠炎

第三节　多肽类抗生素

一、万古霉素类

• **万古霉素**(vancomycin)**与去甲万古霉素**(demethylvancomycin)

1. 抗菌谱

(1) G^+菌：如对多种抗生素耐药的金葡菌。

(2) 厌氧的难辨梭状芽孢杆菌、炭疽杆菌、白喉杆菌等。

2. 抗菌机制　与细菌细胞壁黏肽侧链形成复合物，阻碍细菌细胞壁的合成。还可抑制胞浆中RNA合成。

3. 临床应用　主要治疗耐青霉素金葡菌引起的严重感染和对β-内酰胺类抗生素过敏者的严重感染及其他抗生素引起的伪膜性肠炎。

4. 不良反应　毒性较大，可产生耳毒性及肾毒性。

二、多黏菌素B(polymyxin B)和黏菌素

本类药物对多种G^-杆菌尤其是绿脓杆菌有强大的抗菌作用，它们能使细菌胞膜通透性增加，导致细菌死亡，由于毒性严重(可引起肾损害及神经肌肉阻滞)，主要供局部用药。但对于其他抗菌药耐药或疗效不佳的各种G^-杆菌感染，仍可选用。

三、杆菌肽(bacitracin)

杆菌肽对G^+菌有强大的抗菌作用，对脑膜炎球菌、淋球菌等G^-球菌、螺旋体、放线菌等亦具一定作用，它阻碍细胞壁的合成，对细菌细胞膜也有损伤作用，临床可用于耐青霉素金葡菌所致的各种感染，但因全身用药肾毒性严重，故目前临床仅限于局部使用。

强化训练与参考答案

一、英语单词

1. erythromycin
2. medecamycin
3. meleumycin
4. acetylspiramycin
5. josamycin
6. azithromycin
7. clarithromycin
8. roxithromycin
9. lincomycin
10. clindamycin
11. vancomycin
12. demethylvancomycin
13. bacitracin
14. polymyxin B

二、名词解释

大环内酯类抗生素　是一类具有 14～16 元大环内酯环相同的基本化学结构而得名的抗生素。

三、问答题

1. 论述阿奇霉素的作用及临床应用。

答：阿奇霉素的抗菌谱与红霉素相似。对肺炎支原体的作用是大环内酯类中最强的，对流感杆菌和淋球菌、弯曲杆菌的作用也较强，虽对厌氧菌的作用与红霉素相仿，但对金葡菌、肺炎球菌、链球菌的抗菌作用弱于红霉素。口服吸收后，在组织中分布广泛、药物浓度高，消除也缓慢。临床上用于呼吸道感染、衣原体、脲原体引起的泌尿道感染的治疗。

2. 简述万古霉素的临床应用。

答：主要治疗耐青霉素金葡菌引起的严重感染和对 β-内酰胺类抗生素过敏者的严重感染及其他抗生素引起的伪膜性肠炎。毒性较大，可产生耳毒性及肾毒性。

3. 简述新大环内酯类抗生素的特点。

答：新大环内酯类药物是近年开发的大环内酯类的新品种如克拉霉素、阿奇霉素、罗红霉素等。其对流感杆菌、卡他莫拉菌和淋球菌的抗菌活性增高，对支原体属、衣原体属等病原体的作用也明显增强。尚具有易被胃酸破坏、生物利用度高、血药浓度高、半衰期延长、不良反应减少等特点。

4. 论述克林霉素与林可霉素体内过程的异同及临床应用。

答：克林霉素口服吸收迅速完全，约 90% 吸收，但林可霉素的吸收量仅为给药量的20%～35%，前者吸收不受进食的影响，C_{max} 为 1～2 小时，而后者需 2～4 小时；克林霉素分布广泛，在多数组织中药浓较高，以骨组织中尤其高，可透过胎盘，但不能透过正常血脑屏障，当脑膜炎时，克林霉素可达血药浓度 40%，均在肝中代谢；大部分从胆汁排泄，小部分经肾排泄。

两药虽对金葡菌等革兰阳性菌感染有效，但主要用于 β-内酰胺类抗生素无效或对青霉素过敏的金葡菌感染患者的治疗，特别是金葡菌引起的急慢性骨髓炎及关节感染病人，也用于各种厌氧菌及需氧菌的混合感染，如脑膜炎、吸入性肺炎或肺脓肿的病人。

四、选择题

(一) A 型题

1. 大环内酯类对下述哪类细菌无效( )
   A. 革兰阳性菌 B. 革兰阴性球菌 C. 大肠杆菌、变形杆菌
   D. 军团菌 E. 衣原体和支原体
2. 不属于大环内酯类的药物是( )
   A. 红霉素 B. 林可霉素 C. 乙酰螺旋霉素
   D. 麦迪霉素 E. 吉他霉素
3. 下列哪个药对军团病疗效好( )
   A. 青霉素 B. 多西环素(强力霉素) C. 红霉素
   D. 四环素 E. 麦迪霉素
4. 男,5 岁,诊断肺炎支原体感染,下列何药对其作用最强( )
   A. 红霉素 B. 克拉霉素 C. 阿奇霉素
   D. 罗红霉素 E. 以上都不是
5. 红霉素的抗菌机制是( )
   A. 抑制细菌细胞壁的合成
   B. 抑制 DNA 的合成
   C. 与 30S 亚基结合,抑制蛋白质合成
   D. 与 50S 亚基结合,抑制蛋白质合成
   E. 以上都不是
6. 易渗入骨、关节内的抗生素是( )
   A. 青霉素 G B. 红霉素 C. 奈替米星
   D. 林可霉素 E. 万古霉素
7. 红霉素和林可霉素合用可( )
   A. 扩大抗菌谱 B. 增强抗菌活性 C. 降低毒性
   D. 竞争结合部位相互拮抗 E. 降低细菌耐药性
8. 用于金黄色葡萄球菌引起的急、慢性骨髓炎最佳选药应是
   A. 红霉素 B. 庆大霉素 C. 青霉素
   D. 螺旋霉素 E. 林可霉素
9. 患者,男,6 岁,高热,呼吸困难,双肺有广泛小水泡音,诊断为支气管肺炎,青霉素皮试阳性。宜选用( )
   A. 氯霉素 B. 四环素 C. 头孢唑啉
   D. 磺胺嘧啶 E. 红霉素
10. 男性,21 岁,最近咳嗽、咳痰、X 线可见肺部呈间质性改变,考虑支原体肺炎,应选用下列哪一药物治疗( )
    A. 氨苄西林 B. 头孢氨苄 C. 红霉素
    D. 庆大霉素 E. 青霉素 G

11. 男性,38 岁,泌尿系统感染,支原体培养阳性,用红霉素治疗,同时还可加用下列哪个药,以增加疗效(　　)

A. 维生素 B_6　　B. 碳酸氢钠　　C. 碳酸钙
D. 维生素 C　　E. 氯化铵

12. 下列何药用于治疗耐青霉素金黄色葡萄球菌引起的严重感染(　　)

A. 林可霉素　　B. 万古霉素　　C. 克林霉素
D. 氨苄西林　　E. 羟苄西林

13. 红霉素临床应用的范围不包括(　　)

A. 白喉　　B. 军团病　　C. 百日咳
D. 肺结核　　E. 支原体肺炎

(二) B 型题

A. 青霉素类　　B. 四环素类　　C. 氨基苷类
D. 磺胺类　　E. 多黏菌素类

1. 引起二重感染的药物(　　)
2. 损伤泌尿系统的药物(　　)
3. 主要不良反应为肾毒性和神经毒性(　　)

五、填空题

1. 新大环内酯类抗生素包括________、________、________等。
2. 克林霉素的吸收不同于林可霉素是________的影响,且吸收后的达峰时间前者比后者________。
3. 伪膜性肠炎常选用________来治疗。

六、参考答案

A 型题

1. C　2. B　3. C　4. C　5. D　6. D　7. D　8. E　9. E　10. C
11. B　12. B　13. D

B 型题

1. B　2. D　3. E

填空题

1. 克拉霉素　阿奇霉素　罗红霉素
2. 不受进食　快
3. 万古霉素

(新华·那比　李琳琳)

第四十一章　氨基苷类抗生素

学习目标

1. 掌握氨基苷类抗生素的共性；作用机制和临床应用。

2. 熟悉常用氨基苷类抗生素(链霉素、庆大霉素、卡那霉素)的抗菌谱、耐药性、不良反应和适应证。

3. 了解其他多肽类药物、阿米卡星、妥布霉素、小诺米星、西索米星等药物特点。

学习重点指导

一、分类

氨基糖苷类 (aminoglycosides) 抗生素是临床常用的广谱抗生素，可分为天然来源的和半合成两大类。

1. 天然来源的氨基糖苷类　主要由链霉菌和小单孢菌产生。

来自链霉菌的：
- 链霉素(streptomycin)
- 卡那霉素(kanamycin)
- 妥布霉素(tobramycin)
- 大观霉素(spectinomycin)
- 新霉素(neomycin)等

来自小单孢菌：
- 庆大霉素(gentamicin)
- 西索米星(sisomicin)
- 小诺米星(micromicin)
- 阿司米星(astromicin)

2. 半合成氨基糖苷类

主要品种有：
- 阿米卡星(amikacin)
- 奈替米星(netilmicin)
- 阿贝卡星 (arbekacin)
- 异帕米星(isepamicin)
- 卡那霉素 B(bekanamycin)

二、氨基苷类抗生素的共性

(一) 氨基糖苷类抗生素的共同特点

1. 抗菌谱较广，对金黄色葡萄球菌和需氧革兰阴性杆菌包括绿脓杆菌均有不同程度的抗菌作用，在碱性条件下抗菌作用均增强，对革兰阴性杆菌和阳性球菌均有明显的抗菌后效应(post antibiotic effect, PAE),与 β-内酰胺类抗生素配伍用可产生协同作用。

2. 抗菌作用机制均为抑制细菌蛋白质合成的多个重要环节,并能产生杀菌作用。

3. 胃肠道难吸收,注射途径给药后,血清蛋白结合率低,主要以原型经肾排泄,尿中药物浓度高。

4. 不良反应主要表现为耳毒性、肾毒性以及神经肌肉阻断作用。

(二) 抗菌作用及机制

1. 抗菌谱　对多数 G^- 杆菌有强大的抗菌作用;绿脓杆菌、耐青霉素金葡菌对其中某些品种亦敏感;对 G^- 球菌如淋球菌、脑膜炎球菌的作用较差。

2. 作用机制

(1) 阻碍细菌蛋白质的合成:包括:①抑制核蛋白体 70S 亚基始动复合物的形成;②选择性地与核蛋白体 30S 亚基上的靶蛋白结合,导致异常无功能的蛋白质合成;③阻止肽链释放因子进入 A 位,使已合成的肽链不能释放,最终使核蛋白体循环受阻,细菌蛋白质合成受抑制。

(2) 使胞膜缺损通透性增加。

3. 耐药性

(1) 细菌产生钝化酶。

(2) 细菌细胞壁通透性的改变和细菌细胞内转运功能的异常。

(3) 靶位的修饰。

4. 体内过程

(1) 本类药物脂溶性很小,口服不易吸收。

(2) 主要分布于细胞外液的 10~50 倍,可通过胎盘屏障,还可进入内耳外淋巴液。

(3) 90% 以原形从肾脏排泄,肾皮质内药物浓度可超过血药浓度 25~100 倍。

5. 不良反应

(1) 过敏反应:链霉素过敏性休克的发生率仅次于青霉素 G。

(2) 耳毒性:可引起前庭功能与耳蜗神经的损害,前者表现为眩晕、恶心、呕吐、眼球震颤和平衡障碍,后者表现为听力减退或耳聋,是由于药物损害了内耳柯蒂器毛细胞功能。为防止和减少耳毒性的发生,应避免与增加其耳毒性的万古霉素、镇吐药、呋塞米、依他尼酸及甘露醇等合用,也应避免与能掩盖其耳毒性的苯海拉明、美克洛嗪、布可立嗪等抗组胺药合用。

(3) 肾毒性:表现为尿浓缩困难、蛋白尿、管型尿,氮质血症及无尿等,年老、剂量过高以及合用两性霉素 B、杆菌肽、头孢噻吩、环丝氨酸、多黏菌素 B 或万古霉素可增加肾毒性的发生。

(4) 神经肌肉接头的阻滞:可引起神经肌肉麻痹,严重可致呼吸停止,是由于药物能与突触前膜钙结合部位结合,阻止钙离子参与乙酰胆碱的释放所致。可用新斯的明治疗。

三、各种氨基苷类抗生素的药理特点及应用

(一) 链霉素(streptomycin)

链霉素最严重的不良反应是耳毒性,甚至可致永久性耳聋。其肾毒性较其他氨基苷类

抗生素少见且轻。

目前临床用作：

1. 鼠疫与兔热病的首选药。

2. 与青霉素合用治疗草绿色链球菌、肠球菌引起的感染性心内膜炎；亦可与氨苄西林合用作为预防常发的细菌性心内膜炎及呼吸、胃肠及泌尿系统手术后感染。

3. 与其他抗结核药联合用于结核病的治疗。

4. 与四环素合用治疗布氏杆菌病。

（二）庆大霉素（gentamicin）

庆大霉素抗菌范围广，许多 G^+菌如金葡菌对它也很敏感，临床用于：

1. 严重的 G-杆菌感染，属首选。

2. 与羧苄西林合用治疗绿脓杆菌感染。

3. 与羧苄西林、头孢菌素联合用于未明原因的 G^-杆菌混合感染。

4. 口服作肠道术前准备与治疗肠道感染。

（三）卡那霉素（kanamycin）

其毒性在本类抗生素中仅次于新霉素且耐药性多见，已不作为细菌感染治疗的首选药，仅可口服作腹部术前的肠道消毒。

（四）阿米卡星（amikacin）

此药是氨基苷类抗生素中抗菌谱最广的，由于它对许多细菌产生的钝化酶稳定，故主要用于对其他氨基苷类抗生素耐药菌株所引起的感染。

（五）妥布霉素（tobramycin）

抗菌作用与庆大霉素相似，对绿脓杆菌的作用较庆大霉素强 2~4 倍，临床主要用于治疗绿脓杆菌感染，及其他严重的 G^-菌感染。

（六）大观霉素

大观霉素对淋球菌有高度的抗菌活性，临床唯一的适应证是无并发症的淋病，但限用于对青霉素、四环素等的耐药菌株引起的淋病或对青霉素过敏的淋病患者，不良反应极少。

强化训练与参考答案

一、英语单词

1. gentamicin
2. streptomycin
3. kanamycin
4. tobramycin
5. amikacin
6. neomycin
7. bacitracin
8. vancomycin
9. polymyxin B

二、名词解释

抗菌后效应（post-antibiotic effect） 当血药浓度已低于最小抑菌浓度或细菌停止接触抗生素后，对幸存细菌的恢复生长仍有抑制效应。

三、问答题

1. 试述氨基糖苷类抗生素的共同特点。

答:(1) 抗菌谱广,对金黄色葡萄球菌和需氧革兰阴性杆菌包括绿脓杆菌均有不同程度的抗菌作用,在碱性条件下抗菌作用均增强,对革兰阴性杆菌和阳性球菌均有明显的抗菌后效应,与β-内酰胺类抗生素伍用可产生协同作用。

(2) 抗菌作用机制均为抑制细菌蛋白质合成的多个重要环节,并能产生杀菌作用。

(3) 胃肠道难吸收,注射途径给药后,血清蛋白结合率低,主要以原型经肾排泄,尿中药物浓度高。

(4) 安全范围较窄,不良反应主要表现为耳毒性、肾毒性以及神经肌肉阻断作用。

2. 简述庆大霉素的抗菌谱和应用。

答:庆大霉素的抗菌谱对革兰阴性菌作用强,对某些革兰阳性菌有效,对绿脓杆菌有特效。

应用:

(1)对严重的革兰阴性菌感染首选。

(2) 与羟苄西林合用治疗绿脓杆菌感染,但不宜混合注射。

(3) 口服治疗肠菌感染。

3. 简述阿米卡星的抗菌特点及临床应用。

答:阿米卡星是氨基苷类抗生素中抗菌谱最广的,对许多肠道革兰阴性菌和绿脓杆菌产生的钝化酶稳定,故主要用于对其他氨基苷类抗生素耐药菌株所引起的感染。

4. 试述氨基苷类抗生素的耳毒性及其防治。

答:耳毒性由于药物在耳内蓄积,使内耳毛细胞功能损害,临床反应可分为两类:一为前庭功能损害,有眩晕、恶心、呕吐、眼球震颤、平衡失调,发生率依次为新霉素>卡那霉素>链霉素>西索米星>庆大霉素>妥布霉素>萘替米星;另一种为耳蜗神经损害,表现为耳鸣、听力减退或耳聋,发生率依次为,新霉素>卡那霉素>阿米卡星>西索米星>庆大霉素>妥布霉素>链霉素。

为防止耳毒性的发生,应注意观察耳鸣、眩晕等早期症状,并进行听力监测和根据肾功能情况调整剂量,避免与有耳毒性的万古霉素、高效利尿药等药物合用。

四、选择题

(一) A 型题

1. 下列哪种药物与速尿合用增强耳毒性(　　)

A. 头孢菌素　　B. 氨基糖苷类　　C. 四环素

D. 氯霉素　　E. 氨苄西林

2. 庆大霉素与羧苄西林混合注射(　　)

A. 协同抗绿脓杆菌作用　　B. 配伍禁忌　　C. 用于急性细菌性心内膜炎

D. 用于耐药金黄色葡萄球菌　　E. 以上都不是

3. 氨基糖苷类药物中,耳和肾毒性最小的是(　　)

A. 庆大霉素　　B. 卡那霉素　　C. 新霉素

D. 阿米卡星　　E. 链霉素

4. 指出下列应用错误的是(　　)
A. 鼠疫首选链霉素
B. 细菌性心内膜炎首选链霉素加青霉素合用
C. 结核病选用链霉素时应加用其他抗结核药
D. 伤寒杆菌感染首选卡那霉素
E. 绿脓杆菌感染常选庆大霉素与羧苄西林合用

5. 链霉素过敏性休克时,其抢救药为(　　)
A. 糖皮质激素　　B. 肾上腺素　　C. 葡萄糖酸钙
D. 纳洛酮　　E. 苯海拉明

6. 细菌对氨基糖苷类抗生素产生耐药性的主要原因是(　　)
A. 细菌产生水解酶　　B. 细菌膜通透性改变　　C. 细菌产生钝化酶
D. 细菌的代谢途径改变　　E. 细菌产生了大量的 PABA

7. 治疗鼠疫的首选药是(　　)
A. 林可霉素　　B. 红霉素　　C. 链霉素
D. 青霉素　　E. 四环素

8. 关于氨基苷类抗生素共性的论述,不正确的是(　　)
A. 化学性质均为碱性
B. 制剂常用其盐酸盐
C. 主要作用范围为革兰阴性菌
D. 作用原理为抑制细菌蛋白质的合成
E. 主要不良反应有耳毒性、肾损害等

9. 氨基苷类抑制蛋白质合成的环节是(　　)
A. 作用于肽链合成的始动和延伸阶段
B. 作用于肽链合成的始动和终止阶段
C. 作用于肽链合成的延伸和终止阶段
D. 对肽链合成的始动、延伸和终止三个阶段均有作用
E. 抑制氨基酰-tRNA 进入 A 位

10. 对氨基糖苷类不敏感的细菌是(　　)
A. 各种厌氧菌　　B. 肠杆菌　　C. G^-菌
D. 金黄色葡萄球菌　　E. 绿脓杆菌

11. 下列哪一个药物不属于氨基苷类抗生素(　　)
A. 林可霉素　　B. 链霉素　　C. 庆大霉素
D. 阿米卡星　　E. 妥布霉素

12. 肾功能不良的病人绿脓杆菌感染时可选用(　　)
A. 多黏菌素 E　　B. 头孢哌酮　　C. 氨苄西林
D. 庆大霉素　　E. 克林霉素

13. 下列哪项不是氨基苷类共同的特点(　　)
A. 有氨基糖分子和非糖部分的苷元结合而成
B. 水溶性好,性质稳定
C. 对革兰阳性菌有高度抗菌活性
D. 对革兰阴性需氧杆菌有高度抗菌活性
E. 具有抗菌后效应

14. 链霉素目前临床应用较少是由于(　　)
A. 口服不易吸收　B. 抗菌作用较弱　C. 对革兰阳性菌无效
D. 对肾毒性大　E. 耐药菌株较多毒性较大

15. 阿米卡星(丁胺卡那霉素)的作用特点是(　　)
A. 不易产生耐药性　B. 抗菌谱广　C. 对绿脓杆菌有效
D. A+B+C　E. B+C

16. 过敏性休克发生率最高的氨基苷类抗生素是(　　)
A. 庆大霉素　B. 妥布霉素　C. 链霉素
D. 卡那霉素　E. 阿米卡星

17. 首选链霉素的疾病是(　　)
A. 鼠疫与兔热病　B. 布氏杆菌病　C. 立克次体病
D. 草绿色链球菌性心内膜炎　E. 浸润型肺结核

18. 耳、肾毒性最大的氨基苷类抗生素是(　　)
A. 卡那霉素　B. 西索米星　C. 庆大霉素
D. 萘替米星　E. 新霉素

(二) B 型题

A. 增加肾毒性
B. 增加耳毒性
C. 增强抗菌作用,扩大抗菌谱
D. 增加神经肌肉阻断作用,可致呼吸抑制
E. 延缓耐药性发生

1. 氨基糖苷类抗生素+骨骼肌松弛剂(　　)
2. 庆大霉素+青霉素 G(　　)
3. 庆大霉素+多黏菌素(　　)
4. 链霉素+异烟肼(　　)

A. 妥布霉素　B. 庆大霉素　C. 大观霉素
D. 链霉素　E. 阿米卡星

5. 对绿脓杆菌作用较庆大霉素强 2~4 倍的药物是(　　)
6. 对淋球菌有高度抗菌活性的药物是(　　)
7. 对许多肠道革兰阴性菌所产生的钝化酶稳定的是(　　)

五、填空题

1. 氨基苷类的不良反应有________、________、________、________。
2. 链霉素发生过敏性休克可选用________或________药物进行抢救。
3. 细菌对氨基苷类产生耐药性的机制是由于细菌产生________酶，使药物________而失去抗菌作用。

六、判断题

1. 氨基苷类抗生素均为碱性化合物，口服难吸收，治疗全身感染时必须注射给药。(　　)
2. 庆大霉素与羟苄青霉素对绿脓杆菌有协同作用，可混合一起注射。(　　)
3. 卡那霉素对结核病和绿脓杆菌感染都有良好的疗效。(　　)

七、参考答案

A 型题

1. B　2. B　3. A　4. D　5. C　6. C　7. C　8. B　9. D　10. A
11. A　12. B　13. C　14. E　15. D　16. C　17. A　18. E

B 型题

1. D　2. C　3. A　4. E　5. A　6. C　7. E

填空题

1. 过敏反应　耳毒性　肾毒性　肌肉松弛
2. 肾上腺素　葡萄糖酸钙
3. 钝化　结构发生改变

判断题

1. √　2. ×　3. ×

（白　杰　李琳琳）

第四十二章　四环素类及氯霉素类抗生素

学 习 目 标

熟悉四环素类及氯霉素类抗生素的抗菌谱、作用机制、不良反应和临床应用。

学习重点指导

第一节　四　环　素

● **四环素**(tetracycline)

根据药物来源的不同,四环素类抗生素可分为天然及半合成两类。天然品有四环素、土霉素等;半合成品有多西环素、米诺环素等。

(一) 抗菌作用特点及机制

1. 抗菌作用特点　属快速抑菌剂,高浓度时也有杀菌作用。对革兰阳性菌的作用不如青霉素。对革兰阴性细菌的作用不如庆大霉素,对肺炎支原体、立克次体、螺旋体、放线菌也有抑制作用。对病毒与真菌无效。

2. 作用机制

(1) 其特异性地与核蛋白体30S亚单位的A位结合,阻止aa-tRNA在该处的联结,阻碍肽链延长和蛋白质合成。

(2) 尚可使细菌细胞膜通透性改变,胞内的核苷酸及其他重要物质外漏,从而抑制细菌DNA的复制。

(二) 临床应用

用于立克次体感染(斑疹伤寒,恙虫病)首选四环素;支原体感染(支原体肺炎,泌尿生殖系统感染),首选四环素或大环内酯类;衣原体感染(沙眼、性病性淋巴肉芽肿),首选四环素或青霉素类;某些螺旋体感染(回归热)首选四环素或青霉素类。

(三) 药物不良反应

1. 胃肠道反应　因口服后直接刺激胃肠神经而引起恶心、呕吐、腹胀、腹泻等,反应程度随剂量增大而加剧。

2. 二重感染　因四环素的抗菌谱广,长期大剂量应用(大于20天),尤其是老幼及体弱患者,可引起二重感染,发生率为2%~3%。此乃四环素抑制了正常寄生于口腔、鼻咽、肠道菌群中的某些敏感菌,打破了菌群间的平衡共生,使非敏感菌(或耐药菌)趁机得以生长繁殖,而造成二重感染。常见者有念珠菌性口腔炎、难辨梭状菌引起的假膜性肠炎、非敏感细菌性肺炎和尿道感染。

3. 对骨骼及牙生长的影响　四环素能与新形成的牙及骨组织中沉积钙结合,出现牙釉质发育不全,黄色沉积,引起畸形或生长抑制。

第二节　氯　霉　素

- **氯霉素**(chloramphenicol,chloromycetin)

(一) 抗菌作用及机制

氯霉素口服易吸收;分布广泛,易进入脑脊液、眼组织和发炎化脓组织。

抗菌谱广,对G^-菌作用强于G^+菌,对立克次体、螺旋体、衣原体、支原体也有效,尤其对G^-菌作用强,曾经广泛用于多种菌感染,但因其抑制骨髓造血而受到限制,可作为伤寒、副伤寒首选药物之一。

氯霉素与细菌核蛋白50S亚基结合,抑制肽酰基转移酶,阻止蛋白质合成而抗菌。细菌产生乙酰转移酶灭活氯霉素而产生耐药。

(二) 不良反应及注意事项

1. 抑制骨髓造血系统功能,分为两种情况:

(1) 可逆性地减少各类血细胞,首先出现粒细胞的降低,与剂量有关,停药后可恢复。

(2) 不可逆性地损害骨髓造血功能,引起再生障碍性贫血。虽发生率低,但死亡率却高,此与剂量无直接关系。预防方法:避免滥用,严格掌握用量及疗程,勤查血象。有药源性造血系统毒性既往史或家族史者,不宜使用。白细胞低于2.5×10^9时,应停止用药。

2. 灰婴综合征　新生儿及早产儿用药剂量过大时,常于用药后4天(2~9天)发生循环衰竭,患儿出现呕吐、呼吸急促、发绀、代谢性酸中毒等,称之为灰婴综合征。

强化训练与参考答案

一、英语单词

1. tetracycline
2. chloramphenicol, chloromycetin
3. grey baby syndrome
4. supcrinfection

二、名词解释

1. 二重感染(supcrinfection)　长期使用广谱抗生素,敏感细菌被抑制,不敏感细菌乘机大量繁殖,造成再次感染,又称菌群失调症。
2. 灰婴综合征(grey baby syndrome)　新生儿及早产儿用氯霉素药物剂量过大时,发生循环衰竭,患儿出现呕吐、呼吸急促、发绀、代谢性酸中毒等,称之为灰婴综合征。

三、问答题

1. 简述米诺环素的抗菌作用特点。

答:米诺环素是长效、高效的半合成四环素类抗生素,作用比其他四环素类强,且对耐四环素和耐青霉素类的金葡菌、化脓性链球菌和大肠杆菌也有作用。脂溶性高,口服吸收完全,不受牛奶、食物的影响。

2. 四环素的不良反应及其预防措施有哪些?

答:四环素的不良反应有:

(1) 胃肠道反应,如厌食、恶心、呕吐,宜饭后服药。

(2) 二重感染(菌群交替症)注意用药时间不宜过长。

(3) 对骨、牙生长的影响,故孕妇、乳母、7 岁以下儿童禁用。

(4) 长期大量应用会引起肝、肾损害,大多数发生于孕妇,故孕妇、肾功能不全者禁用。

(5) 可引起各种皮肤过敏反应,如皮疹、药热等。

3. 氯霉素对骨髓造血机能有何影响,其可能原因是什么? 如何防治?

答:氯霉素抑制骨髓造血功能,症状有二:一是可逆性血细胞减少,这与剂量和疗程有关,如发生,立即停药,可以恢复;另一是不可逆的再生障碍性贫血,这与剂量和疗程无关,可能与其抑制骨髓造血细胞内线粒体中 70S 核蛋白体有关,为防止此反应,应避免滥用并勤查血象。

4. 试述四环素的抗菌谱、抗菌机制及临床应用。

答:抗菌作用:抗菌谱广,除对其敏感的革兰阴性菌和阳性菌有抑菌作用外,对一些肺炎支原体、衣原体、立克次体、螺旋体、放线菌也有抑制作用。

机制:快速抑制细菌生长,高浓度也有杀菌作用,能与细菌核蛋白体 30S 亚基结合,阻止蛋白质合成初始复合物,并能抑制氨基酰-tRNA 进入 A 位,从而阻止肽链延伸和细菌蛋白质的合成。

应用:立克次体感染和斑疹伤寒、恙虫病、支原体肺炎、衣原体感染、性病性淋巴肉芽肿等疗效好,首选;革兰阴性菌如百日咳杆菌、布鲁杆菌、流感杆菌的感染也可用;对革兰阳性菌感染有效,但仅做次选。

四、选择题

A 型题

1. 仅限于外用的四环素类药物是(　　)

A. 氯霉素　　B. 金霉素　　C. 四环素
D. 多西环素　　E. 米诺环素

2. 斑疹伤寒首选(　　)

A. 链霉素　　B. 四环素　　C. 磺胺嘧啶
D. 多黏菌素　　E. 庆大霉素

3. 氯霉素的抗菌作用原理是(　　)

A. 阻止细菌细胞壁黏肽的合成
B. 改变细菌细胞膜通透性,使营养物外漏
C. 阻止氨基酰-tRNA 与细菌核糖体 30S 亚基结合,影响蛋白质的合成

D. 作用细菌核糖体 50S 亚基上的肽酰基转位酶，影响肽链延长，干扰蛋白质的合成
E. 抑制二氢叶酸合成酶，影响叶酸的合成

4. 多烯环素的特点是(　　)
A. 比四环素作用弱　B. 口服吸收不规则　C. 半衰期长，每日服 1~2 次即可
D. 半衰期短，每日服 4 次　E. 不良反应多

5. 氯霉素在临床应用受限的主要原因是(　　)
A. 抗菌活性弱　B. 血药浓度低　C. 细菌易耐药
D. 易致过敏反应　E. 严重损害造血系统

6. 治疗立克次体感染的首选药物是(　　)
A. 磺胺嘧啶　B. 四环素　C. 庆大霉素
D. 链霉素　E. 多黏菌素

7. 不属于四环素类的药物是(　　)
A. 红霉素　B. 四环素　C. 土霉素
D. 金霉素　E. 多西环素

8. 氯霉素的最严重不良反应是(　　)
A. 消化道反应　B. 二重感染　C. 骨髓抑制
D. 过敏反应　E. 以上都不是

9. 四环素类和氯霉素均会产生的不良反应为(　　)
A. 肝损伤　B. 影响牙骨生长　C. 抑制骨髓造血机能
D. 灰婴综合征　E. 二重感染

五、填空题

1. 伤寒病首选药为________，斑疹伤寒首选药________。
2. 四环素类为广谱抗生素，但对________、________和________等菌无作用。

六、判断题

1. 氯霉素引起的灰婴综合征是因为婴儿神经系统不健全和骨髓受抑制所致。(　　)
2. 长期使用四环素类的抗生素易引起二重感染，这是因为对四环素敏感的细菌对药物产生了耐药性。(　　)

七、参考答案

A 型题

1. B　2. B　3. D　4. C　5. E　6. B　7. A　8. C　9. E

填空题

1. 氯霉素　四环素
2. 病毒　真菌　绿脓杆菌

判断题

1. ×　2. √

（骆　新　新华·那比）

第四十三章　人工合成的抗菌药

学习目标

1. 掌握氟喹诺酮类药物的共同药理学特性、作用机制、不良反应和临床应用；磺胺类药的作用机制。

2. 掌握甲硝唑的临床应用。

3. 熟悉磺胺类药和甲氧苄啶的作用、不良反应和临床应用。

4. 了解氟喹诺酮类药物的耐药性产生机制、硝基呋喃类的作用和应用。

学习重点指导

第一节　喹诺酮类抗菌药

一、各代喹诺酮类的抗菌特点

第一代：萘啶酸，抗菌谱窄，口服吸收差，不良反应多，已经淘汰。

第二代：吡哌酸，对革兰阴性杆菌作用强，对革兰阳性菌有一定的作用，口服后尿中浓度高，主要用于尿路感染、肠道感染，不良反应较萘啶酸少。

第三代：氟喹诺酮类（fluoroquinolones），抗菌谱广而强，对革兰阴性菌、革兰阳性菌有效。

二、共同药理学特性

1. 抗菌谱广，抗菌活性强　对需氧及厌氧菌均有杀菌作用，对革兰阴性菌、革兰阳性、结核杆菌、支原体衣原体有效。

2. 抗菌作用机制

（1）抑制DNA螺旋酶：喹诺酮类药物通过抑制革兰阴性菌DNA回旋酶，阻碍DNA的合成而导致细菌死亡；抑制革兰阳性菌拓扑异构酶Ⅳ，干扰细菌DNA复制。

（2）抑制细菌RNA及蛋白质合成，诱导菌体DNA，错误复制，从而造成基因突变或细菌死亡等。

3. 细菌耐药性的产生机制

（1）由于gyrA基因突变导致A亚基与药物的亲和力下降。

(2) 细菌细胞膜孔蛋白通道的改变或缺失,膜通透性降低,药物进入细菌体内的量减少。

(3) 细菌体内的药物泵出作用被激活。

4. 药代动力学特性好　氟喹诺酮类口服吸收良好,血浆蛋白结合率低,分布广泛,组织中药物浓度高,肺、肾、肝、前列腺、卵巢等组织的药物浓度高于血浆药物浓度或达到有效药物浓度,培氟沙星、氧氟沙星等可通过血脑屏障并达到有效血药浓度,大多数以原形从肾脏排泄。

5. 临床应用广泛　适用于治疗泌尿道、胃肠道、呼吸道、前列腺、皮肤及软组织、骨、关节感染。

6. 不良反应少　较常见胃肠道反应如恶心、呕吐、腹痛、腹泻及便秘等;可见皮疹、血管神经性水肿,甚至过敏性休克等。可透过血-脑脊液屏障进入中枢,可见头痛、头晕、眩晕等,少数出现中枢神经症状,如失眠、幻觉、复视、甚至中枢性抽搐等;皮肤反应及光敏反应;软骨损害。

三、禁忌证及药物相互作用

1. 氟喹诺酮类影响骨骼发育,孕妇及婴幼儿慎用。

2. 因其引起中枢神经系统不良反应,故有神经系统病史者慎用,维生素 B_1 及 B_{12} 可部分对抗其中枢神经系统症状。有癫痫病史患者不宜用。

3. 可引起变态反应,有过敏史者禁用或慎用。

4. 其抑制茶碱、咖啡、口服抗凝药的肝中代谢,应避免与之合用。与制酸药合用,可减少其吸收。

5. 应在避免日照条件下保存和应用环丙沙星等,患者用上述药期间应避免日照。

四、常用药物主要特点

- **诺氟沙星:** 口服吸收易受食物影响,对革兰阳性、革兰阴性菌抗菌活性明显优于吡哌酸,在粪便、肾、前列腺中浓度高,用于尿路和肠道感染,也用于呼吸道感染。

- **环丙沙星:** 体外抗菌活性是目前临床应用的氟喹诺酮类中最强者,对耐氨基糖苷和第三代头孢菌素耐药的革兰阴性杆菌所致的呼吸道、泌尿生殖道、肠道、骨与关节和皮肤软组织感染仍有效。

- **氧氟沙星:** 除保留了环丙沙星的抗菌作用特点和抗耐药菌特性外,尚对结核杆菌、沙眼衣原体和部分厌氧菌有效。

- **洛美沙星:** 生物利用度高达 90% 以上,肠杆菌属、奈瑟球菌属和军团菌高度敏感,假单胞菌属、葡萄球菌属中等敏感,衣原体、结核杆菌、支原体也敏感。用于上述病原体感染。体内抗菌活性较氧氟沙星、左氧氟沙星高,能迅速杀灭繁殖期和蛋白合成抑制期的细菌并有明显的 PAE。易发生光敏反应。

- **氟罗沙星:** 生物利用度高达 100%,体内抗菌活性远远超过氧氟沙星、左氧氟沙星、环丙沙星。对革兰阳性菌、革兰阴性菌、厌氧菌、支原体、衣原体和分支杆菌都有强大的抗菌活性,用于敏感菌引起的感染。易引起肠道反应、神经系统反应和光敏反应。

• **司帕沙星**(sparfloxacin):抗菌谱广,对革兰阳性及阴性菌厌氧菌均有抗菌活性,特别是对耐青霉素及头孢菌素的肺炎链球菌仍然有效,对耐异烟肼、利福平的结核杆菌也有效。为长效品种,$t_{1/2}$为17.6小时,组织穿透力强大,可迅速进入多种组织和脑脊液中,以原形经胆汁排泄。

第二节　磺胺类抗菌药

一、磺胺类药物的化学结构与分类

1. 基本化学结构及构效关系　磺胺类药物的基本化学结构为对氨基苯磺酰胺

2. 分类　磺胺药分为三类:

(1) 外用磺胺药:磺胺米隆(mafenide,sulfamylon,SML)、磺胺嘧啶银(sulfadiazine silver,SD-Ag)、磺胺醋酰钠(sulfacetamide sodium,SA-Na),分别用于皮肤黏膜绿脓杆菌、大肠杆菌感染,烧伤感染、眼部感染。

(2) 用于全身性感染的肠道易吸收类:分为短效、中效、长效。

短效:磺胺异恶唑(sulfafurazole,SIZ)

中效:磺胺嘧啶(sulfadiazine,SD)、磺胺甲恶唑(sulfamethoxazole,SMZ)长效:磺胺多辛(sulfadoxine,SDM)

(3) 用于肠道感染的肠道难吸收类:柳氮磺吡啶(sulfasalazine,SASP)有抗炎、抗菌作用,适于治疗溃疡性结肠炎。

二、抗菌谱

磺胺类药物为抑菌药,抗菌谱广:溶血性链球菌、肺炎链球菌、脑膜炎球菌、淋病奈瑟菌、鼠疫杆菌等有良好效果。对大肠杆菌、变形杆菌、破伤风杆菌有效。对砂眼衣原体、支原体、原虫也有效,磺胺米隆、磺胺嘧啶银对铜绿假单胞菌有效。

三、抗菌作用机制(图43-1)

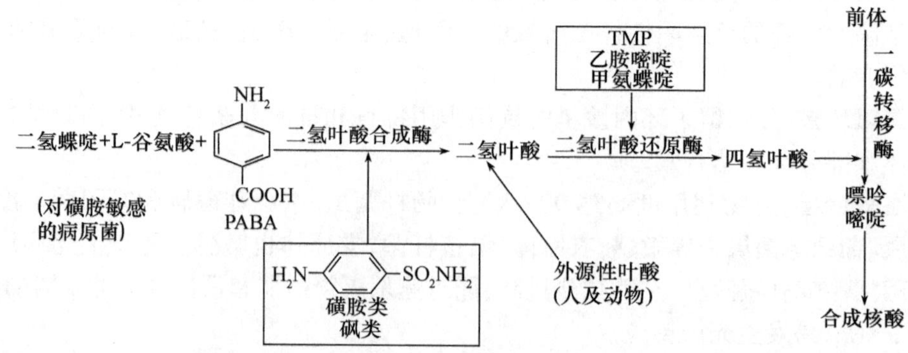

图43-1　磺胺类药物及甲氧苄氨嘧啶的抗菌作用机制示意图

四、临床应用

1. 全身感染　磺胺嘧啶曾作为治疗流行性脑膜炎的首选治疗药，首次用药剂量应加倍。也用于治疗奴卡菌病，或与乙胺嘧啶合用于弓形虫病(taxoplasmosis)的治疗。磺胺异恶唑适于治疗尿路感染。

2. 肠道感染　肠道感染如细菌性痢疾、肠炎及肠道手术前灭菌。柳氮磺胺吡啶在肠道分解出磺胺吡啶和5-氨基水杨酸，抗菌、抗炎、抗免疫，治疗溃疡性结肠炎等。

3. 局部感染　磺胺醋酰穿透力强，适于治疗沙眼和眼部感染。磺胺嘧啶银抗菌谱广，对绿脓杆菌作用强并有收敛作用，促进创面愈合，用于烧伤创面感染。磺胺米隆抗绿脓杆菌、金黄色葡萄球菌和破坏伤风杆菌，不受脓液和坏死组织液的影响并能渗入创面，用于烧伤、创面大面积感染。

五、不良反应

1. 泌尿系统损伤　某些磺胺及其乙酰化物在尿中浓度较高，溶解度低，故析出结晶，引起血尿、疼痛、尿闭。其中磺胺嘧啶在尿中易形成结晶。适当增加饮水及碱化尿液可防治之。

2. 过敏反应　出现皮疹、药热、血管神经性水肿等。

3. 造血系统　可出现粒细胞减少、血小板减少，甚至出现溶血性贫血，尤其易发生于6-磷酸葡萄糖脱氢酶缺乏者。

4. 其他反应　核黄疸，它可置换出与血浆蛋白结合的胆红素，促使血浆中游离胆红素进入中枢神经而导致核黄疸，不宜用于新生儿、婴幼儿及临产期妇女。

第三节　其他抗菌药

一、甲氧苄胺嘧啶

甲氧苄胺嘧啶(trimethoprim, TMP，甲氧苄啶)抑制二氢叶酸还原酶，使四氢叶酸不能生成而阻止核酸合成。TMP本身有较强的抗菌作用，抗菌谱与磺胺药相似，但单用细菌易耐药，与磺胺药合用双重阻断叶酸代谢，抗菌作用增强几倍至数十倍，甚至可杀菌并减少耐药菌株的发生。也可和其他抗菌药合用。TMP毒性低，但长期用可致四氢叶酸缺乏，需注意补充。

二、硝基呋喃类

硝基呋喃类抗菌谱广，抗菌作用强，细菌不易耐药，但毒性大，可致周围神经炎。呋喃妥因(nitrofurantoin)口服吸收快而完全，在体内半数被破坏，半数由肾排泄，血药浓度低，主要用于敏感菌引起的尿路感染。酸化尿液可增强其抗菌作用。呋喃唑酮(furazolidone)口服吸收少，主治肠炎、菌痢，也用于弯曲杆菌引起的溃疡病。

三、硝基咪唑类

包括甲硝唑、替硝唑及奥硝唑。

- **甲硝唑**(metronidazole)

又称为灭滴灵(flagyl)。

1. 药理作用

(1) 抗阿米巴作用:甲硝唑可直接杀死阿米巴滋养体,对包囊无效。

(2) 抗滴虫作用:对阴道滴虫有强的杀灭作用,是一种安全有效的抗滴虫药物。

(3) 抗贾第鞭毛虫作用:是目前最有效的抗贾第鞭毛虫药

(4) 抗厌氧菌作用:对革兰阳性或 G^- 厌氧球菌和杆菌均有强大的抗菌作用。

2. 不良反应　常见有恶心、厌食、腹泻、腹痛、舌炎、肾炎、口腔金属味等。本药可抑制乙醇代谢,服药期间饮酒可致乙醛中毒。

大量长期服药可使动物致畸,致癌,孕妇、哺乳期妇女禁用。

3. 临床应用　对体内外革兰阳性、革兰阴性厌氧菌,肠内外阿米巴、阴道滴虫都有效。广泛用于敏感厌氧菌引起的各种感染,尚可用于治疗肠内、外阿米巴病和滴虫病。

强化训练与参考答案

一、英语单词

1. norfloxacin
2. enoxacin
3. pefloxacin
4. ciprofloxacin
5. ofloxacin
6. levofloxacin
7. lomefloxacin
8. mafenide, sulfamylon, SML
9. sulfadiazine silver, SD-Ag
10. sulfadiazine
11. sulfacetamide sodium, SA-Na
12. sulfafurazole, SIZ
13. sulfamethoxazole, SMZ
14. sulfasalazine, SASP
15. trimethoprim, TMP
16. metronidazole

二、问答题

1. 磺胺类药物的主要不良反应是什么?

答:不良反应包括:因形成结晶而造成的肾功能损害和血尿;消化道反应;造血系统反应如溶血性贫血、粒细胞减少等;过敏反应。

2. 试述磺胺类药物的基本结构和抗菌作用机制。

答:磺胺类的基本化学结构是对氨苯磺酰胺,此结构与对氨基苯甲酸相似,而后者是细菌合成二氢叶酸的重要底物,故磺胺类药物能与对氨基苯甲酸竞争细菌二氢叶酸合成酶,阻碍二氢叶酸合成,继而使核酸生成障碍,抑制敏感细菌的生长繁殖。

3. 简述喹诺酮类抗菌药作用机制及主要临床应用。

答:喹诺酮类通过抑制细菌 DNA 回旋酶,阻碍 DNA 合成而导致细菌死亡。喹诺酮类药物是与 DNA 双链中非配对碱基结合,抑制 DNA 回旋酶的 A 亚单位,使 DNA 超螺旋结构不能封口,这样 DNA 单链暴露,致使 RNA 与蛋白合成失控,最后细菌死亡,临床主要用于呼吸道感染、消化道感染、尿路感染、前列腺炎、淋病及革兰阴性杆菌所致的各种感染,以及骨、关节和皮肤软组织感染。

4. 喹诺酮类有哪些药理学共同特点？

答：(1)抗菌谱广，抗菌活性强对需氧及厌氧菌均有杀菌作用，对革兰阴性菌、革兰阳性、结核杆菌、支原体衣原体有效。

(2) 药代动力学特性好，吸收迅速而完全，血浆蛋白结合率低，分布广泛，组织中药物浓度高，肺、肾、肝、前列腺、卵巢等组织的药物浓度高于血浆药物浓度或达到有效药物浓度。

(3) 临床应用广泛，适用于治疗泌尿道、胃肠道、呼吸道、前列腺、皮肤及软组织、骨、关节感染。

(4) 不良反应少，较常见胃肠道反应如恶心、呕吐、腹痛、腹泻及便秘等，可见皮疹、血管神经性水肿，甚至过敏性休克等。可见头痛、头晕、眩晕等。

(5) 与其他抗菌药间无交叉耐药性，可用于治疗耐青霉素、头孢菌素及四环素的细菌感染。

5. 试述磺胺类药物与甲氧苄啶合用的意义及机制，为什么通常是磺胺甲噁唑与后者合用？

答：磺胺类药物抑制二氢叶酸合成酶，甲氧苄胺嘧啶抑制二氢叶酸还原酶，二者合用从两个环节同时抑制细菌二氢叶酸的合成，产生协同作用。磺胺甲噁唑与甲氧苄胺嘧啶两者药代动力学特点相似(或半衰期)，便于保持血浓度高峰一致，发挥协同抗菌作用，故常两者合用。

三、选择题

(一) A 型题

1. 下列药物中对抗菌后效应的正确定义是(　　)
   A. 当血药浓度已低于最小抑菌浓度或细菌停止接触抗生素后，对幸存细菌的恢复生长仍有抑制效应
   B. 当血药浓度已低于最小杀菌浓度后，对幸存细菌的恢复生长仍有抑制效应
   C. 当细菌停止接触抗生素后，对幸存细菌的恢复生长没有抑制效应
   D. 当血药浓度已低于最小抑菌浓度后，对幸存细菌的恢复生长无抑制效应
   E. 当血药浓度低于最小抑菌浓度或细菌停止接触抗生素后，对幸存细菌产生耐药性

2. 下列哪药作用与叶酸合成无关(　　)
   A. 甲氨蝶呤　B. 氧氟沙星　C. 甲氧苄啶
   D. 磺胺嘧啶　E. 酞磺噻唑

3. 体外抗菌活性最强的喹诺酮类药物(　　)
   A. 依诺沙星　B. 氧氟沙星　C. 环丙沙星
   D. 吡哌酸　E. 洛美沙星

4. 下列哪一种喹诺酮类药物比较适用于联合用药抗结核(　　)
   A. 诺氟沙星　B. 氧氟沙星　C. 依诺沙星
   D. 培氟沙星　E. 吡哌酸

5. 磺胺类药物的抗菌机制是(　　)
   A. 抑制敏感菌二氢叶酸合成酶
   B. 抑制敏感菌二氢叶酸还原酶

C. 破坏细菌细胞壁
D. 增强机体免疫机能
E. 改变细菌细胞膜通透性
6. 服用磺胺类药物时,口服小苏打的目的是(　　)
A. 增强抗菌疗效
B. 加快药物吸收速度
C. 防止过敏反应
D. 防止药物排泄过快而影响疗效
E. 使尿偏碱性,增加某些磺胺类药物的溶解度
7. 治疗和预防流行性脑脊髓膜炎的首选药是(　　)
A. 磺胺嘧啶银盐　B. 磺胺嘧啶　C. 四环素
D. 链霉素　E. 磺胺二甲基嘧啶
8. 喹诺酮类抗菌作用机制是(　　)
A. 抑制敏感菌二氢叶酸还原酶
B. 抑制敏感菌二氢叶酸合成酶
C. 改变细菌细胞膜通透性
D. 抑制细菌 DNA 回旋酶
E. 抑制 β-内酰胺酶
9. 治疗烧伤绿脓杆菌感染首选药物是(　　)
A. 青霉素　B. 磺胺嘧啶　C. 四环素
D. 磺胺嘧啶银盐　E. 磺胺二甲基嘧啶
10. 有关环丙沙星,下列叙述不正确的是(　　)
A. 抗菌谱广
B. 体外抗菌活性为常用喹诺酮类中最强的
C. 对厌氧菌多数敏感
D. 对耐药绿脓杆菌,产青霉素酶淋球菌有良效
E. 一些对氨基苷类、第三代头孢菌素等耐药的菌株对本品仍然敏感
11. 磺胺类药物具有以下优点,除了(　　)
A. 可供口服　B. 性质稳定
C. 价格低廉　D. 对某些感染性疾病(如流脑等)有特效
E. 过敏反应少
12. 不宜与抗酸药合用的药物是(　　)
A. 磺胺甲基异噁唑　B. 氧氟沙星　C. 呋喃唑酮
D. 甲氧苄氨嘧啶　E. 呋喃妥因
13. 甲硝唑临床应用不包括(　　)
A. 阿米巴痢疾　B. 阴道滴虫病　C. 厌氧菌感染性疾病
D. 包虫病　E. 贾第鞭毛虫感染
14. 细菌对磺胺药产生耐药性的主要原因是(　　)

A. 产生水解酶　　B. 产生钝化酶　　C. 改变代谢途径
D. 改变细胞膜通透性　　E. 改变核糖体结构

15. 阴道滴虫病的首选药是(　　)
A. 吡喹酮　　B. 氯喹　　C. 酒石酸锑钾
D. 乙胺嗪　　E. 甲硝唑

16. 通过影响叶酸代谢,从而抑制细菌核酸合成的抗菌药是(　　)
A. 甲氧苄啶　　B. 喹诺酮类　　C. 利福霉素
D. 大环内酯类　　E. 林可霉素类

(二) B 型题

A. 柳氮磺胺吡啶　　B. 磺胺米隆　　C. 磺胺醋酰钠
D. 氧氟沙星　　E. 环丙沙星

1. 用于沙眼(　　)
2. 用于溃疡性结肠炎(　　)
3. 对耐药绿脓杆菌有效(　　)

五、填空题

具有抗菌后效应的抗生素有________、________和________。

六、判断题

1. 磺胺类药物及其乙酰化合物在酸性尿中溶解度低,因而易在肾小管、肾盂、输尿管中析出结晶,出现血尿、肾绞痛、尿少、尿闭等症状。(　　)
2. 呋喃坦啶和痢特灵(呋喃唑酮)口服都易吸收,常用于尿路感染和肠道感染。(　　)
3. 喹诺酮类药物只抑制细菌 DNA 合成,而对人体细胞 DNA 影响较小,从而阻碍细菌 DNA 合成而致细菌死亡。(　　)

七、参考答案

A 型题

1. A　2. B　3. C　4. B　5. A　6. E　7. B　8. D　9. D　10. C
11. E　12. B　13. D　14. C　15. E　16. A

B 型题

1. C　2. A　3. E

填空题

喹诺酮类　氨基苷类　大环内酯类

判断题

1. √　2. ×　3. √

(骆　新　新华·那比)

第四十四章　抗真菌药及抗病毒药

学 习 目 标

1. 掌握灰黄霉素、制霉菌素、两性霉素 B、唑类药物的抗真菌作用和临床应用。
2. 熟悉抗病毒药的作用和应用。
3. 熟悉灰黄霉素、制霉菌素、两性霉素 B、唑类药物的体内过程和不良反应。
4. 了解内容：抗艾滋病药的作用。

学习重点指导

抗 病 毒 药

一、概述

多数流行性传染病由病毒感染所引起，它严重危害人类的健康和生命。20 世纪 80 年代初发现的人免疫缺陷病毒（human immunodeficiency virus，HIV）所致的艾滋病（获得性免疫缺陷综合征，acquired immunodeficiency syndrome，AIDS），是危害性最大、死亡率极高的传染病。

理想的抗病毒药应对病毒有选择性杀伤作用而对机体无害，迄今在临床上确保安全有效的抗病毒药为数极少，远不能满足临床的需要。

目前对病毒感染的治疗包括：

- 化学治疗（抑制病毒复制的抗病毒药）
- 生物治疗（干扰素的应用）
- 免疫治疗（增强机体免疫功能、或免疫调节药）

三种疗法的联合应用，能使药物作用于病毒复制的不同部位，有望在抗病毒效应上产生协同作用，延缓或避免耐药性的产生，使疗效得到提高。

二、病毒的繁殖过程及抗病毒药的作用机制

病毒只含一种核酸，即 DNA 或 RNA。须依赖于宿主细胞的代谢系统复制自身的核酸和蛋白质并装配成完整的病毒颗粒。其过程包括病毒吸附于宿主细胞膜，继之穿入细胞，在

胞内脱去蛋白质外壳，释放出感染性核酸，并进行生物合成（包括核酸的复制、转录与蛋白质合成），最后合成的核酸与蛋白质装配成子代病毒颗粒，释放后再感染新的细胞复制、转录与蛋白质合成。

三、常用抗病毒药

1. 阿昔洛韦（aciclovir，无环鸟苷）　抑制 DNA 多聚酶，阻止 DNA 合成，适用于单纯疱疹病毒、带状疱疹病毒感染和乙肝。口服难吸收，需静脉点滴，不良反应少。

2. 碘苷（idoxuridine）　抑制 DNA 复制而抗 DNA 病毒，毒性大，仅局部用于单纯疱疹病毒感染。

3. 利巴韦林（ribavirin，三氮唑核苷，病毒唑）　为广谱抗病毒药，防止甲、乙型流感，腺病毒肺炎，麻疹，甲型肝炎等。

4. 阿糖腺苷（vidarabine）　在体内转变为三磷酸化物，抑制 DNA 合成。静脉点滴治疗单纯疱疹病毒性脑炎，外用治疗角膜炎，不良反应轻微但有致畸作用。

5. 齐多夫定（zidovudine，ZDV）　为治疗艾滋病的第一个药物，抑制 HIV 逆转录过程阻止其复制，减轻艾滋病症状，但可抑制骨髓。

6. 金刚烷胺（amantadine）　干扰 RNA 病毒穿入宿主细胞病抑制其复制，用于防治亚洲甲型流感，也用于治疗震颤麻痹。

第二节　抗真菌药

一、概述

（一）真菌感染的分类

1. 浅部真菌感染　浅部真菌病常由各种癣菌引起主要侵犯皮肤、毛发、指（趾）甲等，发病率高，治疗药物多、疗效较好。

2. 深部真菌感染　深部真菌感染常由念珠菌、隐球菌等引起，主要侵犯内脏器官和深部组织，其诊断较难，发病率虽低，但危险性大，常可危及生命。如长期使用广谱抗生素、皮质激素、免疫抑制药、抗肿瘤药，特别是 HIV 感染者，机体免疫功能低下者易致深部真菌感染，其死亡率高。

因此，抗真菌药可分为抗浅表真菌药、抗深部真菌药和广谱抗真菌药。

（二）抗真菌药的分类

根据药物化学结构的不同，可将常用抗真菌药分为以下几类：

1. 抗生素类　灰黄霉素、两性霉素 B、制霉菌素等。

2. 唑类（azoles）

（1）咪唑类（imidazoles）：克霉唑、咪康唑、酮康唑等。

（2）三唑类（triazoles）：氟康唑、伊曲康唑等。

3. 烯丙胺类（allylamines）　特比萘芬。

4. 其他类（pyrimidine）　氟胞嘧啶。

二、常用抗真菌药

(一) 抗生素类

● **灰黄霉素**(griseofulvin):为抗浅表真菌抗生素。

1. 抗真菌谱较窄,对各种皮肤癣菌(表皮癣菌属、小孢子菌属和毛癣菌属)有较强的抑制作用,但对深部真菌无效。

2. 主要用于治疗敏感真菌所致的头癣、体癣、股癣、甲癣等。其中对头癣的疗效最佳,治愈率可达90%以上。

3. 口服易吸收,吸收后,分布全身,以脂肪、皮肤、毛发等组织含量较高,能渗入并储存在皮肤角质层和新生的毛发、指(趾)甲角质部分,能与微管蛋白结合,阻止癣菌继续深入。不能杀菌,不能控制已感染的病灶,必须长期用药直至被感染的毛发、指(趾)甲自然脱落。

4. 外用无效。

● **两性霉素 B**(amphotericin B)**和制霉菌素**(nystatin)

两性霉素 B 和制霉菌素为多烯类抗深部真菌药。

1. 可选择性与真菌细胞膜的角固醇结合,破坏膜通透性而杀菌,对细菌和浅表真菌无效。

2. 治疗深部真菌感染的首选药。

3. 口服、肌内注射难吸收,需静脉滴注,真菌性脑膜炎需鞘内注射。口服治疗消化道真菌感染,局部用于口腔、皮肤、阴道念珠菌感染。

4. 不良反应多,滴注时可致寒战、高热、恶心呕吐,有明显的心肝肾毒性。制霉菌素毒性更大。

(二) 唑类(azole)

唑类抗真菌药抑制真菌细胞色素 P450 依赖酶,减少细胞膜麦角固醇合成,改变膜通透性使真菌死亡。

(1) 克霉唑(clotrimazole):口服吸收差,不良反应多,仅用于局部浅表真菌病或皮肤黏膜的念珠菌病。

(2) 咪康唑(miconazole):口服难吸收,不易透过血脑屏障,静脉滴注治疗多种深部真菌病,局部用于皮肤黏膜真菌感染。可致静脉炎、恶心呕吐、发热、心律失常等。

(3) 酮康唑(ketoconazole):口服易吸收,但抗酸药、M 受体阻断药、H_2受体阻断药影响其吸收。分布广,不易透过血脑屏障。抗菌谱广,口服用于浅表真菌感染和念珠菌病。有肝毒性、过敏反应、性激素紊乱。

(4) 氟康唑(fluconazole):为三唑类,广谱高效,生物利用度高,可进入脑脊液,主要用于念珠菌病、隐球菌病,不良反应少。

(5) 伊曲康唑(itraconazole):食物促进其吸收,亲脂性高,治疗浅表性真菌病和深部真菌病,不良反应少。

(三) 特比萘芬(terbinafine)

选择性抑制不依赖色素 P450 的角鲨烯环化酶,影响麦角固醇合成。属丙烯胺类抗真菌药,广谱,对皮肤真菌有杀灭作用,对念珠菌有抑菌作用,不良反应轻。

(四) 氟胞嘧啶(flucytosine)

在真菌细胞内转变为氟尿嘧啶抑制胸苷酸合成酶干扰 DNA 合成。口服吸收好,可进入脑脊液,治疗念珠菌病、隐球菌病。单用易耐药,与两性霉素 B 有协同作用。

强化训练与参考答案

一、英语单词

1. griseofulvin
2. amphotericin B
3. nystatin
4. terbinafine
5. miconazole
6. ketoconazole
7. fluconazole
8. itraconazole
9. aciclovir
10 amantadine
11. ribavirin
12 idoxuridine

二、问答题

1. 试述灰黄霉素、两性霉素 B 的抗真菌作用机制。

答:灰黄霉素:渗入皮肤角质层并与角蛋白结合,组织癣菌继续深入。

两性霉素 B:与真菌细胞膜中具有类固醇结合而影响其通透性,导致重要物质外漏。

2. 简述常用抗病毒药的主要临床应用。

答:阿昔洛韦:防治单纯疱疹病毒的皮肤或黏膜感染和带状胞疹病毒感染,也用于乙肝。

三氮唑核苷:对流感、腺病毒肺炎、疱疹、麻疹、流行性出血热及甲型肺炎皆有一定的防治作用。

金刚烷胺:主要用于亚洲甲型流感病毒感染。

碘苷:主要用于单纯疱疹病毒引起的急性疱疹性角膜炎及其他疱疹性眼病。

3. 试述抗真菌药主要有几类。

答:抗真菌药主要有四大类:

(1) 灰黄霉素:为抗浅表真菌抗生素,但对深部真菌无效。主要用于治疗敏感真菌所致的头癣、体癣、股癣、甲癣等。外用无效。

(2) 两性霉素 B:为抗深部真菌药,可选择性与真菌细胞膜的角固醇结合,破坏膜通透性而杀菌,对细菌和浅表真菌无效。是治疗深部真菌感染的首选药。

(3) 唑类抗真菌药(克霉唑、咪康唑、酮康唑):抑制真菌细胞色素 P450 依赖酶,减少细胞膜麦角固醇合成,改变膜通透性使真菌死亡。克霉唑仅用于局部浅表真菌病或皮肤黏膜的念珠菌病。咪康唑静脉滴注治疗多种深部真菌病,局部用于皮肤黏膜真菌感染。酮康唑主要用于念珠菌病、隐球菌病。

(4) 特比萘芬:影响麦角固醇合成,广谱,对皮肤真菌有杀灭作用,对念珠菌有抑菌作用,不良反应轻。

(5) 氟胞嘧啶:在真菌细胞内转变为氟尿嘧啶抑制胸苷酸合成酶干扰 DNA 合成。治疗念珠菌病、隐球菌病。

三、选择题

(一) A 型题

1. 对深部真菌感染有较好疗效的药物是(　　)
   A. 酮康唑　B. 灰黄霉素　C. 两性霉素 B
   D. 制霉菌素　E. 克霉唑
2. 不良反应最小的咪唑类抗真菌药是(　　)
   A. 克霉唑　B. 咪康唑　C. 酮康唑
   D. 氟康唑　E. 以上都不是
3. 兼有抗震颤麻痹作用的抗病毒药物是(　　)
   A. 碘苷　B. 阿昔洛韦　C. 阿糖腺苷
   D. 三氮唑核苷　E. 金刚烷胺
4. 对病毒 DNA 聚合酶的选择性抑制较好,对Ⅰ型和Ⅱ型疱疹病毒作用最强的是(　　)
   A. 阿昔洛韦　B. 碘苷　C. 阿糖腺苷
   D. 三氮唑核苷　E. 金刚烷胺
5. 下列哪种药物与两性霉素 B 合用可减少复发率(　　)
   A. 酮康唑　B. 灰黄霉素　C. 阿昔洛韦
   D. 制霉菌素　E. 氟胞嘧啶
6. 仅对浅表真菌感染有效,对深部真菌感染无效的药是(　　)
   A. 制霉菌素　B. 灰黄霉素　C. 两性霉素 B
   D. 克霉唑　E. 酮康唑
7. 碘苷主要用于(　　)
   A. 结核病　B. 抗疟疾　C. DNA 病毒感染
   D. 白色念珠菌感染　E. 革兰阳性菌感染
8. 对浅表和深部真菌感染都有较好疗效的药物是(　　)
   A. 酮康唑　B. 灰黄霉素　C. 两性霉素 B
   D. 制霉菌素　E. 氟胞嘧啶
9. 对深部真菌感染有较好疗效的药物是(　　)
   A. 酮康唑　B. 灰黄霉素　C. 两性霉素 B
   D. 制霉菌素　E. 克霉唑
10. 两性霉素 B 的应用注意点不包括(　　)
    A. 静脉滴注液应新鲜配制
    B. 静滴前常服解热镇痛药和抗组胺药
    C. 静滴液应稀释
    D. 避光静注
    E. 定期检查血钾,血尿常规和肝肾功能
11. 对甲癣必须口服才有效的药是(　　)
    A. 酮康唑　B. 两性霉素 B　C. 克霉唑

D. 灰黄霉素　　E. 以上都不是

(二) B 型题

A. 灰黄霉素　　B. 两性霉素　　C. 制霉菌素
D. 咪康唑　　E. 酮康唑

1. 外用无效,口服治疗体表癣病的药物(　　)
2. 治疗真菌性脑膜炎,可加用小剂量鞘内注射的药物(　　)
3. 因毒性较大,不作注射应用的抗真菌药(　　)

四、填空题

1. 两性霉素 B 能选择性与真菌胞浆膜的________部分相结合,能增加膜的________导致细胞内的主要物质外漏而抗菌。
2. 目前对病毒感染的治疗包括________、________和________。
3. 咪康唑静脉给药用于治疗________,局部用于治疗________。

五、判断题

1. 克霉唑对表浅癣菌及深部真菌均有效,主要供外用。(　　)
2. 金刚烷胺用于预防亚洲甲型流感病毒是由于阻止病毒体释放。(　　)

六、参考答案

A 型题

1. C　2. D　3. E　4. A　5. E　6. B　7. C　8. A　9. C　10. D
11. D

B 型题

1. A　2. B　3. C

填空题

1. 麦角固醇　膜通透性
2. 化学治疗　生物治疗　免疫治疗
3. 多种深部真菌病　皮肤黏膜真菌感染

判断题

1. √　2. ×

(苏巴提·吐尔地　新华·那比)

第四十五章 抗结核病药

学习目标

1. 在了解抗结核病药物分类的基础上，掌握第一线抗结核病药异烟肼、利福平、乙胺丁醇的抗菌作用、作用机制、药动学特点及主要不良反应。

2. 熟悉第二线抗结核病药对氨基水杨酸和乙硫异烟胺的药理作用特点。

3. 了解抗结核病药的应用原则。

学习重点指导

抗结核病药

结核病是由结核杆菌引起的慢性传染病，可累积全身多个脏器。肺结结核最为常见。肺外结核有淋巴结核、肾结核骨结核和结核性脑膜炎。

根据其作用与不良反应将其中抗结核疗效高、不良反应少，病人较易耐受的列为第一线抗结核药。

第一线抗结核药：异烟肼、利福平、乙胺丁醇、吡嗪酰胺、链霉素等。

利福平等与异烟肼合并应用，可能是结核分枝杆菌敏感菌株所致各型结核病的最佳疗法。

第二线抗结核药：对氨水杨酸、乙硫异烟胺、卷曲霉素、卡那霉素、阿米卡星、环丝氨酸及紫霉素等，它们的抗菌作用弱，不良反应多，仅在结核杆菌对第一线药产生耐药性及毒性反应，患者不能耐受时作为替代药使用。

一、第一线抗结核药

（一）异烟肼 (isoniazid, INH)

异烟肼又名雷米封(rimifon)，其主要特点有：

1. 抗菌作用

（1）选择性作用于结核杆菌，对生长旺盛的结核杆菌有强大的杀菌能力，对静止期的有抑菌作用。

（2）对组织的穿透力强可进入全身的组织细胞和体液中。口服吸收快，分布广，可进入关节腔、胸腔和腹腔内，脑脊液和细胞内，甚至可以渗入纤维化干酪样的组织中，也能进入巨噬细胞内。能杀灭细胞内外结核杆菌。

(3) 异烟肼的代谢有个体差异。在肝内乙酰化有快慢两种类型代谢。

(4) 单独应用易产生耐药性。

适用于各型结核病。疗程 3~6 月，严重者 1~2 年。

2. 不良反应

(1) 周围神经炎和中枢神经中毒症状：补充维生素 B_6 可防治神经毒性。

(2) 肝毒性：用药期间要定期查肝功。

(3) 其他：胃肠症状和过敏反应。

(二) 利福平(rifampicin, rifampin)

1. 主要特点

(1) 广谱抗生素：对结核杆菌有强大的杀菌能力，对麻风杆菌、革兰阳性菌有作用，对革兰阳性菌的作用不如青霉素，对革兰阴性细菌的作用不如氯霉素。高浓度对衣原体和某些病毒有效。

机制：抑制细菌依赖 DNA 的 RNA 多聚酶，阻碍 mRNA 合成。

(2) 抗结核作用强：对生长旺盛的结核杆菌，对静止期的结核杆菌均有强大的杀菌能力。穿透力强，可进入细胞、结核空洞、痰液及胎儿内，脑膜炎时脑脊液内药物浓度达血药浓度的 20%。

(3) 单用细菌易耐药：故需与他药联合应用于各类结核病及严重患者。

2. 不良反应

(1) 胃肠道反应。

(2) 肝损害。

(3) 对动物有致畸作用。

(4) 过敏反应。

(三) 乙胺丁醇(ethambutol)

对结核杆菌有较强的抑制作用，对耐链霉素、异烟肼的结核菌也有效，单用耐药但较慢，与其他抗结核药无交叉耐药性。口服吸收好，不受食物影响，分布广泛，不良反应少，但大剂量可致视神经炎。

(四) 吡嗪酰胺(pyrazinamide, PZA)

吸收快分布广。抑制或杀灭结核菌，酸性环境下抗菌强。与异烟肼、利福平协同作用，单用易耐药，与他药无交叉耐药。有肝毒性、抑制尿酸排泄。

(五) 链霉素(streptomycin)

可抑制结核菌，穿透能力弱，易耐药，有耳毒性，与其他药合用于重症结核应用渐少。

二、第二线抗结核药

对氨基水杨酸(para-aminosalicylic acid, PAS)

抗菌作用弱，但细菌不易耐药，常见胃肠反应、过敏反应。

三、抗结核药用药原则

抗结核药用药原则：应早期、联合、长期、规律用药，剂量适宜。

强化训练与参考答案

一、英语单词

1. isoniazid, INH
2. rifampicin
3. streptomycin
4. ethambutol
5. pyrazinamide, PZA
6. sodium aminosalicylate , PAS-Na

二、问答题

1. 异烟肼的作用特点是什么?

答:(1) 选择性作用于结核杆菌,对生长旺盛的结核杆菌有强大的杀菌能力,对静止期的有抑菌作用。

(2) 对组织的穿透力强,可进入全身的组织细胞和体液中。口服吸收快,分布广,可进入关节腔、胸腔和腹腔内,脑脊液和细胞内,甚至可以渗入纤维化干酪样的组织中;也能进入巨噬细胞内。可杀灭细胞内外结核杆菌。

(3) 异烟肼的代谢有个体差异。在肝内乙酰化有快慢两种类型代谢。乙酰化速率有种族差异。长期用药:快代谢型疗效不如慢代谢型 ;慢代谢型不良反应多与快代谢型。

(4) 单独应用易产生耐药性。

2. 异烟肼的不良反应有哪些?

答:(1) 周围神经炎:慢代谢型者,常以手足感觉异常等周围神经炎症状,可用维生素 B_6 防治。

(2) 中枢神经系统:有兴奋、失眠、精神失常或惊厥等。有癫痫、嗜酒及精神病史者慎用。

(3) 肝脏毒性:可有转氨酶升高、黄疸等。快代谢型者易引起肝损害。用药期间应定期检查肝功能,老年人及肝病患者慎用。

(4) 其他:可有皮疹、药热、粒细胞减少、溶血性贫血等。

3. 简述利福平作用特点及应用。

答:利福平为广谱抗生素,对结核杆菌有强大的杀菌能力,对麻风杆菌和革兰阳性球菌(如金葡菌、链球菌、肺炎球菌)、革兰阴性球菌(如脑膜炎球菌、淋球菌)有强大抗菌作用,对革兰阴性杆菌(如大肠、变形、伤寒、流感、痢疾、绿脓杆菌)也有抑制作用。高浓度对衣原体和某些病毒有效。

抗菌机制是抑制细菌依赖于 DNA 的 RNA 多聚酶,阻碍 mRNA 合成,对人体细胞的 RNA 多聚酶无影响。结核杆菌对利福平易产生耐药性,故不宜单用。利福平是治疗结核病联合用药中的主要药物,对各种类型的结核病,包括初治和复治病例均有良好效果,但单独用药细菌易产生耐药性。外用可治疗沙眼、结膜炎、角膜炎等。

四、选择题

(一) A 型题

1. 抗结核杆菌作用强,能渗透入细胞内、干酪样病灶及淋巴结杀灭结核杆菌的药物是(　　)

A. 链霉素　　B. 对氨基水杨酸　　C. 乙胺丁醇

D. 异烟肼　E. 以上都不是

2. 可产生球后视神经炎的抗结核药是(　　)

A. 乙胺丁醇　B. 利福平　C. 对氨基水杨酸

D. 异烟肼　E. 以上都不是

3. 异烟肼治疗中引起末梢神经炎时可选用(　　)

A. 维生素 B_6　B. 维生素 B_1　C. 维生素 C

D. 维生素 A　E. 维生素 E

4. 异烟肼体内过程特点是(　　)

A. 口服易被破坏　B. 与血浆蛋白结合率高

C. 乙酰化代谢速率个体差异大　D. 大部分以原形由肾排泄

E. 以上都不是

5. 抗结核的一线药下列哪些是最正确的(　　)

A. 异烟肼、利福平、链霉素

B. 异烟肼、利福平、对氨基水杨酸

C. 异烟肼、链霉素、对氨基水杨酸

D. 异烟肼、乙胺丁醇、对氨基水杨酸

E. 异烟肼、卡那霉素、吡嗪酰胺

6. 各种类型的结核病的首选药是(　　)

A. 链霉素　B. 利福平　C. 异烟肼

D. 乙胺丁醇　E. 吡嗪酰胺

7. 有关异烟肼抗结核作用的叙述哪项是错误的(　　)

A. 对结核菌有高度选择性

B. 抗结核作用强大

C. 穿透力强,易进入细胞内

D. 细胞内外有杀菌作用

E. 结核菌不易产生耐药性

8. 兼有抗结核病和抗麻风病的药物是(　　)

A. 异烟肼　B. 氨苯砜　C. 利福平

D. 苯丙砜　E. 乙胺丁醇

9. 抗结核杆菌作用弱,但有延缓细菌产生耐药性,常与其他抗结核药物合用的是(　　)

A. 异烟肼　B. 利福平　C. 链霉素

D. PAS(对氨基水杨酸)　E. 庆大霉素

(二) B 型题

A. 异烟肼　B. 乙胺丁醇　C. 利福平

D. 吡嗪酰胺　E. 以上都不是

1. 服用期间眼泪呈橘红色(　　)

2. 乙酰化代谢个体差异大(　　)

A. 抑制细菌依赖于DNA的RNA多聚酶
B. 抑制DNA回旋酶
C. 抑制分枝菌酸的合成
D. 与PABA竞争性拮抗,阻碍叶酸合成
E. 抑制细菌蛋白质的合成

3. 异烟肼抗结核杆菌的作用机制是(　　)
4. 利福平抗结核杆菌的作用机制是(　　)
5. 链霉素抗菌的作用机制是(　　)

五、填空题

1. 我国目前列为第一线的抗结核药有________、________、________、________、________。
2. 结核性脑膜炎首选________,因为它有________的优点。
3. 结核病药临床应用的四项原则是________、________、________、________。

六、判断题

1. 结核性脑膜炎常首选异烟肼,因易透过血脑屏障。(　　)
2. 对氨基水杨酸抗结核杆菌作用弱,但有延缓细菌产生耐药性,常与其他抗结核杆菌药合用的特点。(　　)
3. 链霉素是第一个有效的抗结核药,不仅有抑菌作用,还可杀灭结核杆菌,抗结核作用仅次于异烟肼和利福平。(　　)
4. 患者时用时停或随意变换用量常是结核病化疗失败的主要原因。(　　)

七、参考答案

A型题

1. D　2. A　3. A　4. C　5. A　6. C　7. E　8. C　9. D

B型题

1. C　2. A　3. C　4. A　5. E

填空题

1. 异烟肼　利福平　乙胺丁醇　吡嗪酰胺　链霉素
2. 异烟肼　对组织的穿透力强,可进入脑脊液
3. 早期用药　联合用药　坚持全疗程规律用药　适宜的剂量

判断题

1. √　2. √　3. ×　4. √

(苏巴提·吐尔地　新华·那比)